MARCO POLO

FRANKREICH

MARCO POLO KOAUTORIN

Hilke Maunder

Die Hamburger Journalistin Hilke Maunder berichtet seit drei Jahrzehnten aus und über Frankreich. Seit 2013 hat sie direkt vor Ort ein zweites Standbein im kleinen Städtchen Saint-Paul-de-Fenouillet im Herzen des Roussillon im Vorland der Pyrenäen. 2014 wurde Hilke Maunder mit der französischen „Médaille du Tourisme" für ihre Arbeit geehrt.

REIN INS ERLEBEN

Mit dem digitalen Service von MARCO POLO sind Sie noch unbeschwerter unterwegs: Auf den Erlebnistouren zielsicher von A nach B navigieren oder aktuelle Infos abrufen – das und mehr ist nur noch einen Fingertipp entfernt.

Hier geht's lang zu den digitalen Extras:

http://go.marcopolo.de/frr

Touren-App

Ganz einfach orientieren und jederzeit wissen, wo genau Sie gerade sind: Die praktische App zu den Erlebnistouren sorgt dank Offline-Karte und Navigation dafür, dass Sie immer auf dem richtigen Weg sind. Außerdem zeigen Nummern alle empfohlenen Aktivitäten, Genuss-, Kultur- und Shoppingtipps entlang der Tour an.

HTTP://GO.MARCOPOLO.DE/FRR

Update-Service

Immer auf dem neuesten Stand in Ihrer Destination sein: Der Online-Update-Service bietet Ihnen nicht nur aktuelle Tipps und Termine, sondern auch Änderungen von Öffnungszeiten, Preisen oder anderen Angaben zu den Reiseführerinhalten. Einfach als PDF ausdrucken oder für Smartphone, Tablet oder E-Reader herunterladen.

SYMBOLE

- INSIDER TIPP Insider-Tipp
- ★ Highlight
- ●●●● Best of ...
- Schöne Aussicht
- Grün & fair: für ökologische oder faire Aspekte
- (*) kostenpflichtige Telefonnummer

PREISKATEGORIEN HOTELS

- €€€ über 150 Euro
- €€ 100–150 Euro
- € bis 100 Euro

Die Preise gelten für zwei Personen im Doppelzimmer ohne Frühstück und bilden einen Mittelwert zwischen Haupt- und Nebensaison

PREISKATEGORIEN RESTAURANTS

- €€€ über 40 Euro
- €€ 25–40 Euro
- € bis 25 Euro

Die Preise gelten für ein zwei- bis dreigängiges Menü am Abend ohne Getränke. Mittags ist es stets günstiger, à la carte deutlich teurer

 Titelthemen: La Confluence: Lyons neuer Hotspot S. 134 | La Piscine in Roubaix S. 76

GUT ZU WISSEN

KARTEN IM BAND
(182 A1) Seitenzahlen und Koordinaten verweisen auf den Reiseatlas
(U A1) Koordinaten für die Paris-Karte im hinteren Umschlag

Es sind auch die Objekte mit Koordinaten versehen, die nicht im Reiseatlas stehen

(*A–B 2–3*) verweist auf die herausnehmbare Faltkarte

UMSCHLAG VORN:
Die wichtigsten Highlights

UMSCHLAG HINTEN:
Karte Paris

Die besten MARCO POLO Insider-Tipps

Von allen Insider-Tipps finden Sie hier die 15 besten

INSIDER TIPP **Der Likör der Götter**

Im *Musée des Arts du Cognac* in der gleichnamigen Stadt erfahren Sie alles, was Sie über den berühmten Weinbrand wissen müssen → S. 95

INSIDER TIPP **Burgbau wie im Mittelalter**

Die zwei Schlösser des Monsieur Guyot, *Guédelon* und *Saint-Fargeau,* bestaunen – und unter mittelalterlichen Bedingungen handwerklich zupacken → S. 46

INSIDER TIPP **Humor ist, wenn man trotzdem lacht**

Tomi Ungerers satirische Zeichnungen in Straßburg sind derb und intelligent. In der Villa Greiner hängen 300 Karikaturen → S. 68

INSIDER TIPP **Größter Flohmarkt Europas**

Der Antikmarkt *Braderie* in Lille am ersten Wochenende im September lockt nicht nur Schnäppchenjäger an, sondern ist auch ein beliebtes Stadtfestival → S. 167

INSIDER TIPP **Die Dorfschönheit**

Der 200-Seelen-Ort *Baume-les-Messieurs* liegt in einem spektakulären halbrunden Tal des Jura und zählt zu den schönsten Dörfern Frankreichs → S. 61

INSIDER TIPP **Singen wie die Piaf**

Im Bistro *Le Vieux Belleville* in Paris wird gemeinsam gegessen, getrunken und gesungen: alle Chansons, die den Spatz von Paris zum Weltstar machten (Foto re.) → S. 40

INSIDER TIPP **Schlemmerhallen des Südwestens**

Cassoulet und Kuttelberge, köstliche Käse und lokale Weine: Die *Markthallen* von Toulouse sind ein wahres Schlaraffenland → S. 117

INSIDER TIPP **Das neue Lyon**

Wo Rhône und Saône zusammenfließen, ist ein Raumschiff gelandet. Das futuristische *Musée des Confluences* ist jedoch nur eine der Architekturikonen des neuen Lyoner Inviertels *La Confluence* → S. 134

INSIDER TIPP Im Vogelparadies

Durch das Naturreservat *Marais de Séné* am Golfe du Morbihan in der Bretagne stapfen und die Natur erleben – wer die vielfältige Vogelwelt bewundern will, steckt ein Fernglas ein → S. 90

INSIDER TIPP Lustschloss im Wasser

Das *Château de Cormatin* ist das Juwel der burgundischen Schlösserstraße und sommerliche Bühne für Musiktheater → S. 53

INSIDER TIPP Große Kunst in der Nähe von Cannes

Das Haus des Postimpressionisten Pierre Bonnard wurde zu einem *Kunstmuseum,* das ausschließlich seinem Werk gewidmet ist → S. 129

INSIDER TIPP Einmal olympischer Schwimmer sein

In der *Piscine Olympique* in Montpelliers neoklassizistischem Neubauviertel Antigone können Sportliche sich nach Herzenslust verausgaben → S. 138

INSIDER TIPP Deftiges Volksessen

In den *bouchons* von Lyon umfängt Sie das wärmende Odeur der Hausmannskost, großzügige Portionen bekommen Sie hier zum Einheitspreis – das können Sie zum Beispiel im bekanntesten *bouchon* der Stadt, dem *Café des Fédérations,* genießen → S. 134

INSIDER TIPP Kunstgenuss unter der Sonne

Die *Fondation Maeght* ist im kleinen Bergdorf und Künstlertreff Saint-Paul-de-Vence an der Côte d'Azur zu Hause und vereint moderne Architektur und eine bedeutende Kunstsammlung unter freiem Himmel → S. 141

INSIDER TIPP Traumstraße an der Mittelmeerküste

Wunderschön ist die Küstenstraße *Corniche des Crêtes,* die südlich von Marseille, zwischen Cassis und La Ciotat, am Mittelmeer entlangführt und herrliche Ausblicke aufs Meer bietet (Foto li.) → S. 138

BEST OF ...

TOLLE ORTE ZUM NULLTARIF

Neues entdecken und den Geldbeutel schonen

SPAREN

Im Park von Schloss Compiègne lustwandeln

Den *Parc du Château de Compiègne* kann man eintrittsfrei bestaunen. Der im neoklassizistischen französischen Stil angelegte Park wurde im 18. Jh. nicht vollendet, erlebte aber mehrere Erweiterungen und Umgestaltungen. Besonders lohnend: der Rosengarten in den letzten vier Frühlingswochen → S. 73

Kostenlos schippern auf der Seine

Warum teure Brückenmaut zahlen? Zwischen Rouen und Le Havre pendeln die *bacs de Seine* kostenlos zwischen linkem und rechtem Ufer hin und her. Alle acht Passagen sind aussichtsreich und ganz und gar gratis! → S. 76

Kunst und Kultur zum Nulltarif

Jeden ersten Sonntag im Monat lohnt sich ein Besuch der *Museen in Toulouse* gleich doppelt, denn dann sparen Sie den Eintrittspreis. Besuchen Sie zum Beispiel *Les Abattoirs:* Hier können Sie sehen, wie aus ehemaligen Schlachthöfen ein modernes Kulturzentrum für zeitgenössische Kunst entstanden ist → S. 102

Umsonst auf die Insel

Lange Strände, Dünen und idyllische Dörfer – das alles finden Sie auf der *Île de Ré* (Foto). Wenn Sie die faszinierende Insel besuchen wollen, ohne Maut zu bezahlen, dann lassen Sie das Auto stehen – für Radfahrer und Fußgänger ist die Brücke kostenlos → S. 95

Sonne und Strandleben an der Seine

Jeden Sommer verlustiert sich das Pariser Volk vier bis fünf Wochen lang an den *Paris Plages* auf 1 km Länge entlang der Rive Droite. Allerlei Aktivitäten mit Musik, Tanz und Kunst gibts gratis dazu → S. 167

Gratis ins Internet

Frankreich ist online – in Einkaufszentren, Parks und sogar ganzen Innenstädten gibt es kostenlose Hotspots, wo Sie sich völlig unkompliziert ins WLAN einloggen können → S. 172

Diese Punkte zeichnen in den folgenden Kapiteln die Best-of-Hinweise aus

TYPISCH FRANKREICH

Das erleben Sie nur hier

Gotische Kathedralen

Zwischen dem 12. und 16. Jh. wurden in Frankreich 141 gotische Kathedralen gebaut, einige als Riesenbauwerke wie zum Beispiel in Chartres. Die älteste Basilika-Kathedrale *Saint-Denis* bei Paris enthält über 70 königliche Grabstätten und mit die besten Grabmalskulpturen Europas → S. 42

Lavendelfelder in der Provence

Das blau-violett schimmernde Blütenmeer der *Lavendelfelder* des Luberon gehört zum touristischen Bild von Frankreich ebenso wie die typische Kräutermischung der *herbes de Provence* → S. 128

Multikulti-Frankreich

Marseille, Paris, Lyon und Toulouse sind Hochburgen der Einwanderer aus Schwarzafrika und dem Maghreb. Ihre Kultur erlebt man besonders vielfältig auf Straßenmärkten wie z. B. in Marseilles Stadtviertel *Noailles* → S. 136

Leckeres Essen in tollem Ambiente

Brasserien waren einst Lokale fürs kleine Portemonnaie. Heute servieren nur noch wenige von ihnen preiswerte Menüs – die meisten sind längst aufgestiegen zu angesagten Lokalen. Doch Ambiente, Dekor und Küche sind noch immer bodenständig und gut. Besonders schön sind die Belle-Époque-Brasserien *La Cigale* in Nantes und *Les Deux Garçons* in Aix-en-Provence → S. 88, 137

Stöbern bei den Bouquinistes

Wer in Paris an der Seine entlanggeht, stößt unweigerlich auf die unverdrossen optimistischen Buchverkäufer, die beim ersten Sonnenstrahl ihre Holzkästen aufklappen → S. 39

Land der Käsevielfalt

„Wie soll ich ein Land regieren, in dem es mehr Käsesorten als Tage im Jahr gibt?" soll Präsident Charles de Gaulle gesagt haben. Sein Lieblingskäse war der Mimolette (Foto), der vor allem in Nordfrankreich hergestellt wird. Seine orange Färbung erhält der nussige Kugelkäse durch die Zugabe von Blütensamen. Noch mehr Käsegeheimnisse verraten Antoine und Joachim Bernard von der *Ferme du Vert* an der Côte d'Opale → S. 73

BEST OF ...

SCHÖN, AUCH WENN ES REGNET

Aktivitäten, die Laune machen

REGEN

● ***Shoppen in den Passagen von Paris***

Im 19. Jh. entstanden in Paris um die 150 überdachte Einkaufspassagen. Einige dieser *passages couverts* wurden vor dem Einsturz gerettet und stilgerecht restauriert. Besonders schöne Beispiele sind die *Passage des Princes* und die *Passage des Panoramas* → S. 39

● ***Marktbummel***

Der *Marché Couvert* von Metz liegt gleich neben der Kathedrale mit den wunderbaren Chagall-Fenstern. Schlendern Sie um die Mittagszeit durch die Halle und atmen Sie den intensiven Duft nach frischen Landprodukten tief ein → S. 65

● ***Chenonceau – Schloss der Frauen***

Nicht nur bei Regenwetter einen Besuch wert: Das prächtig eingerichtete Schloss gehört zu den meistbesuchten Frankreichs und nimmt Sie mit auf eine Reise in vergangene Zeiten → S. 56

● ***Auf den Spuren der Impressionisten***

Erwischen Sie in Le Havre einen grauen Tag mit Wolken über der Stadt, so finden Sie Trost im wörtlich und künstlerisch lichtdurchfluteten *Musée d'Art Moderne André Malraux* an der Uferpromenade → S. 79

● ***Unterirdische Tunnelgänge***

Steigen Sie vom Untergeschoss des Tourismusbüros mit einem Führer in die grandiose Unterwelt der *boves* von Arras hinab. Auf 60 km winden sich diese jahrhundertealten Kalksteingänge (Foto) → S. 76

● ***In Lyon durchs Labyrinth wandern***

Im Viertel Croix-Rousse können Sie trockenen Fußes durch die *traboules* wandern und sich mit Vergnügen verlaufen. Die engen Passagen und Gänge von Lyon dienten Stoffhändlern als Transportwege und Résistance-Kämpfern als Geheimgänge → S. 133

ENTSPANNT ZURÜCKLEHNEN

Durchatmen, genießen und verwöhnen lassen

ENTSPANNT

● *Atemraubender Ausblick auf Paris*

Der Eiffelturm ist ein Muss für Parisbesucher. Hinterher möchte man sich ausruhen, dafür eignet sich die *Bar à Champagne* auf der obersten Plattform. Windgeschützt können Sie hier den Blick vom Eiffelturm genießen und weitere Highlights planen → S. 35

● *In Vichy ein Kurhotel beziehen*

Umrahmt von der alten Bäderarchitektur von *Vichy* lässt es sich geruhsam kuren. Das einst bedeutendste Heilbad Frankreichs bietet neben dem guten Thermalwasser auch ein französisches Sprachbad, denn in der Auvergne entspannen vor allem Einheimische → S. 50

● *Sonnenuntergang am Alten Hafen in Marseille*

Lassen Sie die abendliche Hafenatmosphäre in der ältesten Stadt Frankreichs auf sich einwirken, während Sie ganz entspannt in einer der zahlreichen *Bars* einen Aperitif genießen und den Sonnenuntergang beobachten → S. 137

● *Im Hausboot über den Canal du Midi gleiten*

Frankreich lässt sich auch von Wasserwegen aus entdecken. *Hausbootferien* auf französischen Flüssen und Kanälen sind aus mehreren Gründen attraktiv: Sie bieten Erholung vom Alltagsstress, Abwechslung durch wechselnde Ziele, Unabhängigkeit und Abenteuer für Kapitäne auf Zeit (Foto) → S. 110

● *Oase der Ruhe*

Picknick, Partys oder gar holzkohlegeschwängerte Grillgelage sind in öffentlichen Gärten und Parks in Frankreich verboten, viele sind von Mauern umsäumt und werden abends abgeschlossen. Der Vorteil: Sie können ungestört die Natur genießen. Das gilt auch im Sonnengarten vom Loireschloss *Villandry* → S. 57

● *Zen im Kloster*

Für tiefe Entspannung, Mediation und Versenkung sorgt ein Aufenthalt im Kloster *Ryumon Ji* im Dörfchen Weiterswiller im nördlichen Elsass → S. 161

AUFTAKT

ENTDECKEN SIE FRANKREICH!

Es gibt wohl kein anderes europäisches Land, dessen Natur und Kultur so vielfältige Möglichkeiten bieten, abwechslungsreiche und erholsame Ferien zu verbringen, wie Frankreich. Kaum ein Urlaubswunsch, der nicht erfüllbar wäre: Mittelmeerstrände mit ***mondänen Seebädern***, Atlantikküsten mit kilometerlangen Sandstränden, steilen Felswänden und würziger Salinenluft. Gebirge mit einsamen Wanderwegen und weitläufigen Skigebieten, tiefe Schluchten, sanfte Hügelketten und liebliche Ebenen, versteckte Dörfer an ***gemächlich plätschernden Flüsschen***, breite Ströme und rauschende Wildbäche.

Die Aufzählung ließe sich endlos fortsetzen: bläulich-violett schimmernde ***Lavendelfelder***, römische Arenen und Aquädukte. Prächtige Königsschlösser, phantasievoll gepflegte Parkanlagen, etwa 200 Kathedralen, bedeutende Kunstschätze in ***weltberühmten Museen***. Pulsierende Ballungsräume, quirlige Regionalstädte, beschauliche Provinzorte – und dann natürlich Paris, glanzvolle ***Metropole der Mode, der Kunst, der Gastronomie***. Keine Reise nach Frankreich gleicht der anderen – was lässt sich nicht alles unternehmen und entdecken! Ein ***Städtetrip*** nach Paris, Bordeaux, Marseille, Toulouse, Lille oder Lyon? Skiurlaub im Schatten des Mont Blanc? Badeferien

Bild: Calanque d'en Vau zwischen Marseille und Cassis

Lebte Gott tatsächlich in Frankreich: Seinen Hauptwohnsitz hätte er wohl in Lyon

an der Côte d'Azur, auf der Île de Ré, in den traditionsreichen Seebädern der Normandie und Bretagne? ***Wellenreiten*** bei Arcachon, Biarritz oder Saint-Jean-de-Luz? Wandern in den Pyrenäen oder Cevennen? Reiten in der Camargue oder Radtouren am Ufer der Loire? Abenteuerliches ***Rafting in der Ardèche*** oder gemütliches Hausbootfahren auf dem Canal du Midi? Shoppen in Nizza? Malen in Le Havre wie die Impressionisten? Nach Lourdes pilgern? ***Studententrubel*** in Aix-en-Provence oder Montpellier mitmachen? Alles ist möglich.

Der beschauliche Lebensrhythmus der ländlichen Provinz

Für welche Form Urlaub Sie sich auch entscheiden, überall in Frankreich begegnen Sie Menschen, die ***das Leben zu genießen*** verstehen und ihrem Alltag mit einfachen Mitteln eine sinnliche Note abringen. Es ist diese ***Leichtigkeit des Seins***, die den Franzosen weltweit den Ruf des Savoir-vivre verschafft hat. Der Begriff bezeichnet eigent-

8000 v. Chr. Ende der Altsteinzeit; bedeutende Höhlenmalereien entstehen in Südwestfrankreich

58–52 v. Chr. Julius Cäsar erobert Gallien und teilt es in römische Provinzen ein

481–751 Herrschaft der Merowingerkönige

751–987 Herrschaft der Karolingerkönige

1226–1270 Unter König Ludwig IX., genannt der Heilige, entwickelt sich Frankreich zum größten Königreich in Europa

lich eine Art Knigge, denn die Franzosen legen großen Wert auf gute Umgangsformen, auf Höflichkeit, passendes Outfit, Tischkultur, gepflegte Sprache und andere Benimmregeln. Im internationalen Image Frankreichs als attraktivem Reiseland wandelte sich jedoch die Bedeutung des Savoir-vivre: Gemeint ist die Kunst des *well-being,* des sprichwörtlichen Lebens **„wie Gott in Frankreich"**, und zwar keinesfalls beschränkt auf Haute-Cuisine, erlesene Weine und brodelndes Nachtleben.

Frankreich ist nicht nur weltweit das beliebteste Touristenland, selbst die eigenen Einwohner zieht es selten in die Ferne: Fast 80 Prozent der 66 Mio. Franzosen verbringen Sommerferien und Kurzurlaube im eigenen Land. Das Gebiet Frankreichs umfasst 551 000 km^2; sandige und felsige Küsten säumen die Meere auf rund 3400 km, die alpine Gebirgskette erhebt sich auf der Mont-Blanc-Spitze auf 4810 m – ***Europarekord***. Die Loire ist mit 1012 km der längste Fluss des Landes.

Die Metropole an der Seine bildet den Mittelpunkt des zentralistisch organisierten Staats – „Paris ist Frankreich", sagte schon Goethe. Hier treffen sich alle Verkehrsadern, hier sitzen die meisten Konzerne und Unternehmen sowie die Verwaltung. ***Bedeutende Monumente*** und Sehenswürdigkeiten drängen sich auf engem Raum. Auch im 21. Jh. bleibt Paris der Nabel des politischen, wirtschaftlichen und kulturellen Geschehens.

Dennoch haben andere Großstädte aufgeholt. Marseille ist trotz der Milieumorde und der Armut vieler arbeitsloser Bewohner nicht mehr der gefährliche Immigrantenslum, sondern eine attraktive, sehenswerte Metropole. Lyon und Bordeaux punkten wirtschaftlich mit Hightech und Biochemie, kulturell mit ***Kunst und Architektur***.

- **1337–1453** Hundertjähriger Krieg gegen England
- **1562–1598** Religionskriege zwischen Katholiken und Protestanten
- **1598** Edikt von Nantes mit Religionsfreiheit und Bürgerrechten für Hugenotten
- **1685** Ludwig XIV. hebt das Edikt auf, Verfolgungen und Massenflucht von Protestanten
- **1789** Französische Revolution
- **1804** Napoleon lässt sich zum Kaiser krönen

Auch Toulouse, Nizza, Straßburg und Lille gehören zu den Aufsteigern *en province,* wie die Pariser abschätzig alles außerhalb ihres urbanen Umfelds nennen. Innenstädte wurden nach und nach restauriert, modernisiert und mit ***spektakulären Neubauten*** ausgestattet. Das öffentliche Verkehrsnetz wurde erheblich erweitert. Der ***Hochgeschwindigkeitszug TGV*** rast mit 320 km/h über die Schienen der Achse Rhein–Rhône durch Elsass, Franche-Comté und Burgund nach Marseille. Seit 2016 saust die nächste Generation der TGV in 109 Minuten von Straßburg nach Paris; 2017 sollen die Bretagne, das Loiretal und Bordeaux von Paris aus noch besser an das High-Speed-Netz angeschlossen sein: In gut zwei Stunden rast der TGV Atlantique dann nach Bordeaux, der TGV Bretagne braucht keine anderthalb in die bretonische Hauptstadt Rennes.

Marseille ist heute eine attraktive, sehenswerte Metropole

Die schnelleren Anbindungen erlauben es jungen Familien und karriereverwöhnten Paaren mittlerweile, der Megalopolis Paris oder anderen Ballungsräumen den Rücken zu kehren und aufs Land zu ziehen. Denn nicht nur die fast 84 Mio. Touristen, die jährlich Frankreich besuchen, schätzen den ***beschaulichen Lebensrhythmus*** ländlicher Provinz. Die Ruhe einer gewachsenen dörflichen Gemeinschaft in der Auvergne, die Gelassenheit eines provenzalischen Olivenbauern, das authentische Ambiente eines ***Trüffelmarkts im Périgord*** reizen auch immer mehr Einheimische. Junge Leute übernehmen verwaiste Bauernhöfe oder renovieren alte Villen, um dort Gästehäuser zu eröffnen.

Südfrankreich mit seinem ***warmen Klima*** und landschaftlichen Gegensätzen gehört zu den reizvollsten Gegenden des Landes: im Osten die Alpen, im Südosten das azurblaue Mittelmeer, im Südwesten die Pyrenäen und die Atlantikküste, die dank ihrer Wellen an langen Stränden ein internationaler ***Hotspot für Surfer*** ist. In der Gegend von Bordeaux, im Burgund, Elsass und in der Champagne ziehen sich die ***Weinstöcke*** die Hügel entlang bis zum Horizont, ein Panorama, angesichts dessen einem das Herz aufgeht, vor allem im Herbst, wenn sich die Weinblätter rötlich färben. Immer grün dagegen sind im Nordwesten die Weideflächen der Bretagne und der Normandie sowie die nördlichen Ebenen der Picardie, des französischen Flanderns und im Artois, wo der Himmel sich weit über das flache Land spannt.

1852–70
Zweite Republik und zweites Kaiserreich unter Napoleon III.

1870
Dritte Republik (bis 1940)

1914–1918
Erster Weltkrieg. Die Westfront verläuft durch ganz Frankreich, verlustreicher Stellungskrieg

1940–44
Deutsche Besetzung Frankreichs, Vichy-Regierung; Général de Gaulle führt den Widerstand von England aus

1944
Mit der Landung der Alliierten in der Normandie beginnt die Befreiung

Frankreichs schönste Wasserleitung: Den Pont du Gard bauten die Römer vor 2000 Jahren

Im Sommer finden allerorten ***regionale Volksfeste*** statt. Am nationalen Tag der *Fête de la Musique* zu Ehren des Sommeranfangs am 21. Juni singt und tanzt das ganze Land. Am grünen Tisch des Pariser Kulturministeriums wurde die Tradition eines ***nationalen Gartentags*** unter dem Motto *Rendez-vous aux jardins* geboren: Die ersten Junitage verbringt man daher vorzugsweise in Parks, Landschafts-, Blumen- und Nutzgärten.

Ein anderes wichtiges Datum ist der dritte Donnerstag im November, wenn der Fassanstich des jungen Rotweins ***Beaujolais Primeur*** stattfindet. Eine geschickte PR um diesen Exportschlager sorgt dafür, dass die Winzer Jahr für Jahr 31 Mio. Flaschen des frisch gekelterten Beaujolais in alle Welt verkaufen. Doch auch wer sich von solchem Hype nicht anstecken lassen mag: Egal, wie oft Sie Frankreich besuchen, Sie werden garantiert immer wieder Neues entdecken in diesem reichen europäischen Land.

Am 21. Juni singt und tanzt das ganze Land

1946–58 Vierte Republik

1958 Fünfte Republik unter Präsident Charles de Gaulle

2015 Mehrere islamistische Terroranschläge in Paris fordern fast 170 Todesopfer

2016 Ein Ende der Wirtschaftskrise (Arbeitslosigkeit, Reformstau, Staatsverschuldung) ist nicht in Sicht. Neuordnung der bisher 22 Regionen zu 13 Großregionen. Ein LKW-Terroranschlag in Nizza fordert 84 Todesopfer

2017 Präsidentschaftswahlen

IM TREND

1 Proust statt Asterix

Comics Frankreich ist seit jeher eine Hochburg der *bandes dessinées.* Asterix, Lucky Luke und Titeuf bleiben zwar Spitzenreiter des Genres, doch haben die Comiczeichner neuerdings die Panzertüren zur „ernsten" Literatur endgültig geknackt. So erschien etwa der erste Band des Klassikers „Auf der Suche nach der verlorenen Zeit" von Marcel Proust als Comic. Der Kunsttempel Louvre Lens brachte eine Hommage an den Bergbau in Nordfrankreich in Comicform heraus. Und das Modehaus Dior ließ seine Erfolgsgeschichte in einer Comicbiografie erzählen.

2 Songwriterinnen

Chanson Claire Denamur *(www.clairedenamur.com)* würzt die Musik mit einer extra Prise Folk und Jazz. Wer die neue Riege der Songwriterinnen live sehen will, geht in Brest ins *La Carène (30, Rue Jean-Marie Le Bris | www.lacarene.fr)* oder ins Pariser *La Boule Noire (120, Blvd. Rochechouart | www.laboule-noire.fr).* Stars der Szene sind Anne Sylvestre, die Bretonin Nolwenn Leroy und Zaz (Foto), die für ihr Album „Paris" 2015 einen Echo einheimste.

3 Rasant

Skijöring Frankreichs Wintersportler zieht es nicht auf die Gipfel. Sie lassen sich lieber ziehen – von Pferden, Schlittenhunden oder einem Schneemobil. Skijöring ist *der* Trend in den Skigebieten, immer mehr Rennen werden organisiert – z. B. in *Les Sybelles (www.les-sybelles.com)* und *Serre Chevalier (www.serre-chevalier.com).* Populär ist auch *Les Arcs (www.lesarcs.com),* denn hier finden die französischen Meisterschaften in dieser Sportart statt *(www.skijoering.com).*

In Frankreich gibt es viel Neues zu entdecken. Das Spannendste auf diesen Seiten

Traumhafte Schlafstätten

4

Wie man sich bettet Frankreichs Hotels haben mehr zu bieten als nur Bett und Bad. Auch die Schlafgelegenheit darf ein wenig ausgefallen sein. Im Park des *Château d'Uzer (Uzer | www.chateau-uzer.com)* können Sie in einem wunderschön hergerichteten Waggon übernachten. Die Parkanlage reicht Ihnen zum Glücklichsein noch nicht? Dann schlagen Sie Ihr Lager doch im Baumhaushotel *Le Chêne Perché (Domaine de la Vénerie | Signy l'Abbaye | www.lecheneperche.com)* auf. Die Hütten erwarten Sie in den Wipfeln der namengebenden Eichen und wilden Kirschbäume! Absolut *branché,* sprich angesagt, sind die kuscheligen Kugelzelte von *Bulles & une Nuit (Obersteinbach | www.bullesetunenuit.fr)* mit Paradeblick auf den nächtlichen Himmel der Vogesen vom Kingsizebett aus.

Zubeißen erlaubt

5

Healthy Fast Food Hier können Sie ohne schlechtes Gewissen zubeißen: In den Filialen von *Bert's (z. B. 52, Rue de la Victoire | Paris | www.berts.com | Foto)* sind die Verpackungen ökologisch abbaubar, das Interieur ist superchic und das Fast Food wurde nach aktuellen Ernährungsempfehlungen entwickelt. Vorbildlich! Mit 22 Restaurants schon fest etabliert in der Öko-Imbisskultur der Hauptstadt hat sich auch *Cojean (www.cojean.fr).* Klar, dass dessen Kuriere auch nach Hause liefern oder ganze Geschäftsessen bestücken. Noch ein Newcomer und erst mit zwei Filalen in Paris vertreten ist *Vert Midi (www.vertmidi.net),* das von 7.30 bis 16 Uhr topfrische Bioküche zum Sofortverzehr oder Mitnehmen serviert.

FAKTEN, MENSCHEN & NEWS

AOP, AOC & IGP

Der Schlüssel zum Verständnis der französischen Weinkultur ist die AOC, die Appellation d'Origine Contrôlée. Die französische Weinphilosophie unterscheidet sich von der deutschen, weil sie sich nicht vorrangig an Rebsorten (wie Riesling, Sauvignon, Cabernet) orientiert, sondern den *terroir,* also das Gebiet heraushebt. Das alte Siegel AOC wurde inzwischen durch die Bezeichnung AOP (Appellation d'Origine Protégée) abgelöst: Es steht für das Zusammenspiel von Boden, Mikroklima und traditionellen Methoden des Weinbaus, dem speziellen Know-how, das den Winzern in einem AOP-Gebiet Herstellungstechniken, Höchstmengen und Sorten vorschreibt. Allein im Großraum Bordeaux gibt es 37 AOPs. Über 350 Wein- und Cidresorten tragen das Siegel. Auch Champagner, Cognac und Calvados sind AOP-geprüft. Für die frühere Kategorie *vin de pays* („Landwein") gilt nun das Siegel IGP *(Indication Géographique Protégée).* Diese Weine mit „geschützter geografischer Angabe" kommen aus festgelegten Regionen, die Winzer haben aber mehr Freiraum beim Anbau, etwa bei der Wahl der Rebsorten. Das Kontrollprinzip gilt auch für rund vier Dutzend Käsesorten und andere Lebensmittel, zum Beispiel das *Poulet de Bresse,* ein hochwertiges Hühnchen.

ARCHITEKTUR

Macht und Architektur gehen in Frankreich Hand in Hand. Es gehört zum guten Ton eines Regenten, sich in Bau-

Frankreich zwischen Historie und Moderne – was die Nation bewegt, was sie ausmacht, was sie diskutiert

werken zu verewigen. Angefangen hat damit bereits Kaiser Augustus (43 v. Chr.–14 n. Chr.). In Nîmes und an anderen Orten im Süden Frankreichs ließ der Herrscher des Römischen Reichs Tempel, Thermen und Arenen errichten. Später machten es ihm die kirchlichen Fürsten nach. Ihnen verdankt das Land eine große Anzahl an romanischen Kirchen, allen voran Cluny und die Basilika Saint-Sernin in Toulouse, und später Meisterwerke der Gotik wie Saint-Denis, Reims und Chartres. Innerhalb von 500 Jahren wurden 141 gotische Kathedralen in Frankreich errichtet.

Der gotische Stil mit seinen charakteristischen Spitzbögen hielt sich bis ins 16. Jh. hinein, um dann von einem regelrechten Bauboom im Stil der Renaissance abgelöst zu werden. Die Schlösser vor allem an der Loire überboten sich gegenseitig an Pracht und Ausstattung. Doch es ging noch monumentaler: Im Klassizismus schuf Ludwig XIV. mit Versailles ein Bauwerk, das alle anderen Schlösser in den Schatten stellte.

Im 18. Jh. entstanden vor allem Stadthäuser, unter der napoleonischen Herrschaft ziemlich verschnörkelte Empire- und später Rokokobauten. Mit der Verfassungsänderung 1958 übernahmen vom Volk gewählte Präsidenten das architektonische Zepter. Präsident Georges Pompidou initiierte das nach ihm benannte Kunstzentrum und François Mitterrand war in seiner Bauwut kaum zu bremsen. Er ließ die besten Architekten der Welt nach Paris einfliegen: Der Chinese Ieoh Ming Pei errichtete die Pyramide im Louvre, der Uruguayer Carlos Ott die neue Oper, der Däne Johann Otto von Spreckelsen die Grande Arche de la Défense, um nur einige zu nennen. Mitterrands Nachfolger Jacques Chirac begnügte sich damit, das Musée du Quai Branly von Jean Nouvel zu vollenden, während der umtriebige Nicolas Sarkozy seine Vision der Welthauptstadt Grand Paris vorantrieb. Den umweltfreundlichen Ausbau des Nahverkehrs mit führerlosen Schnellbahnlinien und Niederflur-Straßenbahnen nahm sein Nachfolger François Hollande in Angriff – auch mit Blick auf die Olympischen Spiele 2024, um die sich Paris beworben hat. Im Herbst 2017 fällt die Entscheidung.

BANLIEUE

Obwohl der an sich neutrale Begriff „Banlieue" auch die Wohnviertel wohlhabender Pariser im Westen bezeichnet, hat er sich als Synonym für heruntergekommene Hochhaussiedlungen mit hoher Kriminalitätsrate eingebürgert, in denen Menschen mit sozialen Problemen leben, Arbeitslose, nord- und westafrikanische Immigranten, beschäftigungslose Jugendliche. Die Entstehung dieser *quartiers sensibles* setzte in den 1950er-Jahren ein, als Frankreich peu à peu seine nordafrikanischen Kolonien verlor und die Algerienfranzosen zurück ins Heimatland strömten. Zu ihnen gesellten sich dann in den 1970er-Jahren viele Immigranten. Frankreich hat die höchste Gesamtzahl an Einwanderern in Europa – etwa 5,5 Mio. Menschen kamen seit 1948 ins Land. Um der wachsenden Bevölkerung Herr zu werden, zogen die Großstadtverwaltungen massenweise Sozialwohnungen in Plattenbauweise hoch, was zu einer Gettoisierung der Vorstädte führte. Immer wieder kommt es zu Unruhen. An der prekären Lage der Banlieuebewohner, die allein wegen ihrer „schlechten" Adresse oft keinen Job bekommen und damit keine Zukunftschancen haben, hat sich über all die Jahre kaum etwas geändert.

BEVÖLKERUNG

Frankreich hat seine Bevölkerung in zwei Jahrhunderten verdoppelt. 66 Mio. zählt die Nation (einschließlich der Regionen in Übersee). Nach Deutschland

Ein Stück Frankreich im Mittelmeer: unterwegs auf dem Fernwanderweg GR 20 durch Korsika

hat Frankreich damit die zweithöchste Einwohnerzahl in der EU. Die Lebenserwartung liegt bei gut 82 Jahren (in Deutschland knapp 81). Mit einer Geburtenrate von 2,01 Kindern pro Frau (Deutschland: 1,38) liegt das Land mit Irland und Schweden an der Spitze. 53 Prozent der Kinder werden nichtehelich geboren. Im Land der *liberté* entscheiden sich viele für eine eingetragene Lebenspartnerschaft, die für homo- wie für heterosexuelle Paare erlaubt ist; mittlerweile sind schwule und lesbische Paare aber nicht mehr darauf angewiesen, sondern dürfen auch regulär heiraten. Dieser „zivile Solidaritätspakt" PACS als dritter Weg zwischen Ehe und freier Liebe ist so beliebt geworden, dass mittlerweile auf drei Hochzeiten zwei frisch „gepacste" Paare kommen. Eine Trennung geht rasch: Die gesetzliche Kündigungsfrist von drei Monaten kommt der Auflösung eines Mietvertrags gleich.

CORSE

Eine gewisse Sonderstellung nimmt die Insel Korsika (317 000 Ew.) ein. Die „Insel der Schönheit", wie sie gern genannt wird, ist das viertgrößte Eiland im Mittelmeer. Sie verfügt über gut 1000 km Küste, schneeweiße Strände, raues Gebirge, pittoreske Orte und einen der anspruchsvollsten Wanderwege des Landes, den berühmten GR 20. Die stolzen Korsen fühlen sich nicht als Franzosen. Die separatistische Bewegung FLNC ruht trotz kurzzeitigen Stillhalteabkommen nicht – und Korsika ist Europas Region mit der höchsten Mordrate. Über die Insel informiert ausführlich der MARCO POLO Band „Korsika".

DOM-ROM & FRANKOFONIE

Vier französische Überseegebiete aus ehemaliger Kolonialzeit genießen seit 1946 den Status von Départements: Guadeloupe, Französisch-Guayana, Martinique und La Réunion. 2011 feierte Frankreich mit der Komoreninsel Mayotte die Aufnahme des 101. Départements. Die Überseeregionen werden von den abkürzungsfreudigen Franzosen DOM-ROM genannt: *Départements et Régions d'Outre-Mer.* An die 200 Mio. Menschen sprechen Französisch als Mutter- oder Alltagssprache, doch nur 44 Prozent davon leben in Europa (vor allem in Frankreich, Belgien, Luxemburg und der Schweiz), 46 Prozent hingegen in Afrika, vor allem in den Maghrebstaaten, aber auch südlich der Sahara in Westafrika. In vielen internationalen Organisationen wie Uno, Unesco, Europarat ist Französisch eine der Arbeitssprachen, der Europäische Gerichtshof verhandelt ausschließlich *en français.* Knapp ein Viertel der deutschen Schüler erlernen die Sprache des westlichen Nachbarn, wobei der bilinguale Unterricht beliebter wird.

JE SUIS CHARLIE

Bei den Mordanschlägen islamistischer Extremisten in Paris im Januar und November 2015 starben fast 200 Menschen. Nicht nur in Frankreich solidarisierten sich die Menschen mit „Je suis Charlie"-Plakaten und Profilbildern in den sozialen Netzwerken, Schweigeminuten und Trauermärschen. Auch *Fluctuat Nec Mergitur* („Sie schwankt, aber sie geht nicht unter") wurde zu einem Slogan des Widerstands der Franzosen. Eigentlich der Wahlspruch im Pariser Stadtwappen, gravierten Graffitikünstler ihn in großen Lettern in schwarzen Stein auf der Place de la République, dem traditionsreichen Versammlungs- und Protestplatz der Pariser. In Frankreich haben die Anschläge für ein neues Gefühl der Solidarität und des Zusammenhalts gesorgt. Unter dem Motto „Je suis en terrasse" verteidigen die Franzosen ihren offenen, liberalen Lebensstil und besuchen Stra-

Nous sommes tous Charlie: Gedenken an die Attentatsopfer auf Paris' Place de la République

ßencafés und Bars nach der Devise: Jetzt erst recht! Mit Erfolg: Die Unbeschwertheit, die Leichtigkeit des Seins sind nach Paris und in die anderen Städte zurückgekehrt. Im Hinterkopf hat sich dennoch die Angst eingenistet. Wurde früher ein unerwarteter Halt der Metro während der Fahrt ignoriert, schauen jetzt alle auf.

MODE

Die Mode- und Textilindustrie hat in Frankreich immer eine große Rolle gespielt. Bayeux ist für seine Spitze, Lyon für seine Seide bekannt. Zentrum der Mode bleibt jedoch Paris. Hier erfand der Engländer Charles Frederick Worth 1857 die Haute Couture, aus der in den 1960er-Jahren die Prêt-à-porter-Mode hervorging. Viele altehrwürdige Unternehmen wie Chanel, Dior, Yves Saint Laurent oder Givenchy geben noch heute den Ton an. In den vergangenen Jahren schafften es auch Firmen wie Lanvin, Balenciaga oder Nina Ricci durch junge Designer, an alte Erfolge anzuknüpfen.

REGIONEN

Vor der Französischen Revolution von 1789 war Frankreich in 30 Provinzen gegliedert. Damals entstand eine neue Verwaltungsstruktur mit heute 101 Départements. Die Provinznamen der vorrevolutionären Monarchie – z. B. Aquitanien, Auvergne, Bretagne, Burgund, Elsass oder Lothringen – überlebten teilweise in den Regionen, deren Zahl durch eine Gebietsreform 2016 von 22 auf 13 geschrumpft wurde. Manches beliebte Tourismusgebiet versteckt sich allerdings in Wortungetümen, so etwa die Region Provence-Alpes-Côte-d'Azur (PACA).

RELIGION

Frankreich ist ein laizistischer Staat. Das bedeutet, dass Staat und Religionsgemeinschaften vollkommen voneinander getrennt sind. Auf den Laizismus wird großer Wert gelegt, Religion ist Privatsache. Deswegen gibt es auch keine staatlichen Erhebungen über Religionszugehörigkeiten und in staatlichen Schulen keinen Religionsunterricht. Die veröffentlichten Statistiken variieren stark, jedoch geht man davon aus, dass eine Mehrheit von etwa drei Fünfteln katholischen Glaubens ist. Der Islam ist zweitstärkste Religion in Frankreich.

RENTRÉE

Von Mitte Juli bis Ende August ist ganz Frankreich in der Sommerpause; in den meisten Büros ruht die Arbeit, in den Großstädten sind viele Geschäfte und Restaurants geschlossen. Das „normale" Leben hält erst in der ersten Septemberwoche wieder Einzug. Diese Zeit wird als *la rentrée* (die Rückkehr) bezeichnet. Das Wort orientiert sich an der Rückkehr der Schulklassen, wird jedoch weiter gefasst. Denn parallel zur *rentrée* verschreibt sich das Land einer kulturellen Rundumerneuerung, die mit der Vorstellung neuer Filme, Bücher, Mode usw. einhergeht.

WIRTSCHAFT

In Frankreich waren bis vor wenigen Jahren sehr viele Großbetriebe noch in staatlicher Hand. Man sprach deshalb auch von einer gelenkten Volkswirtschaft. Jedoch wurde wie in Deutschland zunehmend privatisiert und dereguliert. Frankreich – der größte Flächenstaat der EU – ist die zweitgrößte Industrienation in Europa und die fünftgrößte Wirtschafts- und Atommacht der Welt. Wichtige Branchen sind Lebensmittel, Tourismus, Automobilbau, Baugewerbe und Energie. Zahlenmäßig geringer, aber bedeutend im Außenhandel ist die Mode-, Parfum- und vor allem die Luxusartikelindustrie, bei der Frankreich als wichtigster Exporteur weltweit gilt.

ESSEN & TRINKEN

L'art de vivre, **die Kunst zu leben, wird in Frankreich vielfach mit der Kunst des Essens gleichgesetzt. Kein Franzose nimmt einfach nur Nahrung zu sich. Jeder Restaurantbesuch wird zelebriert, Essen ist ein Event.**

Dass dies keine französische Marotte ist, hat die Unesco 2010 offiziell bestätigt: Sie nahm die stilbildende französische Küche ins **Weltkulturerbe** auf. Dementsprechend hoch sind die Ansprüche an die Köche. Doch selbst im entlegenen Dorfgasthof werden diese Erwartungen fast immer erfüllt. Sehr unterschiedliche klimatische Verhältnisse, Böden und Traditionen haben eine für die jeweilige Gegend typische ***Spezialitätenküche*** hervorgebracht. Kombinieren Sie regionaltypische Weine oder andere Getränke mit lokalen Speisen – eine Garantie für kulinarisches Glück.

Viele Gasthäuser und Restaurants haben sonntags geschlossen, da an diesem Tag traditionell zu Hause in der Familie gegessen wird. Nur die **Bistros** haben immer geöffnet. Sie sind ein wichtiger Teil der französischen Esskultur. Hier nimmt man an der Theke einen schnellen *petit noir* (Espresso), einen *petit crème* (mittlere Tasse Kaffee mit wenig Milch) oder einen Aperitif zu sich oder isst einen Happen zwischendurch. Ein günstiges Tagesgericht ***(plat du jour)*** gibt es so gut wie immer.

Eher auf hungrige Gäste sind die Brasserien eingestellt, gutbürgerliche Speiselokale, die Hausmannskost anbieten. Auch berühmte Küchenchefs kochten erst ein-

Fruchtbare Böden, kulinarische Innovationsfreude und geschmackliche Raffinesse begründen den Ruf der französischen Küche

mal auf kleiner, regionaler Flamme, Paul Bocuse zum Beispiel probierte seine Künste zunächst in einem Lyoner INSIDER TIPP *bouchon* aus, einer traditionellen Arbeiterbrasserie, die hauptsächlich Herzhaftes wie deftige ***Innereiengerichte*** serviert. Diese kleinen, rustikalen Gaststätten entstanden Anfang des 20. Jhs., als die Bourgeoisie sich ihre Köchinnen nicht mehr leisten konnte. Bocuse war sicherlich der wichtigste Botschafter der französischen ***Haute Cuisine***. Er ist noch immer einer von rund 600 französischen Sterneköchen. Mit Sternen, Kochmützen oder Bestecken ausgezeichnete Restaurants gibt es in Frankreich allerorten. Wenigstens einmal sollten Sie tiefer ins Portemonnaie greifen, um die französische Gourmetküche erlebt zu haben. Jenseits der Haute-Cuisine-Zentren Paris, Elsass, Lyon und Côte d'Azur – und generell mittags – sind diese Nobelrestaurants durchaus bezahlbar. Geschlemmt wird in Frankreich vor allem abends. Das ***Frühstück*** hat in Frankreich kaum Bedeutung und fällt mit einem

SPEZIALITÄTEN

andouillette – Innereienbratwurst

bœuf bourguignon – in Rotwein geschmortes Rindergulasch mit Speck und Champignons

bouillabaisse – südfranzösische Fischsuppe mit Fischeinlage und Gemüse (Foto re.)

café noisette – kleiner Espresso mit einem Schuss Milch

cassoulet – überbackener Eintopf des Südwestens aus weißen Bohnen mit Gänse-, Enten- und anderem Fleisch (Foto li.)

confit de canard – Entenfleisch, im eigenen Fett gekocht und eingemacht

coq au vin – Hähnchen in Rotweinsauce mit Speck, Zwiebeln und Kräutern

coquilles Saint-Jacques (à la provençale) – Jakobsmuscheln (in Knoblauchbutter gedünstet)

croque-monsieur – mit Schinken und Käse überbackener Toast; beim *croque-madame* mit Spiegelei darauf

demi – kleines Bier (0,25 l)

escargots – Weinbergschnecken, meist mit Kräuterbutter gratiniert

foie gras – Fettleber von Stopfenten oder -gänsen

gratin dauphinois – Kartoffelgratin mit (Knoblauch-)Sahne

île flottante – Eischnee-„Insel" auf Vanillesauce oder englischer Creme

infusion – Kräutertee

magret de canard – Entenbrust

moules marinières/à la crème – Miesmuscheln in Weißweinsud/in Sahnesud

panaché – Bier mit Limonade (Radler, Alsterwasser)

plateau de fruits de mer – Platte mit rohen und gekochten Meeresfrüchten wie *huîtres* (Austern), *crevettes* (Garnelen), *tourteau* (Taschenkrebs), in der Luxusvariante auch *homard* (Hummer)

pot au feu – Suppentopf mit Rindfleisch, Hühnerfleisch und Gemüse

profiteroles – kleine Windbeutel, meist mit Vanilleeis und Schokosauce

quiche lorraine – Lothringer Specktarte

ratatouille – Auberginen-, Zucchini-, Tomaten- und Paprikawürfel, in Olivenöl gedünstet

rillettes – Paste aus Schweinefleisch und Schweineschmalz

sauté d'agneau – Lammragout

tapenade – provenzalische Paste aus pürierten Oliven, Kapern, Sardellen, Öl

tarte tatin – karamellisierter, gestürzter flacher Mürbeteig-Apfelkuchen

tripes (à la mode de Caen) – Kutteln (mit Suppengemüse geschmort)

Croissant, vielleicht ein wenig Baguette mit Marmelade und einer Tasse Kaffee recht spärlich aus. Fürs **Mittagessen** lassen sich die Franzosen schon mehr Zeit, auch unter der Woche. Viele Geschäftstermine finden beim *déjeuner* statt, doch über die wichtigen Dinge spricht man immer erst beim abschließenden *petit café,* niemals vorher.

Ein offizielles Abendessen *(dîner)* ist dagegen ein **mehrgängiges Menü**. Menüs sind grundsätzlich erheblich billiger als ein Essen *à la carte.* Sie bestehen in der Regel aus Vorspeise *(entrée),* Hauptgericht *(plat)* und Käse *(fromage)* oder Nachtisch *(dessert).* Selbst im *Resto U,* der Unimensa, oder bei McDonald's wird nicht auf eine Menüfolge verzichtet. Für den kleineren Appetit bieten inzwischen viele Restaurants auch eine Menüwahl zwischen Vorspeise mit Hauptgericht oder Hauptgericht mit Dessert an. Bei den *plats* handelt es sich um ein Fisch- oder Fleischgericht, serviert mit Gemüsebeilage, wobei Kartoffeln als *légumes* zählen, also als Gemüse.

Eine günstige Alternative zum sehr teuren Mineralwasser ist eine **carafe d'eau,** ein Krug Leitungswasser, die nichts kostet. Früher wurde sie – wie Brot – direkt auf den Tisch gestellt, inzwischen muss man häufig darum bitten. Für den Wein wird in Frankreich gern Geld ausgegeben. Es muss kein Grand Cru sein, aber Sie sollten sich die Probe der verschiedenen guten Tropfen nicht entgehen lassen. Viele Restaurants bieten auch **Weine von guter Qualität** in halben Flaschen an. Biertrinker haben es gelegentlich schwer in Frankreich, das Bier ist oft milder – oder wässriger, je nach Ansicht – und in der Regel teurer als in Deutschland. Renommiert ist jedoch das **elsässische Bier**, das gern zur *choucroute* serviert wird, zur Sauerkrautplatte mit Eisbein und Würsten.

Gegessen wird abends meist etwas **später als in Deutschland**: In der Provinz ist 19 bis 20 Uhr normal, im Süden und Paris eher noch etwas später. Gegen 22 Uhr schließen fast alle Restaurantküchen außerhalb von Paris. In der Hauptstadt und in manchen Urlaubszentren gibt es

Frisch vom Baum: Zitronen an der Côte d'Azur

abends oft zwei *services,* also **Zweischichtbetrieb**. Den frühen Gästen wird mit dem Kaffee als unmissverständliches Signal die Rechnung präsentiert, weil die nächsten Esser schon warten. Es empfiehlt sich daher, für den letzten *service* zu reservieren, wenn Sie nach dem *dîner* noch entspannt sitzen bleiben möchten.

EINKAUFEN

Schinken aus Bayonne, Nussöl aus Grenoble, Trüffeln aus dem Périgord, Lederhandschuhe aus Millau, Lavendelseife aus der Provence – auf einer Reise durch Frankreich entdecken Sie immer etwas, das es bei uns zu Hause nicht gibt. Die besten regionalen Produkte finden Sie beim Bummel über die Wochenmärkte. Gute Adressen für ausgefallene, handgemachte oder nach alten Rezepten gefertigte Waren sind auch die INSIDER TIPP *Maisons de Produits de Pays.* Diese regional organisierten Vermarktungsgesellschaften bieten in konzentrierter Form das Sortiment der ansässigen kleinen Produktionsbetriebe und Bauernhöfe an. Die Shops verkaufen zum Herstellerpreis.

ESS- UND TISCHKULTUR

In den Wäldern von Lothringen verstecken sich uralte Kristallfabriken. Die älteste ist *Saint-Louis (www.saint-louis.com)* in *Saint-Louis-lès-Bitche,* die bekannteste *Baccarat (www.baccarat.fr)* im gleichnamigen Ort. Direkt an den Manufakturen gibt es Fabrikverkäufe für Kristallgläser und -vasen.

Ein Klappmesser von *Laguiole (couteau-laguiole.com)* aus dem Südwesten hat fast jeder in Frankreich, weil es so gut schneidet. Ein echtes Laguiole hat einen Griff aus Holz, Horn, Aluminium oder Elfenbein. Erkennungszeichen ist die Mücke bzw. Biene am Klappmechanismus. Die Messer von *L'Opinel (www.opinel.com),* dem Hauptkonkurrenten von Laguiole, kommen aus Savoyen. An der Form dieses Messers hat sich seit über 100 Jahren nichts geändert.

Fayencen und Töpferware erhalten Sie in ganz Frankreich. Schöne Mitbringsel aus Südfrankreich sind auch Accessoires aus Olivenholz direkt vom Kunsthandwerker, z. B. von INSIDER TIPP *Grain d'Olive (www.graindolive.com)* in *Puyloubier* bei Aix-en-Provence.

KULINARISCHES

In Frankreich, wo sich fast jeder Ort seiner eigenen Spezialität rühmt, ist das Angebot unüberschaubar. Eine kleine Auswahl aus der riesigen Fülle:

Die Würste aus der Auvergne sind ein Gedicht, der Senf aus Dijon ist legendär. Aus der Umgebung von Dijon kommen auch die berühmten Burgunderweine. Die besten *macarons,* luftige, mit Creme gefüllte Biskuithälften in vielen bunten Farben, kommen aus Nancy. Bergamottebonbons und guten Schnaps gibt es überall

Damit Sie oder die Daheimgebliebenen auch nach dem Urlaub noch etwas davon haben: Reiseandenken nicht nur für den Gaumen

in Lothringen. Gertwiller im Elsass gilt als „Hauptstadt des Lebkuchens".
Die Normandie ist für den Apfelwein Cidre und den Apfelschnaps Calvados und für ihre Karamellbonbons bekannt. Die beste Gänseleberpastete kommt aus dem Gers und dem Périgord. Einen Rundgang verdienen dort auch die Trüffelmärkte. Im Baskenland ist der scharfe Chili *piment d'Espelette* erhältlich, weiter nördlich wachsen die Trauben für die weltberühmten Bordeauxweine. Gutes Olivenöl gibt es in der Provence. Süß sind die *calissons* aus Aix-en-Provence und die kandierten Früchte aus Apt.

MODE UND TEXTILIEN

Die Kreationen der großen Modehäuser aus Paris bekommt man in allen Metropolen der Welt, doch meist nie das ganze Sortiment. Ein Bummel durch die Avenue Montaigne, die Rue du Faubourg-Saint-Honoré und über die Champs-Elysées lohnt sich deshalb allemal.

Espadrilles, die einfachen Jute-Baumwoll-Latschen, kommen aus den baskischen Pyrenäen – und nie aus der Mode. Zentrum der Fabrikation ist der Ort *Mauléon,* wo sie wie ehedem gefertigt werden. Bekannte Firmen sind *Bigaya* und *Prodiso (www.espadrilles-mauleon.fr).*
Neben den Streifenstoffen der Katalanen und den bunten Textilien der Provence, die man auf Märkten findet, ist die Tischwäsche von *Les Olivades (www.lesolivades.fr)* aus Nîmes berühmt. Normandie und Bretagne sind für die Streifenpullis der Matrosen berühmt. Modische Modelle bekommt man bei der bretonischen Traditionsfirma *Armor Lux (www.armorlux.com)* aus Quimper.

MUSIK, BÜCHER UND FILME

Bewahren Sie die Ferienstimmung akustisch! Das Angebot an CDs mit Chansonklassikern ist riesig. In den Filialen des Medienkonzerns FNAC findet jeder etwas – das gilt auch für Filmklassiker auf DVD.

PARIS

> **WOHIN ZUERST?**
> Fahren Sie mit der Metrolinie 1 oder 7 zur Station Palais Royal/ Musée du Louvre und schlendern zur Glaspyramide **Carrousel du Louvre (U D4)** ***(📖 d4)***. Bei Regen gehen Sie hinein und beginnen Ihren Parisbesuch im Museum. Bei Sonnenschein bleiben Sie zunächst *rive droite* und spazieren durch den Park der Tuileries in Richtung Champs-Élysées. Wenn Sie mit dem Auto unterwegs sind, parken Sie auf einem der Parkplätze an der Ringautobahn Boulevard Périphérique. Von dort kommen Sie stressfrei mit öffentlichen Verkehrsmitteln in die Stadt.

KARTE IM HINTEREN UMSCHLAG
(184 B4) *(📖 K4)* **Die Hauptstadt Frankreichs (2,2 Mio. Ew. in der Kernstadt) gehört zu den meistbesuchten Orten weltweit.**

Dies hat wirtschaftliche, verwaltungspolitische und touristische Gründe. Vielen Menschen gilt sie als schönste Stadt der Welt. In der Agglomeration von Paris (12,3 Mio. Ew.) laufen alle Verkehrsadern zusammen, hier befindet sich Europas zweitgrößter Flughafen, Charles-de-Gaulle; hier haben internationale Organisationen ihren Sitz, z. B. die Unesco und die OECD. Allein über 160 Museen gibt es in Paris. Diese Konzentration von Meisterwerken macht die Stadt für Kunstfreunde international zum Garten Eden. Dank ihrer vielsprachigen, kulturell und religiös

 Bild: Place de la Concorde

Paris und die Umgebung der Hauptstadt sind das kulturelle, politische und wirtschaftliche Zentrum des Landes

gemischten Einwohnerschaft ist sie lebendig, quirlig und steckt voller Überraschungen. In der Metropole drängen sich Denkmäler, architektonische Meisterwerke, Stätten der Kultur, Restaurants, Bars und Geschäfte. Paris hat immer Saison. Internationale Stars geben hier Gastspiele, Wirtschaftskonferenzen sind an der Tagesordnung, große Sportereignisse und Kunstausstellungen füllen jede Woche ein ganzes Buch voller Events und Kulturveranstaltungen. Und als Hauptstadt der Mode lockt Paris mit Prêt-à-porter- und Haute-Couture-Schauen zweimal im Jahr die Fashionszene aus der ganzen Welt an.

Der nicht endende Zustrom von Menschen hat aber auch seine Schattenseiten: Die Stadt erstickt im Straßenverkehr, als eine Folge davon ist die Luftverschmutzung sehr hoch. Das Quartier Oberkampf gehört zu den am dichtesten besiedelten Stadtteilen in ganz Europa. Die Pariser City ist achtmal kleiner als die Berliner – vielleicht erzeugt gerade diese Enge das romantische Flair. Ausführliche

Informationen zur Hauptstadt Frankreichs finden Sie im MARCO POLO Band „Paris".

SEHENSWERTES

CENTRE POMPIDOU ★

(U E4) (*e4*)

Das 1977 aus Stahlrahmen errichtete Gebäude, dessen Aufzüge und Rolltreppen sich an der gläsernen Außenfassade entlang bewegen, gilt als einzigartiges Baudenkmal postmoderner Industrieästhetik. Es ist eins der meistbesuchten Kulturzentren der Welt mit der weltweit größten Sammlung an Kunst des 20./21. Jhs., einer riesigen Bibliothek samt bedeutender Musikdokumentation sowie Kino, Café, Buchhandlung, Konferenzräumen. *Place Georges-Pompidou | www.centrepompidou.fr | Mi–Mo 11–21 (Do bis 23) Uhr*

CHAMPS-ÉLYSÉES

(U A–B 2–3) (*a–b 2–3*)

Die Shopping- und Eventmeile von Paris zieht sich über eine Strecke von 2 km und fünf Metrostationen schnurgerade von der Place de la Concorde bis zum Arc de Triomphe. Werfen Sie einen Blick in Markenhäuser wie Louis Vuitton, Guerlain, Cartier, Yves Rocher etc. Abends locken die großen Kinosäle und Theater, darunter das Varieté *Le Lido de Paris.* Zur Parade am Nationalfeiertag und zum Abschluss der Tour de France trifft sich *tout Paris* auf den Champs-Élysées. Besonders glitzernd zeigt sich die Prachtstraße in der Vorweihnachtszeit.

324 m ragt der Eiffelturm in den Himmel über der Hauptstadt

EIFFELTURM (TOUR EIFFEL) ★

(U A4) (*a4*)

La Dame de fer, „die eiserne Lady", wie die Franzosen sagen, ist ein Muss beim ersten Parisbesuch – und ein erhabenes

Erlebnis. Das Wahrzeichen der Stadt (324 m), das 40 Jahre lang der höchste Turm der Welt war, wurde von Gustave Eiffel für die Weltausstellung 1889 erbaut. Bis zur zweiten Plattform können Sie ihn über 704 Stufen zu Fuß erklimmen, dann muss der sportliche Ehrgeiz ruhen: Zur Spitze ist der Aufzug Pflicht. Oben fegt Ihnen ein frischer Wind um die Ohren und Paris liegt Ihnen zu Füßen, abends leuchtend. Der Glücksmoment lässt sich mit einem Glas an der ● *Bar à Champagne (tgl. 12–22 Uhr)* verlängern. Nachts, immer zur vollen Stunde, glitzert der Eiffelturm. Den schönsten Blick auf dieses Lichtspektakel haben Sie von den gegenüberliegenden Palais du Trocadéro und Palais de Chaillot aus.
Wenn Sie stundenlange Wartezeiten vermeiden wollen, ist ein Online-Ticketkauf – mit genau festgelegter Besuchszeit! – dringend anzuraten. Vorsicht: Wer zu spät kommt, bleibt unten. Treppentickets sind allerdings nur am Schalter erhältlich. *www.tour-eiffel.fr | Mitte Juni–Aug. tgl. 9–24, Sept.–Mitte Juni 9.30–23 (Treppe bis 18) Uhr*

INVALIDES (U B4) *(🕮 b4)*
Neben dem riesigen Gebäudekomplex des von Napoleon für die Kriegsinvaliden errichteten *Hôtel des Invalides,* in dem heute das Armeemuseum untergebracht ist, befindet sich der wuchtige barocke *Invalidendom (Dôme des Invalides).* Unter der goldenen Kuppel fand Napoleon seine letzte Ruhestätte in einem rötlichen Porphyrsarkophag. *129, Rue de Grenelle | www.invalides.org | April–Okt. tgl. 10–18, Nov.–März 10–17, Dom Juli/Aug. bis 19 Uhr*

LA DÉFENSE (190 C3) *(🕮 K4)*
La Défense mit seinen zahlreichen Hochhäusern ist das vielleicht größte Geschäftsviertel Europas. Hier finden sich Perlen moderner und zeitgenössischer Architektur. Dazu gehören das 1958 errichtete Centre National des Industries et Techniques (CNIT) von Bernard Zehrfuss und die 1989 aus Marmor, Beton und Glas erbaute *Grande Arche* von Otto von Spreckelsen, die exakt in der Blickachse von Place de la Concorde und Arc de

MARCO POLO HIGHLIGHTS

★ **Eiffelturm**
Ob von nah oder von fern – *la Dame de fer* zeigt sich von ihrer besten Seite → S. 34

★ **Louvre**
Im größten Museum der Welt lächelt nicht nur Leonardos Mona Lisa → S. 36

★ **Centre Pompidou**
Kultur für alle in futuristischem Bau → S. 34

★ **Marais**
Szeneviertel mit adligen Palais und jüdischem Erbe → S. 36

★ **Sainte-Chapelle**
Das Licht in der Kapelle ist magisch, mysteriös und meditativ → S. 38

★ **Musée du Quai Branly**
Ein Museumsneubau für die Kunst Afrikas, Amerikas und Ozeaniens → S. 37

★ **Vaux-le-Vicomte**
Das Château ist ein Meisterwerk des 17. Jhs. → S. 43

★ **Versailles**
Der renovierte Spiegelsaal des berühmten Schlosses erstrahlt in neuem Glanz → S. 43

Triomphe liegt. Panoramadach und Museum sind zzt. geschlossen, eine Wiedereröffnung ist geplant.

LOUVRE ★ (U D4) (*d4*)

Ein Tag reicht nicht, um den Louvre ganz zu besichtigen. Das größte Museum der Welt gliedert sich in acht Abteilungen, in denen auf einer Fläche von gut 60 000 m² etwa 35 000 Werke gezeigt werden. Die meisten Erstbesucher konzentrieren sich angesichts dieser Fülle auf die italienische Renaissance mit Leonardo da Vincis „Mona Lisa" in der *Salle des États* und die Meisterwerke der französischen Malerei im Flügel Sully. *www.louvre.fr | Sa–Mo und Do 9–18, Mi und Fr 9–21.45 Uhr*

MARAIS ★ (U F4) (*f4*)

Das einstige Sumpfgebiet wurde im 12. Jh. trockengelegt und von der Aristokratie herrschaftlich bebaut. Das Viertel gilt bis heute als Pariser Zentrum des jüdischen Lebens, man sieht viele orthodoxe Juden. Das Marais ist ein angesagtes Szeneviertel, dessen Herz an der viereckigen und von Arkaden begrenzten *Place des Vosges* schlägt. Im Marais gibt es zahlreiche schöne Stadtpalais wie das stadtgeschichtliche *Musée Carnavalet (16, Rue des Francs-Bourgeois | www.carnavalet.paris.fr | bis 2019 wegen Renovierung geschl.)* und das *Hôtel de Béthune-Sully (62, Rue Saint-Antoine | www.sully.monuments-nationaux.fr).* Eine Innenbesichtigung ist nicht möglich, aber Hof und Garten sind als Durchgang zur Place des Vosges frei zugänglich.

MONTMARTRE (U D–E1) (*d–e1*)

Das Viertel auf dem höchsten Pariser Hügel hat sich seinen dörflichen Charme erhalten und ist genau deswegen das Ziel vieler nostalgieverliebter Touristen, die auf den Spuren von berühmten Malern wie Pablo Picasso, Paul Gauguin, Henri Rousseau, Maurice Utrillo oder Amedeo

Museen und Mode, Hipster und Touris, jüdisches Leben und schwule Szene: lebendiges Marais

Modigliani wandeln wollen. Noch heute tummeln sich auf der *Place du Tertre* jede Menge Straßenkünstler. Die Geschichte des Viertels und der Pariser Boheme und Vergnügungsszene des 19. Jhs. veranschaulicht das *Musée de Montmartre (12–14, Rue Cortot | www.museedemontmartre.fr | tgl. 10–18 Uhr)* gleich um die Ecke. Auf keinen Fall sollten Sie den Aufstieg zur Kirche *Sacré-Cœur* verpassen! Die schneeweiße, im römisch-byzantinischen Stil erbaute Basilika ist nicht nur selbst einen Besuch wert, sondern bietet auch einen der schönsten Blicke über die Stadt.

MUSÉE D'ART MODERNE DE LA VILLE DE PARIS (MAM) (U A3) (*a3*)

Das Museum für moderne Kunst enthält einen *Parcours Historique* mit Werken des Kubismus, Postkubismus, Orphismus und einen *Parcours Contemporain* mit zeitgenössischer Kunst. Das Herzstück des Museums, das Fresko INSIDER TIPP „La Fée Électricité" von Raoul Dufy, soll das größte Gemälde der Welt sein. *11, Av. du Président Wilson | www.mam.paris.fr | Di/Mi und Fr–So 10–18, Do 10–22 Uhr*

MUSÉE D'ORSAY (U C4) (*c4*)

In dem lichtdurchfluteten ehemaligen Bahnhof wetteifern Kunst und Architektur um die Aufmerksamkeit der Besucher. Die filigrane Schönheit des Gebäudes passt zum Ausstellungsschwerpunkt Impressionismus. Das Museum ist ein Höhepunkt für jeden, der sich für die Belle Époque bis 1914 begeistert. *1, Rue de la Légion d'Honneur | www.musee-orsay.fr | Di/Mi und Fr–So 9.30–18, Do 9.30–21.45 Uhr*

MUSÉE DU QUAI BRANLY ★ (U A4) (*a4*)

Hier bekam die Kunst Afrikas, Amerikas, Ozeaniens und Asiens eine neue Heimat in Paris. Das Mammutprojekt in der Nähe des Eiffelturms, das der Architekt Jean Nouvel direkt ans Ufer der Seine baute, beherbergt 300 000 Objekte. *37, Quai Branly | www.quaibranly.fr | Di/Mi und So 11–19, Do–Sa 11–21 Uhr*

Notre Dame bei Sonnenaufgang: Früh muss kommen, wer Schlangen scheut

NOTRE-DAME (U E5) (*e5*)

Die Kathedrale liegt im Herzen von Paris auf der Île de la Cité. Den besten Blick auf das architektonische Juwel haben Sie vom Quai de la Tournelle aus. Erbaut von 1163 bis 1300, ist sie innen wie außen sehenswert. Ein besonderes Augenmerk verdienen die Fassade beim Haupteingang mit dem reich verzierten Portal, der Chorbereich und die schönen Glasfenster. Vom Turm aus bekommen Sie einen guten Überblick über die Innenstadt. *Parvis Notre-Dame-Place Jean-Paul II | www.notredamedeparis.fr | Mo–Fr 8–18.45, Sa/So 8–19.15, Turmbesteigung April–Sept. 10–18.30, Juli/Aug. Fr/Sa bis 23, Okt.–März 10–17.30 Uhr*

RIVE GAUCHE
(U D–F 4–5) *(d–f 4–5)*

Das linke Ufer der Seine gilt als das Viertel der Intellektuellen. Die Universität Sorbonne ist dort beheimatet, Ende des 19. Jhs. siedelten sich Buchverlage an, in den 1950er-Jahren zog die Existenzialisten- und Künstlerszene nach *Saint-Germain-des-Prés.* Das Viertel bildet heute zusammen mit dem *Quartier Latin* und dem 7. Arrondissement die teuerste Wohngegend von Paris. Nicht verpassen sollten Sie den Kuppelbau des *Panthéon* und die Kirche *Saint-Sulpice.* Im nur tagsüber zugänglichen *Jardin du Luxembourg* können Sie royale Gartenkunst bewundern. Im *Palais du Luxembourg* tagt der französische Senat.

SAINTE-CHAPELLE ★ (U E4) *(e4)*

Die Palastkapelle der ehemaligen königlichen Residenz ist ein verstecktes Kleinod. Erbaut im 13. Jh. von Ludwig dem Heiligen, gilt sie als Meisterwerk der Gotik. Der untere Teil der Kapelle selbst ist nur 7 m hoch. Der obere Teil enthält die ältesten Fenster von Paris, die das Innere in ein unwirkliches Licht tauchen. *4, Blvd. du Palais | www.sainte-chapelle.monuments-nationaux.fr | stark gestaffelte Öffnungszeiten, s. Website*

LOW BUDG€T

Mit dem Ticket *Paris Visite (www.ratp.fr/paris-visite)* fahren Sie wahlweise an 1–5 Tagen mit Metro, RER, Tram, Bus und SNCF-Vorortzügen in den Zonen 1–3 bzw. 1–5 zum Pauschalpreis von 11,15–61,25 Euro und genießen Ermäßigungen bei einigen Sehenswürdigkeiten.

Mit dem *Paris Museum Pass* für 48, 62 oder 74 Euro *(www.parismuseumpass.com),* gültig für zwei, vier oder sechs Tage, besuchen Sie gratis über 50 Museen und Sehenswürdigkeiten – und schlendern an den langen Warteschlangen vorbei.

Über kostenlose WLAN-Spots in der Stadt informiert die Website *www.paris.fr/wifi.*

Einen guten Stadtplan erhalten Sie kostenlos am Infostand im Kaufhaus *Galeries Lafayette (40, Blvd. Haussmann).*

ESSEN & TRINKEN

CHARTIER (U E2) *(e2)*

Mythischer Saal, seit 1896 im Originaldekor. Sensationell günstig, lärmendes Ambiente, 16 rasende Kellner, 1200 Gedecke am Tag, typisch französische Hausmannskost – ein Erlebnis! Keine Reservierung möglich. *7, Rue du Faubourg-Montmartre | Tel. 01 47 70 86 29 | www.bouillon-chartier.com | tgl. | €*

LE CLOS DES GOURMETS
(U A–B4) *(a–b4)*

Kleines, aber äußerst feines Restaurant im Louis-XVI-Stil mit raffinierter Küche aus besten Zutaten. *16, Av. Rapp | Tel. 01 45 51 75 61 | www.closdesgourmets.com | So/Mo geschl. | €€€*

LA COUPOLE (U D6) *(🕮 d6)*
Die legendäre Brasserie ist immer noch ein Hit für Parisbesucher. *102, Blvd. du Montparnasse | Tel. 01 43 20 14 20 | www.lacoupoleparis.com | tgl. |* €€–€€€

LA FRESQUE (U E3–4) *(🕮 e3–4)*
Preiswertes, schmackhaftes Essen und leckere vegetarische Pasteten direkt neben den Halles im früheren Laden eines Schneckenhändlers. *100, Rue Rambuteau | Tel. 01 42 33 17 56 | So geschl. |* €

AUX LYONNAIS (U E3) *(🕮 e3)*
Ein Bistro, wie man es in Paris erwartet: mit Stuck, Kacheln und deftiger Küche von Alain Ducasse. *32, Rue Saint-Marc | Tel. 01 42 96 65 04 | www.auxlyonnais.com | Sa mittags und So/Mo geschl. |* €€

INSIDER TIPP **TERMINUS NORD**
(U F1) *(🕮 f1)*
Herrliche Jugendstil-Bahnhofsbrasserie. Chefkoch Jean-Philippe Bourgueil hat eine Vorliebe für Fisch und Meeresfrüchte (Bouillabaisse!). *23, Rue de Dunkerque | Tel. 01 42 85 05 15 | www.terminusnord.com | tgl. |* €€

EINKAUFEN

Paris ist ein wahres Shoppingparadies. Läden der großen Modeketten finden Sie in der *Rue de Rivoli* und der *Rue de Rennes.* Intimer shoppt man im *Marais* rund um die *Rue des Francs Bourgeois* und in *Saint-Germain-des-Prés* in den Parallelstraßen der *Rue Bonaparte.* Die Shoppingmeile schlechthin bleibt der *Blvd. Haussmann,* wo sich die Kaufhäuser *Galeries Lafayette* und *Le Printemps* befinden. ● Überdachte Passagen sind z. B. *Passage des Princes (5, Blvd. des Italiens)* und *Passage des Panoramas (11, Blvd. Montmartre).* Werfen Sie unbedingt einen Blick ins Belle-Époque-Kaufhaus *Le Bon Marché (24, Rue de Sèvres)* und in die große Feinkostabteilung *La Grande Épicerie (38, Rue de Sèvres)!*

Die ● *bouquinistes,* die an den Seineufern ihre Holzkästen aufklappen und in

Kalbskopf und eine Karaffe Beaujolais: Bistroküche im Aux Lyonnais

friedlicher Nachbarschaft mit den Porträtzeichnern ihre antiquarische Ware anbieten, sind weltbekannt. Aktuelle Bücher, CDs, DVDs, aber auch Longseller aus Literatur, Musik und Film sowie Elektronikprodukte gibt es in den vielen Pariser

Fnac-Filialen, die größten auf den *Champs-Élysées* und im *Forum-Les-Halles.* In der INSIDER TIPP *Rue Malebranche,* wo Woody Allen Teile von „Midnight in Paris" drehte, tritt man in die wunderbare Welt von Michèle Cointe, einen Laden mit dem schlichten Namen *Antiquités (11, Rue Malebranche).* Wer ein Faible für Museumsshops hat, findet Kunstdrucke, künstlerische Fotografien, Gravuren, textile und sonstige Souvenirs aus allen Nationalmuseen unter *www.boutiquesdemusees.fr.* Die *macarons* der Konditorei *Ladurée* gelten als die besten der Stadt. Es gibt sie in vielerlei Sorten in vier Filialen, mit Café und Bar jene in Hausnummer 75 der *Av. des Champs-Elysées.*

AM ABEND

Das Unterhaltungsangebot für den Abend und die Nacht ist riesig – und teuer. Einen guten Überblick über die aktuellen Programme bieten die wöchentlichen Stadtmagazine „Pariscope" und „L'Officiel des Spectacles" (auch mit angesagten Restaurants). Für die berühmten Revuen ist es ratsam, die Karten frühzeitig online zu bestellen: *Lido (www.lido.fr), Folies-Bergère (www.foliesbergere.com)* und *Bal du Moulin-Rouge (www.moulinrouge.fr).* Gleiches gilt für die *Nationaloper (www.operadeparis.fr),* die in Paris die neue, moderne *Opéra de la Bastille* und das reich geschmückte *Palais Garnier* im Zentrum unterhält. Für Ballettveranstaltungen ist das *Théâtre de la Ville (www.theatredelaville-paris.com)* berühmt. 2015 eröffnete der spektakuläre Neubau der *Philharmonie de Paris (www.philharmoniedeparis.fr)* im Parc de la Villette an der Porte de Pantin. 250 Konzerte pro Saison finden in dem 350-Mio.-Euro-Musiktempel statt. Das volkstümliche Paris lebt mit Chansons von Edith Piaf im INSIDER TIPP *Le Vieux Belleville (12, Rue des Envierges | Tel. 0144629266 | www.le-vieux-belleville.com | Di 20.30 Uhr, Reservierung ratsam)* auf.

Opéra Garnier: Hier sind Sie im doppelten Wortsinn geflasht von Prunk und Pracht

Nachtclubs und Bars gibt es in der ganzen Stadt. Zu den Klassikern der Clubs im Zentrum gehören der Salsatempel *Barrio Latino (46, Rue du Faubourg Saint-Antoine | www.barrio-latino.com | So–Fr 12–2, Sa 12–3 Uhr)*, die Uraltdisco *Balajo (9, Rue de Lappe | www.balajo.fr)* und der zum gleichnamigen Hotel gehörige Partyschuppen *Les Bains (7, Rue du Bourg l'Abbé | www.lesbains-paris.com | Mi–Sa 23–5 Uhr)* in einem alten türkischen Bad.

ÜBERNACHTEN

HÔTEL LE A (U B2) *(🕮 b2)*
Nahe den Champs-Élysées gelegenes Designhotel im puristischen Schwarz-Weiß-Dekor. *26 Zi. | 4, Rue d'Artois | Tel. 01 42 56 99 99 | www.hotel-le-a.com |* €€€

HÔTEL JEANNE D'ARC LE MARAIS (U F4) *(🕮 f4)*
Ruhiges, charmantes Haus mitten im Maraisviertel. *35 Zi. | 3, Rue de Jarente | Tel. 01 48 87 62 11 | www.hoteljeannedarc.com |* €€

HÔTEL JOYCE (U D1) *(🕮 d1)*
Très chic und modern gestaltete Zimmer im ruhigen 9. Arrondissement. Teil der neuen Astotel-Gruppe mit 17 individuellen Häusern. INSIDER TIPP Alle Softdrinks frei! *44 Zi. | 29, Rue la Bruyère | Tel. 01 55 07 00 01 | www.astotel.com/joyce |* €€

NOUVEL HÔTEL (191 D4) *(🕮 K4)*
Nett im Laura-Ashley-Look gestaltetes, kleines Hotel mit einem sehr ruhigen Innenhof. *27 Zi. | 24, Av. du Bel-Air | Tel. 01 43 43 01 81 | www.nouvel-hotel-paris.com |* €€

LE VILLAGE HOSTEL (U E1) *(🕮 e1)*
Freundliche, saubere, funktional-schlichte Herberge im belebten Montmartreviertel. Zimmer für ein bis acht Personen. Sonderangebote bei Onlinebuchung. *27 Zi. | 20, Rue d'Orsel | Tel. 01 42 64 22 02 | www.villagehostel.fr |* €

ZIELE IN DER UMGEBUNG

BARBIZON (184 B4) *(🕮 K5)*
Das Dorf 60 km südlich von Paris am Rand des Walds von Fontainebleau erlangte Ruhm durch die vorimpressionistische Malerkolonie *École de Barbizon*. Künstler wie Théodore Rousseau (1812–1867), Charles-François Daubigny (1817–1878), Constant Troyon (1810–1865) und Jules Dupré (1811–1889) revolutionierten um 1830 die Landschaftsmalerei: Sie malten *en plein-air*, an der frischen Luft. Viele ihrer Werke sind im Louvre zu sehen. *Atelier Rousseau (55, Grande Rue)* und *Musée des Peintres de Barbizon (92, Grande Rue | musee-peintres-barbizon.fr): Mi–Mo 10–12.30 und 14–17.30, Juli/Aug. bis 18 Uhr*

FONTAINEBLEAU (184 B4) *(🕮 K5)*
Umgeben vom gleichnamigen Wald, liegt die Stadt (16 000 Ew.) etwa 70 km südlich von Paris. Die wichtigste Sehenswürdigkeit, das berühmte *Château (www.musee-chateau-fontainebleau.fr | Mi–Mo 9.30–17, April–Sept. bis 18 Uhr)* mit 1500 Räumen und reich gestalteten Gärten, war sieben Jahrhunderte lang von Königsfamilien bewohnt. Von François I. bis Napoleon III. haben alle Regenten hier ihre Spuren hinterlassen. Die Höhepunkte einer Schlossbesichtigung sind die königlichen Appartements und der Ballsaal sowie vier Themenmuseen. Auch der INSIDER TIPP *Forêt de Fontainebleau* ist einen Besuch wert. Seine bizarren Felsformationen ziehen Kletterer aus ganz Europa an.

SAINT-DENIS (191 D2–3) *(🕮 K4)*
In dem Vorort (109 000 Ew.) rund 10 km nördlich leben viele Immigranten in Siedlungsgettos, die um die Altstadt herumgebaut wurden. Die ● *Basilika (1, Rue de la Légion d'Honneur | www.saint-denis.monuments-nationaux.fr | April–Sept. Mo–Sa 10–18.15, So 12–18.15, Okt.–März*

WOLKENKRATZER & SUPERMETRO

In Paris selbst leben nur 2,2 Mio. Menschen, in den Vorstädten mehr als 10 Mio.: Mit dem 30-Mrd.-Euro-Projekt „Grand Paris" sollen sie zu einem Groß-Paris zusammenwachsen und die französische Hauptstadt zu einer Vorzeigemetropole des 21. Jhs. machen. Die vollautomatische Ringlinie Grand Paris Express soll bis 2030 72 neue Bahnhöfe erhalten – die ersten Strecken sollen 2017 in Betrieb gehen. Der Ausbau des Nahverkehrs, der E-Mobilität und des Radverkehrs gehört zur radikalen ökologischen Wende, um eine Stadt zu retten, der immer öfter die Luft ausgeht: Fahrverbote wegen Feinstaub sind Alltag. 14 Planungsbüros entwerfen das Paris von morgen, in dem jährlich 70 000 neue Wohnungen entstehen sollen. Akzente im Häusermeer sollen Prestigeprojekte von internationalen Stars setzen: Herzog & de Meuron stellt mit der 180 m hohen Pyramide des *Tour Triangle* eine moderne Interpretation des Eiffelturms ins 15. Arrondissement, Jean Nouvel errichtet im 13. die beiden 115 und 180 m hohen Türme des *ZAC Rive Gauche,* im 17. Arrondissement wächst der 170-m-Turm des neuen Justizpalasts von Batignolles.

„Nicht kleckern, klotzen!" dürfte Louis XIV' Ansage an seine Architekten in Versailles gelautet haben

Mo–Sa 10–17.15, So 12–17.15 Uhr), in der 42 französische Könige und 32 Königinnen begraben sind, zeugt von einer beeindruckenden Grabmalkunst.

VAUX-LE-VICOMTE ★
(184 B4) (*🕮 K4*)

Die königliche Anmutung täuscht: Das Schloss gut 50 km südöstlich bei Melun wurde nicht von einem König, sondern vom Schatzmeister Ludwigs XIV. erbaut. Nicolas Fouquet beauftragte 1656 die Besten ihres Fachs für sein ehrgeiziges Projekt, das ihn selbst allerdings den Kopf kostete, weil es sogar Versailles in den Schatten stellte: den Architekten Louis Le Vau, den Dekorateur Charles Le Brun und den Gartenbaumeister André Le Nôtre. Besonders schön ist die INSIDER TIPP Besichtigung bei Kerzenschein *(Mai–Sept. Sa 19–23.30 Uhr). www.vaux-le-vicomte.com | April–Okt. tgl., März und Nov. Sa/So 10–18, Dez.–Feb. Sa/So 11–18.30 Uhr*

VERSAILLES ★ (190 A–B4) (*🕮 J4*)

Das gut 20 km südwestlich gelegene Schloss gilt als das schönste der Welt. Von 1682 bis zur Revolution 1789 diente es als Regierungssitz und politisches Zentrum Frankreichs. Von Ludwig XIII. als Jagdschloss errichtet, baute Ludwig XIV. es zu seiner heutigen Pracht aus. Ludwig XV. ließ Veränderungen und Ergänzungen vornehmen, Marie Antoinette schließlich, die Gattin Ludwigs XVI., gab ihm den letzten Schliff. Am 6. Oktober 1789 endete abrupt die Herrschaft in Versailles mit der Flucht der Königsfamilie nach Paris. Highlights der Anlage, für die Sie einen ganzen Tag einplanen sollten, sind die Kapelle, die königlichen Gemächer und der Spiegelsaal, der zum Unesco-Welterbe zählt. Die Gartenanlage mit den Nebenpalästen *Grand* und *Petit Trianon* sowie Marie Antoinettes Vergnügungsbauernhof *Hameau de la Reine* sind weitere Besichtigungspunkte. *www.chateauversailles.fr | Di–So 9–18.30, Nov.–März bis 17.30 Uhr*

DIE MITTE

Das Herzstück des französischen Festlands bilden vier Gebiete, die landschaftlich recht harmonisch sind, in ihrem Wesen jedoch unterschiedlicher kaum sein könnten: Burgund, Centre, Limousin und Auvergne.

Die Bourgogne (ausführliche Informationen finden Sie im MARCO POLO Reiseführer „Burgund"), verwöhnt vom Tourismus dank ihrer Weinberge, Schlösser und den an Kulturdenkmälern reichen Städten – das ist die Gegend, in der der sprichwörtliche Gott in Frankreich sich Schlemmereien hingibt.

Gleich daneben liegt die Region Centre-Val de Loire. Diese 2016 neu gebildete Region ist in sich gespalten: Entlang der Loire (ausführliche Informationen im MARCO POLO Band „Loire-Tal") reihen sich die berühmten Schlösser wie Perlen an einer Kette und ziehen das ganze Jahr hindurch Besucher an. Wenige Kilometer weiter südlich, in die Départements Indre und Cher, kommen nur Insider. Sie wissen von der beschaulichen Ruhe dieser stark landwirtschaftlich geprägten, mit saftigen Weideflächen und weichen Hügeln gesegneten Landschaft und kurven mit Begeisterung auf den historischen und romantischen Straßen durch die ehemalige Provinz Berry, deren Hauptstadt Bourges auf alle Fälle einen Besuch wert ist.

Das noch südlicher gelegene Limousin zählt zu den am dünnsten besiedelten Gebieten Frankreichs. Wegen der schlechten wirtschaftlichen Perspektiven kämpft dieser Landstrich seit Jahren ge-

 Bild: Schloss Chambord

Im Zentrum Frankreichs liegen berühmte Schlösser neben Rübenfeldern und schlummern Vulkane neben Weinkellern

gen die Abwanderung. Auch der Tourismus ist hier noch unterentwickelt, die Natur allein mit dichten Wäldern, klaren Seen und schönen Hochebenen wurde noch nicht ausreichend oder gekonnt genug vermarktet.

Die benachbarte Auvergne ist mit der spektakulären Vulkanlandschaft des Zentralmassivs ein beliebtes Ziel von Wanderern und Skilangläufern – eine gute Gelegenheit, in der Hochsaison angenehm fern von Massenzielen zu reisen. Die *auvergnats,* die wegen der langen, rauen Winter deftiges und schweres Essen mit viel geschmolzenem Käse lieben, gelten als etwas langsam. Vom Trubel, der die Region der Loireschlösser bestimmt, ist man hier Welten entfernt, von der Emsigkeit der burgundischen Weinbauern auch. Wenn Sie also nach anstrengender Tour zu Schlössern und Kirchen Erholung suchen, sind Sie in der südlichen Hälfte von Frankreichs Mitte gut aufgehoben. Und besonders reich an bestens erhaltenen romanischen Bauwerken ist die Auvergne auch noch.

Weinberge vor Weltkulturerbe: Wallfahrtsort Vézelay

AUXERRE

(184 C5) (🕮 *L5*) **Auxerre (42 000 Ew.) ist der Verwaltungssitz des Départements Yonne und liegt am Zusammenfluss des Canal du Nivernais mit dem Fluss Yonne.**

Aus diesem Grund besitzt die Stadt einen großen Freizeithafen, in dem Sie Hausboote mieten können. Wichtigste Sehenswürdigkeit der Stadt ist die gotische *Cathédrale Saint-Étienne,* deren Bau mehrere Jahrhunderte lang dauerte und die u. a. wegen ihrer schönen Fenster aus dem 13. Jh. als bedeutendste Kathedrale Burgunds gilt. Dank attraktiver Umgebungsziele und einer malerischen City mit vielen Fachwerkhäusern eignet sich Auxerre als Ausgangspunkt für kleinere Ausflüge und Touren. Wenn Sie in Auxerre übernachten möchten: Geschmackvoll eingerichtete Zimmer finden Sie im *Hôtel Normandie (47 Zi. | 41, Blvd. Vauban | Tel. 03 86 52 57 80 | www.hotelnormandie.fr | €–€€).*

ZIELE IN DER UMGEBUNG

INSIDER TIPP CHÂTEAU DE GUÉDELON UND CHÂTEAU DE SAINT-FARGEAU

(184 B5) (🕮 *K6*)

Michel Guyot ist ein ungewöhnlicher Mann. Er schuf ein viel beachtetes Bauprojekt: 50 Mitarbeiter und viele freiwillige Helfer errichten seit 1997 60 km südwestlich unter mittelalterlichen Bedingungen ohne Strom und in zeittypischer Arbeitskleidung eine Trutzburg nach Plänen aus dem 13. Jh. Das Abenteuer kann man besichtigen und unterstützen: *www.guedelon.fr | Mitte März–Okt. Do–Di 10–17.30 Uhr, April–Aug. länger und auch Mi geöffnet, Führungstermine auf der Website*

13 km nordwestlich von Guédelon bewohnt Monsieur Guyot sein privates burgundisches Schloss, *Château de Saint-Fargeau (www.chateau-de-saint-fargeau.com | Mitte März–Mitte Nov. tgl. 10–12 und 14–18, Juli/Aug. bis 19 Uhr, spectacle historique Mitte Juli–Mitte Aug. Fr/Sa 22 Uhr).* Jedermann darf nach Herzens-

lust durch die herrschaftlichen Räume, die teils stilecht möbliert sind, und in die Restaurationswerkstatt spazieren. Einer der sechs runden Türme des Schlosses enthält eine *Gästesuite (Tel. 06 32 37 05 73 | €€€)* im Originaldekor.

Eine wunderschöne Übernachtungsmöglichkeit in einem Herrenhaus mit riesigem Garten finden Sie im *Hôtel Les Grands Chênes (13 Zi. | Les Berthes Bailly | Tel. 03 86 74 04 05 | www.hotellesgrandschenes.com | €–€€).*

SAINT-SAVEUR-EN-PUISAYE (184 B5) (*K6*)

Ein Abstecher in den kleinen Ort 40 km südwestlich von Auxerre lohnt sich wegen des INSIDER TIPP *Musée Colette (www.musee-colette.com | April–Okt. Mi–Mo 10–18, Nov.–März Sa/So 14–18 Uhr),* das der berühmten französischen Schriftstellerin (1873–1954) gewidmet ist. Die unangepasste Vagabundin wurde hier geboren. Viele private Gegenstände aus ihren zahlreichen Wohnungen haben in diesem liebevoll gestalteten Museum im Schloss ein neues Zuhause gefunden.

VÉZELAY (184 C5) (*L6*)

Sanft steigen die Felder hinauf zum berühmten, über 1000 Jahre alten Wallfahrtsort rund 50 km südlich von Auxerre. Das Dorf schlängelt sich die ansteigende Straße entlang. Ganz oben thront die wichtigste Sehenswürdigkeit und das Ziel der Pilger, die *Basilique Sainte-Madeleine.* Dort, am Grab der hl. Magdalena, sollen im 11. Jh. Wunder geschehen sein, so überliefert es die Legende. Doch erwiesen sich die als Reliquien verehrten Gebeine der Heiligen später als falsch, deswegen verlor Vézelay nach vielen Jahrhunderten der Blüte seine Bedeutung. Gegen Ende des 19. Jhs. wurden dann „echte" Reliquien eingesetzt – und seitdem ist alles wieder gut: Die Pilger reisen wieder nach Vézelay, das heute zum Weltkulturerbe zählt. Günstig essen können Sie im Restaurant *Le Bougainville (26, Rue Saint-Étienne | Tel. 03 86 33 27 57 | Di/Mi geschl. | €€).*

MARCO POLO HIGHLIGHTS

★ Hôtel-Dieu in Beaune
Das ehemalige Hospiz mit den bunten Dachziegeln ist reicher an Kunst als manche Museen → S. 52

★ Bourges
Hauptstadt und Mittelaltertraum des Berry: eine der schönsten Städte der Region → S. 48

★ Kathedrale in Chartres
Ein Meisterwerk der klassischen Gotik → S. 54

★ Château de Chenonceau
Prächtiges, legendenumranktes königliches Witwenschloss → S. 56

★ Château de Chambord
Für viele Besucher aus aller Welt ist es das prächtigste aller Loireschlösser → S. 54

★ Le Puy-en-Velay
Die Kathedrale ist Unesco-Weltkulturerbe, der Ort spektakulär gelegen → S. 50

★ Château d'Azay-le-Rideau
Das versteckte Juwel unter den Loireschlössern → S. 56

★ Château de Villandry
Die schönsten französischen Schlossgärten im Loiretal → S. 57

BOURGES

(184 B6) (🕮 K6) **Angeblich hat schon Julius Cäsar ★ Bourges (70 000 Ew.) als eine der schönsten Städte von ganz Gallien beschrieben.**

Die Stadt im Tal der Loire ist eine Kunst- und Geschichtsstadt mit einem weltbekannten Musikfestival im April *(www.printemps-bourges.com)* und einer ebenso berühmten Kathedrale: *Saint-Étienne* hat außergewöhnliche Kirchenfenster und kühne Strebebögen. Sehenswert ist auch der *Palais Jacques-Cœur (10bis, Rue Jacques-Cœur | Kernzeit tgl. 10–12 und 14–17.15 Uhr)*. Er wurde 1450 fertiggestellt und nimmt in der Bauweise die Renaissance vorweg. Ein schöner Spaziergang führt von der denkmalgeschützten Altstadt ins Viertel Marais, wo zahlreiche Wasserwege 1500 Schrebergärten durchziehen. Auch der Kanal von Berry ist einen Ausflug wert. Hübsche Privatzimmer in einer Villa hat *Le Cèdre Bleu (3 Zi. | 14, Rue Voltaire | Tel. 02 48 25 07 37 | www.lecedrebleu.fr | €€)*. *Le Guillotin (15, Rue Jean Girard | Tel. 02 48 65 43 66 | So/Mo geschl. | €)* lockt mit Grillfleisch im Erdgeschoss und mit Cafétheater im *La Soupe au Choux* im ersten Stock.

ZIELE IN DER UMGEBUNG

NEVERS (184 B6) *(🕮 K6)*
Den schönsten Blick auf die ehemalige Bischofsstadt (36 000 Ew.) 67 km östlich von Bourges haben Sie von der anderen Seite der Loire aus. Die Altstadt thront auf einem Hügel über dem Fluss, schon von Weitem ist die *Kathedrale Saint-Cyr-Sainte-Julitte* mit ihrem über 50 m hohen Turm zu sehen. An der Kirche wurde jahrhundertelang gebaut. Vor allem Roma-

Bilderbuchburgund: Kathedrale und Loirebrücke in Nevers

nik und Gotik haben ihre Spuren hinterlassen. Die bunten Glasfenster sind modern, sie ersetzten die 1944 zerstörten Fenster. Eine weitere Sehenswürdigkeit ist das *Palais Ducal.* Der Palast aus dem Jahr 1460 war einst die Residenz der Grafen und Herzöge und ist heute ein beliebter Veranstaltungsort. Günstige, angenehme Zimmer bekommen Sie im *Hôtel Beauséjour (16 Zi. | 5bis, Rue Saint-Gildard | Tel. 03 86 61 20 84 | www.hotel-beausejour-nevers.com | €).*

NOHANT-VIC (184 A6) *(🕮 J7)*
Der kleine Ort 76 km südwestlich von Bourges lohnt einen Abstecher wegen der INSIDER TIPP *Maison de George Sand (www.maison-george-sand.monuments-nationaux.fr | Besichtigung mit Führung tgl. 10–12 und 14–17 Uhr, im Sommer länger).* In dem Herrenhaus verbrachte die Schriftstellerin (1804–1876) die meiste Zeit ihres Lebens. Alles ist so geblieben, wie sie es einst verließ. Im Garten liegt sie begraben.

CLERMONT-FERRAND

(188 B2) *(🕮 K8)* **Die Stadt (140 000 Ew.) im Zentrum der Auvergne liegt im vulkanischen Massif Central und ist die Wiege der auvergnatischen Romanik, wovon die Basilika Notre-Dame du Port aus dem 12. Jh. zeugt.**
Die hochgotische Kathedrale *Notre-Dame-de-l'Assomption* (13. Jh.) wurde erst 1884 vollendet. Der Bischofssitz Clermont und der Handelsort Montferrand wurden im 17. Jh. durch Kardinal Richelieu vereint. Die Universität trägt den Namen des Mathematikers, Physikers und Philosophen Blaise Pascal (1623–1662), der mit der „Pascaline" die erste Rechenmaschine erfand, ein bahnbrechendes Werk über Luftdruck verfasste und in der Hauptstadt Paris mit einer sogenannten Fünfgroschendroschke den öffentlichen Nahverkehr begründete.
Jeder kennt das dicke Michelinmännchen Bibendum. Es repräsentiert seit 1898 als Firmensymbol die Reifenproduktion. Die Industriegeschichte der Stadt ist untrennbar mit der Reifenfabrik verknüpft. Anschaulich erzählt wird diese im Museum *L'Aventure Michelin (32, Rue du Clos Four | www.aventure-michelin.com | Sept.–Juni Di–So 10–18, Juli/Aug. tgl. 10–19 Uhr).*
Ein günstiges Quartier nur 100 m vom Bahnhof der Stadt ist das Hotel *Albert Elisabeth (38 Zi. | 37, Av. Albert Élisabeth | Tel. 04 73 92 47 41 | www.hotel-albert elisabeth.com | €).* Auf erlesene Fischgerichte hat sich das Altstadtrestaurant *Fleur de Sel (8, Rue Abbé Girard | Tel.04 73 90 30 59 | www.restaurantfleur*

desel.com | So/Mo geschl. | €€–€€€) spezialisiert.

ZIELE IN DER UMGEBUNG

PARC NATUREL RÉGIONAL DES VOLCANS D'AUVERGNE
(188 B3) *(🕮 K8–9)*

Das dünn besiedelte Vulkangebiet der Auvergne, das lange das Armenhaus Frankreichs war, zählt zu den bestbewahrten Naturlandschaften Europas und ist heute ein Paradies für Wanderer, Radfahrer, Reiter, Skilangläufer, Botaniker und Geologen. Der Naturpark umfasst die Bergmassive Monts Dômes (darunter der oft umnebelte Clermontoiser Hausberg Puy de Dôme, 1464 m), Monts Dore (Puy de Sancy, 1885 m), Monts du Cantal und das Artense- und das Cézallier-Bergland, Weidegrund für die rötlichen Salers-Rinder.

Wissen über Vulkanismus eignet man sich spielerisch im 12 km westlich von Clermont-Ferrand gelegenen Freizeitpark *Vulcania (12, Route de Mazayes | Saint-Ours-les-Roches | www.vulcania.com | stark gestaffelte Zeiten, s. Website)* an.

LE PUY-EN-VELAY ★ (188 C3) *(🕮 L9)*

Le Puy-en-Velay (20 000 Ew.) ist genauso spektakulär wie die den Ort umgebende Landschaft. Inmitten der bizarren Vulkanhügel der Auvergne liegt die Präfekturstadt des Départements Haute-Loire 130 km südöstlich von Clermont-Ferrand zwischen einzelnen Vulkanfelsen bzw. -kaminen. Berühmt ist die romanische Kathedrale *Notre-Dame-du-Puy,* die dank ihrer schwarzen Madonna und ihrem Kreuzgang Le Puy zu einem beliebten Pilger- und Touristenziel macht. Nicht zu verfehlen ist der Felsen *Rocher Corneille,* auf dem die monumentale Madonnenstatue *Notre Dame de France* steht. Von dort haben Sie einen guten Blick über die Stadt. Die Statue wurde aus Metall von Kanonen aus dem Krimkrieg gegossen. Ebenso exponiert gelegen ist die Kapelle *Saint-Michel d'Aiguilhe,* die auf einem Basaltfelsen thront. Im Süden der Stadt an der N 88 liegt das bunt eingerichtete *Hôtel Relais Le Val Vert (23 Zi. | 6, Av. Baptiste-Marcet | Tel. 04 71 09 09 30 | €).*

VICHY ● (188 B2) *(🕮 L7)*

In der Auvergne gibt es insgesamt elf Thermalbäder *(www.auvergnethermale.com),* darunter das einst bedeutendste Heilbad Frankreichs. Der Charme des eleganten Vichy (26 000 Ew.) 55 km nordöstlich von Clermont-Ferrand ist im 20. Jh. etwas abgeblättert, zieht aber immer noch ungefähr 30 000 Kurgäste jährlich an. Einst kurten hier diverse Königstöchter und Napoleon III. Marschall Philippe Pétain verwaltete ab 1940 von hier aus das Vichy-Regime über die von den Deutschen unbesetzten Gebiete im Süden und Osten Frankreichs. In der Blütezeit des 19. Jhs. entstand die prächtige Bäderarchitektur von Vichy mit Trinkhalle, Wandelgang, orientalischem Bad und Oper. Angenehm wohnen und vorzüglich speisen können Sie im Hotel *Chambord (27 Zi. | 82–84, Rue de Paris | Tel. 04 70 30 16 30 | www.hotel-chambord-vichy.com | €)* mit dem angeschlossenen Restaurant *L'Escargot qui Tette (So-Abend und Mo geschl. | €–€€).*

VOLVIC (188 B2) *(🕮 K8)*

Die vulkanische Mineralwasserquelle, die 90 m unter dem Puy de Dôme entspringt, wurde 1927 entdeckt. Dem Dorf 14 km nördlich von Clermont-Ferrand verhalf das stille Wasser, das der Lebensmittelkonzern Danone vertreibt, zu Weltruhm. Im Gebäude der Quelle ist das *Espace d'Information Volvic (Rue des Sources | www.espaceinfo.volvic.fr | Juli/*

Aug. Mo–Fr 10–18.45, Sa/So 14–18.30, April–Juni und Sept. Mo–Fr 10–12.15 und 14–18, Sa/So 14.30–18, Okt. Mo–Fr 14–18 Uhr) eingerichtet.

Mach mich scharf, Baby: Moutarderie Maille in der Senfstadt Dijon

DIJON

(185 D6) *(🕮 M6)* **Die Hauptstadt von Burgund (150 000 Ew.) ist eine alte Universitätsstadt und war schon immer ein wichtiges Handelszentrum.**

Bekannt in aller Welt ist *Dijon* auch für seinen Senf, der mit dem Johannisbeerlikör Cassis, mit dem Burgunder Wein und anderen regionalen Produkten typischer Teil der zum Weltkulturerbe geadelten *cuisine française* ist. Diese und andere Köstlichkeiten bekommen Sie u. a. in der großen Markthalle *Les Halles (Rue Odebert | Di, Do und Fr vormittags, Sa ganztags)*.

Schlendern Sie durch die engen Gassen der weitläufigen Altstadt voller Fachwerkhäuser und mit unzähligen alten Adelspalästen über die zentrale *Place de la Libération* zum *Palais des Ducs et des États de Bourgogne*. In dessen linkem Flügel befindet sich das *Musée des Beaux-Arts (mba.dijon.fr | Mai–Okt. Mi–Mo 9.30–18, Nov.–April 10–17 Uhr)* mit einer reichen Sammlung an Gemälden und den Grabmälern von Philipp dem Kühnen, Johannes dem Furchtlosen und Margarete von Bayern.

Die Stadt ist aber nicht nur architektonisch reich, sondern besitzt auch viele Gärten und Parks. Einen Überblick über die Flora Burgunds verschaffen Sie sich im *Jardin Botanique (tgl. 7.30–19, im Sommer bis 22 Uhr)* des Naturkundemuseums *Jardin des Sciences (14, Rue Jehan de Marville | Mo und Mi–Fr 9–12.30 und 14–18, Sa/So 14–18 Uhr)*. In der Straße der Antiquitäten im Zentrum befindet sich das *Hotel Le Jacquemart (32, Rue Verrerie | Tel. 03 80 60 09 60 | www.ho*

tel-lejacquemart.fr | €) mit 33 einfachen Zimmern.

ZIELE IN DER UMGEBUNG

ABBAYE DE FONTENAY
(184 C5) (*🕮 L6*)

Die vom hl. Bernard de Clairvaux 1118 gegründete Abtei 75 km nordwestlich ist eines der ältesten und besterhaltenen Zisterzienserklöster in Europa und gehört zum Unesco-Welterbe. *www.abbayedefontenay.com | Ostern–Okt. tgl. 10–18, Nov.–Ostern 10–12 und 14–17 Uhr*

AUTUN (184 C6) (*🕮 L6*)

Die kleine Stadt (14 000 Ew.) im Herzen Burgunds, knapp 90 km südwestlich von Dijon am Rand der tiefen Wälder des Naturparks von Morvan gelegen, blickt auf eine lange Geschichte zurück. Aus der galloromanischen Zeit stammen das *Römische Theater*, die *Porte Saint-André* und der *Tempel des Janus.* Viel jünger ist die *Cathédrale Saint-Lazare* (12. Jh.) in der Rue Jeannin mit reich verziertem Tympanon über dem Eingang. Unter Fachwerkbalken und Fresken wohnen Sie im einstigen *Les Ursulines (43 Zi. | 14, Rue de Rivault | Tel. 03 85 86 58 58 | www.hotelursulines.fr | €–€€)*, einem ehemaligen Ursulinenkloster.

Ziegelzier in Beaune: Die Dachdecker im Hôtel-Dieu trieben's bunt

BEAUNE (185 D6) (*🕮 M6*)

Denkt man an Beaune, sieht man bunte Dächer vor sich. Die kunstvollen Ziegelarbeiten sind das Erste, was in der Stadt (22 000 Ew.) auffällt. Darunter verbergen sich in historischen Gebäuden Weinkeller und jede Menge Kunstschätze. Bestes Beispiel ist das ★ *Hôtel-Dieu (Rue de l'Hôtel-Dieu | www.hospices-de-beaune.com | Mitte März–Mitte Nov. tgl. 9–18.30, Mitte Nov.–Mitte März 9–11.30 und 14–17.30 Uhr)*, einst ein Hospiz. Sein großer Saal ist 72 m lang und beeindruckt durch wunderschönes Gebälk. Die zweite Attraktion im Hôtel-Dieu ist der mehrteilige Flügelaltar „Das jüngste Gericht" von Rogier van der Weyden. Zusätzlich gibt es hier auch noch 2500 historische Möbel und ebenso viele Kunstschätze zu entdecken. Sehr hübsch wohnen können Sie im *Le Home (20 Zi. | 138, Route de Dijon | Tel. 03 80 22 16 43 | www.lehome.fr | €–€€)*. Wer einen Burgunderwein kaufen möchte, geht in die Boutique des *Marché aux Vins (2, Rue Nicolas Rolin | www.marcheauxvins.com)*, die den Besuch schon wegen des Gewölbes lohnt.

CLUNY (188 C1) *(🕮 M7)*
Die kleine Stadt (4500 Ew.) 120 km von Dijon im südlichen Burgund war im Mittelalter ein religiöses Zentrum mit Anhängern und Kirchenfilialen in ganz Europa. Das *Benediktinerkloster (www.cluny-abbaye.fr | April–Juni und Sept. tgl. 9.30–18, Juli/Aug. 9.30–19, Okt.–März 9.30–17 Uhr)* galt bis zum Bau der Petruskirche des Vatikans als größter Kirchenbau der Christenheit. Doch heute zeugen von der einstigen Pracht nur noch Ruinen. Die Klosteranlage, in drei Etappen (genannt Cluny I bis III) erbaut und erweitert, wurde während der Französischen Revolution zerstört und später als Steinbruch genutzt. Von den einst fünf Glockentürmen des Klosters stehen noch drei: der *Clocher de l'Eau-Bénite*, der *Clocher Saint-Marcel* sowie die *Tour des Fromages;* außerdem sind der *Mehlspeicher* und die *Kirche Notre-Dame* erhalten. Charmante, am Fluss gelegene Zimmer finden Sie in der *Hostellerie d'Héloïse (13 Zi. | 7, Route de Mâcon | Tel. 03 85 59 05 65 | www.hostelleriedheloise.com | €)*.
Das Wasserschloss INSIDER TIPP *Château de Cormatin (www.chateaudecormatin.com | April–Mitte Juni und Mitte Sept.–Mitte Nov. tgl. 10–12 und 14–17.30, Mitte Juni–Mitte Juli und Mitte Aug.–Mitte Sept. 10–12 und 14–18.30, Mitte Juli–Mitte Aug. 10–18.30 Uhr)* 13 km nördlich von Cluny besitzt eine traumhafte Gartenanlage und reiche Louis-XIII-Ausstattung. Die Besichtigung der Räume ist nur im Rahmen einer – lohnenden! – Führung möglich.

ORLÉANS

(184 A5) *(🕮 J5)* **Die Hauptstadt der Region Centre (113 000 Ew.), Universitätsstadt und Bischofssitz an der Loire, kennt fast jeder dank der Heldentaten der Jungfrau von Orléans im Jahr 1429.**
Jeanne d'Arc befreite die Stadt, die im Hundertjährigen Krieg eine der letzten Bastionen gegen die Engländer war. Der Jungfrau ist ein *Museum (3, Place du Général de Gaulle | www.jeannedarc.com.fr | April–Sept. Di–So 10–18, Okt.–März 14–18 Uhr)* gewidmet. Auch die hübsche Altstadt mit der mächtigen Kathedrale *Sainte-Croix* lohnt einen Spaziergang. An der Kirche wurde über drei Jahrhunderte lang gebaut; beeindruckend sind die schönen Holzvertäfelungen im Chorbereich.

LOW BUDG€T

Die *Société Nouvelle des Pastilles de Vichy (94, Allée des Ailes | www.pastille-vichy.fr | April–Mitte Nov. Mo–Do 9–12 und 13.30–15 Uhr)* bietet kostenlose Besichtigungen ihrer Bonbonproduktion an.

Im *Ethic Etapes (101 Zi. | 1, Av. Champollion | Tel. 03 80 72 95 20 | www.cri-dijon.com)* in *Dijon* schlafen Sie im Zweibettzimmer mit Dusche und Frühstück für nur 28,05 Euro pro Person.

Für eine Tour zu den Loireschlössern ist Orléans der perfekte Ausgangspunkt. Eine zentrale, sehr romantisch eingerichtete Unterkunft bietet das *Hôtel de l'Abeille (31 Zi. | 64, Rue Alsace-Lorraine | Tel. 02 38 53 54 87 | www.hoteldelabeille.com | €–€€).*

ZIELE IN DER UMGEBUNG

BLOIS (183 F5) (*J6*)

Das Städtchen (50 000 Ew.) rund 60 km südwestlich von Orléans liegt auf mehreren Hügeln an der Loire. Eine mächtige Steinbrücke führt zum gewaltigen, vierflügeligen, stilistisch gemischten *Château Royal de Blois (www.chateaudeblois.fr).* Es diente sieben Königen und zehn Königinnen als Residenz, darunter Katharina von Medici, dreifache Königsmutter. Ihr Sohn Henri III ließ hier seinen Widersacher Herzog von Guise ermorden, ein beliebtes Filmmotiv des 20. Jhs. Der Saal der Generalstände *(Salle des États Généraux)* aus dem 13. Jh. gilt als größter gotischer Raum Frankreichs. Im Schloss ist auch das *Musée des Beaux-Arts (Nov.–März tgl. 9–12.30 und 13.30–17.30, Okt. 9–18, April–Juni und Sept. 9–18.30, Juli/Aug. 9–19 Uhr)* mit 35 000 Exponaten untergebracht.

CHARTRES (184 A4) (*J5*)

Das wichtigste Gebäude des 40 000-Ew.-Städtchens knapp 75 km nordwestlich von Orléans können Sie nicht verfehlen: Die ★ *Kathedrale Notre-Dame* liegt weithin sichtbar auf der Spitze eines Hügels und ist im Verhältnis zum Ort fast ein bisschen zu groß geraten. Sie gilt als Meisterstück der klassischen Gotik. Die Kirche, die auf den Grundmauern eines durch einen Stadtbrand zerstörten Gotteshauses ab 1194 errichtet wurde, ist nie beschädigt worden und besitzt deswegen noch alle 176 Fenster aus dem 12./13. Jh. Weltberühmt ist die in eindringlichen Blautönen gehaltene Rosette. Das dreiteilige Königsportal *(Portail Royal)* erzählt das Leben des Erlösers mit unzähligen Figuren. Eine schlichte, gepflegte Unterkunft mit Parkplatz finden Sie unterhalb der Kathedrale in den alten Klostermauern der *Hôtellerie Saint Yves (50 Zi. | Rue des Acacias | Tel. 02 37 88 37 40 | www.maison-st-yves.com | €).*

CHÂTEAU DE CHAMBORD ★ (184 A5) (*J6*)

50 km südwestlich von Orléans erwartet Sie das größte, prächtigste und deshalb berühmteste der Loireschlösser. 440 Räume, 365 Feuerstellen, 84 Treppen, 3000 Kunstobjekte und 25 Jahre Bauzeit stecken in Chambord. Sehr viel Aufwand dafür, dass fast nie jemand hier wohnte. Konzipiert von Franz I. als Prunk- und Jagdschloss im Geist Leonardo da Vincis, ist es umringt von einem Wassergraben und einem riesigen, über 50 km² großen Park, in dem sich früher der Adel der Jagd hingab. Eines der vielen Highlights des Schlosses ist das doppelläufige Treppenhaus in Wendelform. Es war einst ein beliebter Ort für Versteckspiele von Verliebten, da sie sich sehen, aber nicht fassen konnten. 800 000 Besucher empfängt Chambord jährlich. Zur Erkundung des Parks gibt es sogar einen INSIDER TIPP Fahrradverleih. *www.chambord.org | April–Sept. tgl. 9–18, Okt.–März 10–17 Uhr*

CHÂTEAU DE CHEVERNY (183 F5) (*J6*)

Seit Jahrhunderten ist das Château der Cheverny, errichtet in den Jahren 1604–1634, im Besitz derselben Familie. Verglichen mit anderen Loireschlössern mag es auf den ersten Blick schlicht erscheinen, weil hier im klassizistischen Stil des 17. Jhs. gebaut wurde und nicht im Renaissancestil. Doch die originalgetreue

Ein Prestigeprojekt der Renaissance: Château Chambord, prächtigstes aller Loireschlösser

Inneneinrichtung ist beeindruckend. Wer sich für prächtiges Dekor und antike Möbel begeistert, ist in diesem wohl am besten möblierten Loireschloss, das im Winter sogar beheizt wird, an der richtigen Adresse.

Höhepunkte der Besichtigung sind der Waffensaal, das Königsgemach und der große Salon. Freunde des Comics „Tim und Struppi" werden sich freuen, dass in der Boutique des Schlosses viele Figuren der Serie erhältlich sind – und dass sogar Tims Zimmer in einem Teil des Schlosses nachgebaut wurde: Hervé ließ sich für sein Schloss Moulinsart von Cheverny inspirieren. Ein Spektakel ist die INSIDER TIPP Fütterung der ca. 100 Hunde *(soupe de chiens | April–Mitte Sept. tgl. 17, Mitte Sept.–März Mo und Mi–Fr 15 Uhr). www.chateau-cheverny.fr | April–Sept. tgl. 9–18.30, Okt.–März 10–17 Uhr*

TOURS

(183 E5) *(🕮 H6)* **Die Hauptstadt (132 000 Ew.) der Provinz Touraine und einstige Königsstadt Frankreichs (15./16. Jh.) ist noch vor Orléans das wichtigste und größte Zentrum im Tal der Loire.**

Viele kennen Tours aus der Sankt-Martins-Legende. Der berühmte Heilige war Bischof der Stadt und starb hier 397 n. Chr. Das heutige Tours gibt sich modern und zukunftsbezogen mit Universität, Hightechfirmen und dem Ende 2016 eröffneten *Centre de Création Contemporaine Olivier Debré (Jardin François 1er | cccod.fr | Öffnungszeiten bei Redaktionsschluss noch nicht festgelegt)* als Schaufenster für Gegenwartskunst. In der Altstadt jedoch überwiegt die Historie aus Mittelalter und Renaissance. Die Stadt hat einen wertvollen alten Häuserbestand mit fast lückenlosen Fachwerkfronten, hübsche Parkanlagen, ein prachtvolles Flussufer und eine lebendige Innenstadt rund um die *Place Plumereau,* einst Marktplatz und heute Fußgängerzone.

Im mächtigen *Palais des Archevêques* aus dem 18. Jh. ist heute das *Musée des Beaux-Arts (18, Place François Sicard | www.mba.tours.fr | Mi–Mo 9–12.45 und 14–18 Uhr)* untergebracht. Neben den Gemälden sind auch die Holzvertäfelungen beachtenswert. Über drei Jahrhunderte dauerte der Bau der *Kathedrale Saint-Gatien,* die Stilelemente verschiedener Epochen vereint. Besonders interessant sind die Fenster im Chor und am Eingangsportal.

Mitten in der Altstadt befindet sich das kleine Bistro *L'Atelier Gourmand (37, Rue Étienne Marcel | Tel. 02 47 38 59 87 | www.lateliergourmand.fr | Sa-Mittag, Mo-Mittag und So geschl. | €–€€)* mit innovativer Küche. Ein einfaches Hotel zwischen Bahnhof und Altstadt mit großen Zimmern und nettem Empfang ist das *Hôtel des Châteaux de La Loire (30 Zi. | 12, Rue Gambetta | Tel. 02 47 05 10 05 | www.hoteldeschateaux.fr | €).*

ZIELE IN DER UMGEBUNG

CHÂTEAU D'AZAY-LE-RIDEAU ★

(183 E5) (*H6*)

Das gut 25 km südwestlich von Tours gelegene Schloss mag im Vergleich mit den meisten anderen Loireschlössern klein wirken, aber die Harmonie der Proportionen und die schöne Lage inmitten eines tiefen Walds machen es zu einem Juwel. Erbaut ursprünglich als Vergnügungsschloss im 16. Jh. und drei Jahrhunderte später im Stil der Neorenaissance ausgestattet, bezaubert es von innen und außen. *www.azay-le-rideau.fr | Okt.–März 10–17.15, April–Juni und Sept. 9.30–18, Juli/Aug. 9.30–19 Uhr*

CHÂTEAU DE CHENONCEAU ★ ●

(183 F5) (*H6*)

Nach dem Schloss von Versailles ist Chenonceau das meistbesuchte Schloss Frankreichs. Das ab 1513 errichtete *Château des Dames* mit den prachtvollen Gärten wurde von seinen Bewohnerinnen Diane de Poitiers und Katharina de Medici, die eine Geliebte, die andere Gattin Heinrichs II., dann von Louise von Lothringen, Witwe Heinrichs III., gestaltet und erhalten.

Die spannende Geschichte des prächtig eingerichteten Witwenschlosses, „ein Spielball der Leidenschaften", hat die französische Schriftstellerin Marguerite Yourcenar (1903–1987), die als erste Frau in die ehrwürdige Académie Française aufgenommen wurde, in „Chenonceaux – Schloss der Frauen" großartig beschrie-

Ein landschaftsarchitektonisches Gesamtkunstwerk: Schlossgärten in Villandry

ben. *www.chenonceau.com | Kernzeit tgl. 9.30–17 Uhr, im Sommer länger*

CHÂTEAU D'USSÉ (183 E5) (🕮 H6)

Das mit vielen Türmen geschmückte Schloss liegt am Rand eines Walds 40 km südwestlich von Tours. Sein Anblick erinnert nicht nur an das Märchen von Dornröschen – angeblich soll das Schloss den französischen Märchenerzähler Charles Perrault tatsächlich auch genau dazu inspiriert haben. *www.chateaudusse.fr | Mitte Feb.–Mitte Nov. tgl. 10–18, April–Sept. bis 19 Uhr*

CHÂTEAU DE VALENÇAY (183 F5) (🕮 J6)

Das mächtige weiße Renaissanceschloss mit klassizistischen Stilelementen 90 km südöstlich von Tours darf auf einer Rundfahrt zu den Loireschlössern nicht fehlen. Seine außergewöhnliche L-Form erhielt es durch spätere Anbauten im 17. und 18. Jh. Mit Möbeln im Empirestil ausgestattet sind das Musik- und das Schlafzimmer des Königs von Spanien. *www.chateau-valencay.fr | April tgl. 10.30–18, Mai und Sept. 10–18, Juni 9.30–18.30, Juli/Aug. 9.30–19, Okt.–Mitte Nov. 10.30–17.30 Uhr*

CHÂTEAU DE VILLANDRY ★ ●

(183 E5) (🕮 H6)

An diesem 17 km südwestlich von Tours gelegenen Loireschloss dürfen Sie auf keinen Fall vorbeifahren, denn die französischen Gärten von Villandry sind einzigartig. Sie entstanden erst im frühen 20. Jh. als Lebenswerk des Wissenschaftlers Joachim Carvallo, der das Schloss 1906 erworben hatte. Er schuf ein riesiges gartenkünstlerisches Œuvre mit streng nach Regeln des 16. Jhs. angelegten Terrassen und Alleen, Blumen-, Kräuter- und Gemüsebeeten, einem Wassergarten und einem Labyrinth. *www.chateauvillandry.com | Kernzeit tgl. 9–17 Uhr, im Sommer länger*

DER OSTEN

Diese Gegend ist reich an Natur, reich an Kultur und reich an Geschichte: Der Osten Frankreichs besteht aus den Ardennen, der Champagne, Lothringen, dem Elsass und der Franche-Comté und ist ein landschaftlich sehr reizvolles Gebiet.
Die Gebirgszüge Ardennen, Vogesen und Jura formen die hügelige Landschaft, die weiten Gemüse- und Weinanbaugebiete der Champagne und die saftigen Weideflächen der Franche-Comté geben ihr die Farbe. Die Grenznähe zu Luxemburg, Deutschland und der Schweiz sowie die europäische Bedeutung Straßburgs erlauben einen regen wirtschaftlichen und kulturellen Austausch mit den Nachbarn. Ausführliche Informationen zum Elsass finden Sie im MARCO POLO Reiseführer „Elsass".

BESANÇON

(185 E6) (*Ⓜ N6*) **Besançon, größte und wichtigste Stadt (120 000 Ew.) der Franche-Comté, wird von einer großen Schleife des Flusses Doubs durchzogen.** Die Altstadt wird von einer Flusskrümmung umschlossen, nördlich davon liegt das älteste Viertel, das Quartier Battant. Wenn Sie von dort über den Pont Battant gehen, liegt eine phantastische Arkadenhäuserkolonnade vor Ihnen.

SEHENSWERTES

ALTSTADT

Das Herz von Besançon schlägt um die *Place de la Révolution* – dienstags, frei-

 Bild: Petite France in Straßburg

Frankreichs Ecke für Genießer: Wo die Gläser klingen, Glocken läuten und viele historische Schätze ruhen

tags und samstags findet hier der Wochenmarkt statt, weshalb ihn die Bisontins, die Einwohner von Besançon, daher *Place du Marché* nennen – und längs der *Grande-Rue* aus römischer Zeit. An deren südöstlichem Ende, übergehend in die Rue de la Convention, befinden sich die wichtigsten Sehenswürdigkeiten: der Triumphbogen *Porte Noire*, die *Kathedrale Saint-Jean* mit ihrer aus 3000 Teilen bestehenden astronomischen Uhr, das *Geburtshaus von Victor Hugo* und die Bürgerhäuser *Hôtel Emskerque* und *Palais Granvelle*.

CITADELLE

Ein Muss ist die 400 Jahre alte, große Vauban-Zitadelle, die 118 m über dem Tal des Doubs liegt. Der Aufstieg beginnt hinter der Kathedrale Saint-Jean und führt durch die *Rue des Fusillés-de-la-Résistance* nach oben. Das Ticket gilt für den Gesamtkomplex mit dem kriegsgeschichtlichen *Musée de la Résistance et de la Déportation*, dem heimatkundlichen *Musée Comtois* und einem naturkundlichen Museum mit kleinem Zoo. *www.citadelle.com | Nov.–März tgl. 10–*

Ein Bild wie aus dem Feenreich: Cascades du Hérisson im Jura bei Baume-les-Messieurs

17, April–Juni und Sept./Okt. 9–18, Juli/ Aug. 9–19 Uhr

MUSÉE DU TEMPS

Das im Renaissancepalais Granvelle untergebrachte Uhrenmuseum zeugt mit Hunderten von Uhren, Werkzeug und Gravuren von der 200-jährigen Tradition der industriellen Uhrmacherei in Besançon. Der Schatz wird in Wechselausstellungen gezeigt. *96, Grande-Rue | www.mdt.besancon.fr | Di–Sa 9.15–12 und 14–18, So 10–18 Uhr*

ESSEN & TRINKEN

LE POKER D'AS

Seit 70 Jahren genießen die Einheimischen hier Traditionsküche: *foie gras*, Wachteln, *coq au vin* und *pavé de bœuf*. *14, Square Saint-Amour | Tel. 03 81 81 42 49 | www.restaurant-lepokerdas.fr | So/Mo geschl. | €€*

ÜBERNACHTEN

HÔTEL DE PARIS

Stilvoll und komfortabel im alten Herzen von Besançon. *50 Zi. | 33, Rue des Granges | Tel. 03 81 81 36 56 | www.besanconhotel deparis.com | €–€€*

ZIELE IN DER UMGEBUNG

ARBOIS (185 D6) (*N6*)

Die 4000-Ew.-Stadt knapp 50 km südlich von Besançon ist Hauptstadt der Juraweine. Diesem regionalen *vin jaune* ist das *Musée de la Vigne et du Vin (März–Okt. Mi–Mo 10–12 und 14–18, Nov.–Feb. 14–18 Uhr)* im *Château Pécauld* gewidmet. In Arbois ist zudem einer der besten Pralinenhersteller des Landes zu Hause: INSIDER TIPP *Chocolat Hirsinger (Place de la Liberté | www.chocolat-hirsinger.com | Fr–Di, Juli/Aug. auch Mi/Do 8–19.30 Uhr)*. An Restaurants mangelt es nicht, z. B. *La*

INSIDER TIPP **BAUME-LES-MESSIEURS** (185 D6) (*M7*)
Der kleine Ort etwa 70 km südwestlich von Besançon nahe Lons-le-Saunier gehört zu den schönsten Dörfern Frankreichs. Er liegt in einem spektakulären halbrunden Talausläufer des Jura mit hohen Felsen rundherum. Der ★ *Cirque de Baume,* wie dieses Naturschauspiel heißt, eignet sich wunderbar für eine Wanderung. Die romanisch-gotische Klosterkirche im Dorf besitzt einen schönen Altar aus dem 16. Jh. Übernachten können Sie z. B. in der ehemaligen Abtei in einem der drei Gästezimmer des rusti-

MARCO POLO HIGHLIGHTS

★ **Cirque de Baume**
Der Jura zeigt sich in der Umgebung von Baume-les-Messieurs von seiner schönsten Seite → S. 61

★ **Ronchamp**
Le Corbusiers faszinierende Kirche ist ein meditativer Ort → S. 62

★ **Colmar**
Die perfekte Kulisse für einen Historienfilm → S. 62

★ **Saint-Étienne in Metz**
Eine Kathedrale voller Anmut und Schönheit mit Fenstern von Marc Chagall → S. 65

★ **Place Stanislas in Nancy**
Einer der schönsten Plätze Frankreichs erstrahlt in goldenem Barock → S. 66

★ **Straßburg**
Moderne Europastadt mit gemütlichen Weinstuben → S. 68

Balance (47, Rue de Courcelles | Tel. 03 84 37 45 00 | www.labalance.fr | Mo, Sept.–Juni auch So geschl. | €€).

ARC-ET-SENANS (185 D6) (*N6*)
Die *Königliche Saline (www.salineroyale.com | Nov.–März tgl. 10–12 und 14–17, April/Mai und Okt. 9–12 und 14–18, Juni und Sept. 9–18, Juli/Aug. 9–19 Uhr)* des genialen Baumeisters Claude Nicolas Ledoux (1736–1806) in Arc-et-Senans (1500 Ew.) 35 km südwestlich von Besançon zählt zum Unesco-Welterbe. Der Architekt entwarf ein halbkreisförmiges Areal, innerhalb dessen sich Fabriken, Büros und Wohnhäuser gruppieren. Nahe Übernachtungsmöglichkeiten in romantisch-edlem Ambiente mit einem großen Garten und einem Restaurant der gehobenen Kategorie finden Sie in *Port-Lesney* im INSIDER TIPP *Château de Germigney (22 Zi. | Tel. 03 84 73 85 85 | www.chateaudegermigney.com | €€€).*

kalen *Gothique Café (Tel. 03 84 44 64 47 | chambresdhotesbaume.free.fr | €).* Die Wasserfälle *Cascades du Hérisson* 25 km südöstlich nahe einer eindrucksvollen Seenlandschaft sind die schönsten des Juragebirges.

ORNANS (185 E6) *(⧉ N6)*
Das 25 km südlich von Besançon gelegene Städtchen (4000 Ew.) besitzt eine sehr hübsche Altstadt mit Fachwerkhäusern, die sich eng aneinandergelehnt an den Fluss schmiegen. Ornans ist die Geburtsstadt des Malers Gustave Courbet (1819–1877) und hat ihm ein *Museum (1, Place Robert Fernier | www.musee-courbet.fr | Juli–Sept. Mi–Mo 10–18, Okt.–Juni 10–12 und 14–18 Uhr)* mit einer beeindruckenden Sammlung seiner Werke gewidmet. Sehenswert sind auch das *Atelier du Peintre* und der Courbetsche Familienhof *Ferme de Flagey.*

RONCHAMP ★ (185 E5) *(⧉ N5)*
Jedes Jahr pilgern Scharen von Menschen hinauf zu Le Corbusiers weißer Wallfahrtskirche *Notre-Dame-du-Haut (www.collinenotredameduhaut.com | Okt.–März tgl. 10–17, April–Sept. 9–19 Uhr)* 85 km nordöstlich von Besançon am südlichen Ende des Parc Naturel Régional des Ballons des Vosges. Oben auf einem grünen Hügel thront das wagemutig gestaltete Gotteshaus aus Beton von 1955 und fasziniert mit seiner Reinheit und der Weichheit der Formen sowie dem schlichten Inneren.

COLMAR

(185 F5) *(⧉ O5)* ★ **Colmar – Stadt des Weins, Stadt der Kunst. An der idyllischen elsässischen Vorzeigestadt (65 000 Ew.) scheint die Zeit spurlos vorübergegangen zu sein.**

Die bestens erhaltene und sanierte Altstadt mit Fachwerkhäusern aus Mittelalter und Renaissance würde sich perfekt als Kulisse für einen Historienfilm eignen und spiegelt in ihrer Architektur die wechselvolle deutsch-französische Geschichte des Orts wider.

SEHENSWERTES

ALTSTADT
Das historische Zentrum von Colmar erkunden Sie am besten über einen Rundgang, den Sie an der *Place du 2 Février* beginnen. Dort stehen das *Alte Hospiz,* die evangelische Kirche *Saint-Matthieu* sowie das Renaissancehaus *Maison des Arcades.* Überqueren Sie die Grand'Rue und gehen via Rue Morel zur Place de la Cathédrale Saint-Martin und weiter zur Place des Martyrs. Von dort geht es zur *Maison des Têtes,* die unschwer an ihren 100 Köpfen an der Fassade zu erkennen ist, und weiter über die Rue des Boulangers zur Rue des Marchands. Hier befindet sich das schönste Haus Colmars, die mit Lüftlmalerei verzierte *Maison Pfister* aus dem Jahr 1537. Der Rundgang endet an der *Place de l'Ancienne-Douane,* wo das alte *Zollhaus* von 1480 mit seinen bemalten Ziegeln und der *Schwendibrunnen* stehen. Einen Stadtplan mit historischem Rundgang bekommen Sie im Office de Tourisme gegenüber dem Musée d'Unterlinden.

MUSÉE BARTHOLDI
Der Bildhauer Frédéric Auguste Bartholdi (1834–1904), Schöpfer der Freiheitsstatue, die Frankreich den Vereinigten Staaten zur Unabhängigkeitsfeier 1876 schenkte, wurde in Colmar geboren. Er schuf viele Standbilder für französische Städte. *30, Rue des Marchands | www.musee-bartholdi.fr | März–Dez. Mi–Mo 10–12 und 14–18 Uhr*

Fachwerk und Blumenschmuck: Puppenstubencharme in Colmars Petite Venise

MUSÉE D'UNTERLINDEN

Eine unterirdische Passage verbindet die beiden Museumsbereiche: das Dominikanerkonvent aus dem 13. Jh. (schöner Kreuzgang) mit dem berühmten Isenheimer Altar (1510–1516) von Matthias Grünewald und den hochmodernen Herzog-&-de-Meuron-Anbau für Kunst des 20. und 21. Jhs. *1, Rue d'Unterlinden | www.musee-unterlinden.com | Fr–Mo und Mi 10–18, Do 10–20 Uhr*

PETITE VENISE

Das hübsche Viertel rund um das Flüsschen Lauch mit seinen blumengeschmückten bunten Holzhäusern ist ein Ort für Romantiker. In dem Viertel waren früher die Gerber und Fischer angesiedelt. Highlight ist das *Quartier de la Krutenau* mit seinen Gemüsegärten. Auf der Lauch können Sie dieses elsässische Klein-Venedig von Holzbooten aus gemächlich gleitend betrachten: INSIDER TIPP *Barques La Krutenau (1, Rue de la Poissonnerie | April–Okt. Mo–Sa 10–18.30, So 10–17 Uhr)*

ESSEN & TRINKEN

CÔTÉ COUR-CÔTÉ FOUR

Boulangerie (So-Abend geschl.) hinter der Kathedrale mit langer Theke für Frühstück mit frischem Gebäck oder Mittagsimbiss mit Flammkuchen; nebenan eine moderne Brasserie *(So geschl.). 11–13, Rue des Serruriers | Tel. 03 89 21 19 18 | www.cotecour-cotefour.fr | €*

ÜBERNACHTEN

HÔTEL TURENNE

In der Nähe von Petite-Venise liegt dieses rustikal eingerichtete Hotel mit reichhaltigem Frühstück. *83 Zi. | 10, Route de Bâle | Tel. 03 89 21 58 58 | www.turenne.com | €€*

ZIELE IN DER UMGEBUNG

HAUT-KŒNIGSBOURG

(185 F4) (*🗺 O5*)
Die Burg 25 km nördlich von Colmar diente schon als Filmkulisse. Erbaut von den Hohenstaufern im 12. Jh., kam sie 1899 in den Besitz von Wilhelm II., der sie im Zeitgeist des 19. Jhs. restaurieren ließ. *www.haut-koenigsbourg.fr | Nov.–Feb. tgl. 9.30–12 und 13–16.30, März und Okt. 9.30–17, April/Mai und Sept. 9.15–17.15, Juni–Aug. 9.15–18 Uhr*

Lebt in den Hochlagen der Vogesen: Gämse

MULHOUSE (185 F5) (*🗺 O5*)

Die 45 km südlich von Colmar gelegene Stadt (110 000 Ew.) ist nach Straßburg die zweitgrößte im Elsass und das Wirtschaftszentrum der Region. Mulhouse hat sich seinen Altstadtkern erhalten und bietet spannende Ausstellungen, z. B. das *Musée de l'Impression sur Étoffes (14, Rue Jean-Jacques Henner | www.musee-impression.com | Di–So 10–12 und 14–18 Uhr)* mit 6 Mio. Textilmotiven. Sehenswert sind das *Renaissancerathaus* an der *Place de la Réunion* und die *Cité de l'Automobile – Collection Schlumpf (15, Rue de l'Épée | www.citedelautomobile.com | tgl. 10–17, April–Okt. bis 18 Uhr)* mit 600 Edelkarossen von Bugatti bis Rolls-Royce.

PARC NATUREL RÉGIONAL DES BALLONS DES VOSGES

(185 E4–5) (*🗺 N–O5*)
Ein Wander- und Wintersportparadies sind die Vogesen westlich von Colmar. Die ältesten der zahlreichen Wanderwege im Naturpark führen von *Saint-Maurice-sur-Moselle* (schöner Blick über das Moseltal) über den 1247 m hohen Ballon d'Alsace. Im Winter ist hier ein abwechslungsreiches Skigebiet. Übernachten können Sie z. B. im Hotel *Chalet au Bord du Lac (22 Zi. | 207, Route d'Épinal | Tel. 03 29 63 01 03 | www.chaletauborddulac.fr | €)* in *Gérardmer. www.parc-ballons-vosges.fr*

METZ

(185 E3) (*🗺 N4*) **Stadt der Gärten und der Lichter nennt man die lothringische Hauptstadt (120 000 Ew.) Metz an der Mündung der Seille in die Mosel.**
Wegen der großartigen nächtlichen Illuminierung der Metzer Kirchen, Brücken, Plätze, Monumente und Häuser lohnt es sich nicht nur tagsüber, Streifzüge durch die weitläufige Altstadt zu unternehmen, sondern auch an einer der thematischen *Nocturnes*-Führungen teilzunehmen.

SEHENSWERTES

CENTRE POMPIDOU

In dem Kunsttempel im Quartier de l'Amphithéâtre werden Ausstellungen moderner und zeitgenössischer Kunst gezeigt. Auf einem sechseckigen Hauptschiff ruht eine 77 m hohe Dachkonstruktion aus Holz, in der sich drei Galerien kreuzen. Riesige Fenster eröffnen INSIDER TIPP Panoramaansichten auf Metz. *1, Parvis des Droits-de-l'Homme | www.centrepompidou-metz.fr | Mi–Mo 10–18, April–Okt. Fr–So bis 19 Uhr*

SAINT-ÉTIENNE ★

Die alles überragende gotische Kathedrale mit ihrem fast 42 m hohen Innenraum trägt wegen ihrer monumentalen Glasfenster auf 6500 m² den Beinamen *Lanterne du Bon Dieu*. Von weit her strömen Besucher, um die Chorfenster aus verschiedenen Epochen zu bewundern. An den von Marc Chagall entworfenen Fenstern (1963) geht niemand vorbei, ohne den Blick ins typische Blau des Künstlers zu versenken. Gleich neben der Kathedrale befindet sich die Markthalle des *Marché Couvert* – lohnend auch wenn Sie nichts kaufen möchten. *www.cathedrale-metz.fr*

ESSEN & TRINKEN

LE BISTROT DE G

Klassisches, trubeliges *petit resto* mit reicher Menüauswahl und wechselnden Tagesempfehlungen. *9, Rue du Faisan | Tel. 03 87 37 06 44 | www.bistrotdeg.com | So/Mo geschl. |* €

AM ABEND

VILLA ROUGE

Wer richtig abtanzen möchte, geht in diese Disco im südlichen Vorort *Montigny-lès-Metz. 39, Rue de Pont-à-Mousson | www.villarouge.fr | So–Do geschl.*

ÜBERNACHTEN

INSIDER TIPP HÔTEL DE LA CATHÉDRALE

In zwei verwinkelten Gebäuden der 400 Jahre alten Poststation neben der Kathedrale schlafen Sie in romantischem Dekor unter Fachwerkgiebeln. *20 Zi. | 25, Place de Chambre | Tel. 03 87 75 00 02 | www.hotelcathedrale-metz.fr |* €–€€

ZIEL IN DER UMGEBUNG

SCHLACHTFELDER VON VERDUN

(185 D3) *(M4)*

Traurige Zeugnisse des „Großen Kriegs", wie die Franzosen den Ersten Weltkrieg nennen, sind die Schlachtfelder von Verdun 85 km westlich von Metz. Dort befinden sich das mächtige *Fort de Douaumont* und das Beinhaus *L'Ossuaire* mit seinen Grabmälern aus Granit. Rund 800 000 Franzosen und Deutsche ließen hier in den Jahren 1916 und 1917 wäh-

LOW BUDG€T

Mit ehrenamtlichen einheimischen Führern, den „Greeters", können Sie Nancy *(www.nancygreeters.fr)* und Mulhouse *(www.greeters-mulhouse.com)* kostenlos entdecken. Natürlich freuen sich die Greeter über ein Trinkgeld, wenn es Ihnen gefallen hat.

Bei den Büros vom Office de Tourisme in Straßburg bekommen Sie den *Strasbourg Pass:* Für 18,90 Euro gewährt er drei Tage lang eine Vielzahl touristischer Angebote gratis oder zum halben Preis.

rend der furchtbaren Schlachten ihr Leben, wurden verwundet oder gelten als vermisst. *www.tourisme-verdun.fr/fort-de-douaumont.php | www.verdun-douaumont.com | stark gestaffelte Zeiten, Kernzeit April–Nov. tgl. 10–17 Uhr*

NANCY

(185 E4) (*🕮 N4*) **Die ehemalige Hauptstadt des Herzogtums Lothringen Nancy (100 000 Ew.) verdankt ihr prachtvolles Aussehen zu einem erheblichen Teil ihrer tragischen Historie.**
Aufgrund eines Großbrands und mehrmaliger Zerstörungen wurde sie im 18. Jh. nämlich völlig neu aufgebaut. In Nancy befindet sich INSIDER TIPP das geschlossenste Ensemble von Gebäuden aus dem 18. Jh. in Frankreich. Schlendern Sie von der Place Stanislas Richtung Place Maginot und auch durch das Viertel westlich des großen Parc de la Pépinière um die Place Saint-Epvre.

SEHENSWERTES

MUSÉE DE L'ÉCOLE DE NANCY

Ein Muss für Fans des Art nouveau: Möbel, Keramik, Stoffe, Glaskunst, Fayencen und viele Werke des *École-de-Nancy*-Künstlers Émile Gallé. *36–38, Rue Sergent Blandan | www.ecole-de-nancy.com | Mi–So 10–18 Uhr*

PLACE STANISLAS ★

Der glanzvolle barocke Platz verdankt seine Pracht dem abgesetzten polnischen König Stanislaus Leszczyński, der von Ludwig XV. zum Herzog von Lothringen ernannt wurde. Stanislaus nutzte seine Reichtümer, um Nancy zu verschönern – dieser Platz ist sein Meisterstück. Die Leichtigkeit und Eleganz der ihn umgebenden vergoldeten Eisengitter begeistert.

ESSEN & TRINKEN

PINOCCHIO CAFÉ

Das quirlige, kleine Café an der Place Saint-Epvre ist ein beliebter Treffpunkt der Einheimischen. *Mo–Fr 8.15–24, Sa 9–24 Uhr*

LES PISSENLITS

Erschwingliche Gourmetbrasserie in Marktnähe; entspannte Atmosphäre, gute regionale Küche. *27, Rue des Ponts | Tel. 03 83 37 43 97 | www.les-pissenlits.com | So/Mo geschl. | €€*

ÜBERNACHTEN

HÔTEL DE GUISE

Charmantes Hotel mit stilvoller Inneneinrichtung aus Antiquitäten ein paar Hundert Meter von der Place Stanislas. *48 Zi. | 18, Rue de Guise | Tel. 03 83 32 24 68 | www.hoteldeguise.com | €€*

REIMS

(184 C3) (*🕮 L3–4*) **Gotik trifft Champagner – so könnte man in Kürze das Flair von Reims (190 000 Ew.) beschreiben.**
Die Stadt ist Sitz des Erzbischofs, Universitätsstadt und Heimat der großen Champagnerhäuser.

SEHENSWERTES

NOTRE-DAME

Notre-Dame ist die wichtigste Sehenswürdigkeit im Zentrum der ehemaligen Krönungsstadt und eine der größten Kathedralen der Welt. Sie gehört zum Kulturerbe der Menschheit und ist einzigartig in ihrem Reichtum an Steinarbeiten, Skulpturen und Glasfenstern. Beachten Sie besonders die Reliefs an der Westfassade! 1211 wurde der erste Stein gelegt,

Krönungskirche der französischen Könige: die gotische Kathedrale in Reims

1285 war der Bau fertig. 26 französische Könige wurden hier gekrönt. Den schönsten Blick auf das Gotteshaus haben Sie vom Cours Anatole-France. *www.cathedrale-reims.com*

PALAIS DU TAU

Hier befinden sich die Kirchenschätze. *2, Place du Cardinal Luçon | Mai–Aug. Di–So 9.30–18.30, Sept.–April 9.30–12.30 und 14–17.30 Uhr*

INSIDER TIPP WEINKELLER

Infos zur Kellerbesichtigung der Champagnerhäuser *Veuve Clicquot, Pommery, Canard-Duchêne, Mumm, G. H. Martel* oder *Taittinger* auf den Firmenwebsites oder beim *Fremdenverkehrsamt (2, Rue Guillaume de Machault | Tel. 03 26 77 45 00 | www.reims-tourisme.com).*

ESSEN & TRINKEN

LES CRAYÈRES

Wenn Sie sich in der Champagnerstadt mal etwas gönnen wollen: Gourmetrestaurant im luxuriösen Ambiente eines Schlosshotels 2 km vom Zentrum. *64, Blvd. Henry Vasnier | Tel. 03 26 24 90 00 | www.lescrayeres.com | Mo/Di geschl. |* €€€

ÜBERNACHTEN

HÔTEL DE LA CATHÉDRALE

Günstig und zentral, sehr gemütlich eingerichtet. *14 Zi. | 20, Rue Libergier | Tel. 03 26 47 28 46 | www.hotel-cathedrale-reims.fr |* €

ZIELE IN DER UMGEBUNG

CHÂLONS-EN-CHAMPAGNE

(184 C3) (*🕮 L4*)

In der Champagnerstadt (45 000 Ew.) rund 50 km südöstlich ist vor allem die Kathedrale *Saint-Étienne* sehenswert. Hier fanden zwei wichtige Hochzeiten statt: Philipp von Orléans, Bruder Ludwigs XIV., vermählte sich 1671 mit Liselotte von der Pfalz, der *Grand Dauphin* Louis de Bourbon 1680 mit Maria Anna von Bayern.

TROYES (184 C4) (*🕮 L5*)
Die malerische Universitätsstadt (62 000 Ew.) 125 km südlich von Reims mit pittoresker Fachwerkarchitektur ist reich an Kirchen mit schönen Glasfenstern (z. B. Kathedrale *Saint-Pierre-et-Saint-Paul*). Wer sich für Fauvismus oder die Kunst der Naturvölker Afrikas begeistert, findet diese im *Musée d'Art Moderne (14, Place Saint-Pierre | www.musees-troyes.com | Di–So 10–13 und 14–17, April–Okt. bis 18 Uhr).*
Eine idyllische, preiswerte Unterkunft gibt es in der *Rue de la Monnaie* in einem Häuserensemble des 16. Jhs.: INSIDER TIPP *Les Comtes de Champagne (35 Zi. | Tel. 03 25 73 11 70 | www.comtesdechampagne.com | €–€€).* Weinkenner kommen auf ihre Kosten im Bistro *Aux Crieurs de Vin (4, Place Jean Jaurès | Tel. 03 25 40 01 01 | auxcrieursdevin.fr | So/Mo geschl. | €).*

STRASBOURG

(185 F4) (*🕮 O4*) ★ **Straßburg, die Hauptstadt (260 000 Ew.) des Elsass, ist eine europäische Metropole par excellence.**
Nicht nur, weil hier das Europaparlament in einem futuristischen Glaspalast zusammenkommt. Das Ambiente mit einem supermodernen Tramnetz ist ebenso stark von den 40 000 Studenten der drei staatlichen Universitäten, der *Space University* und der Elite-Verwaltungshochschule ENA geprägt. Auch die vergleichsweise kurze deutsche Epoche hat sich im Stadtbild niedergeschlagen, vor allem nördlich der Place de la République im wilhelminischen *Quartier Allemand* mit seinen Gebäuden im Stil des Historismus und des Art nouveau. Und nicht zuletzt ist Straßburg reich an kulturellen Schätzen und Ereignissen.

CITY WOHIN ZUERST?
Erkunden Sie zu Fuß die **Altstadtinsel** zwischen dem Flüsschen Ill und dem Fossé du Faux Rempart. Schlendern Sie durch die Einkaufsstraßen rund um die Place Kléber und lassen Sie sich vom Touristenstrom zum alten Gerberviertel Petite France treiben. Zentrale Haltestelle ist Place Broglie. Hier können Sie auch Ihr Auto abstellen.

SEHENSWERTES

MUSÉE D'ART MODERNE ET CONTEMPORAIN
Das Museum stellt u. a. Werke von Paul Klee, Hans Arp, Pablo Picasso, Serge Poliakoff und Wassily Kandinsky aus. *1, Place Hans Jean Arp | www.musees.strasbourg.eu | Di–So 10–18 Uhr*

INSIDER TIPP MUSÉE TOMI UNGERER
11 000 satirische, politische, werbliche, erotische Zeichnungen des Straßburger Karikaturisten und Illustrators befinden sich in der Villa Greiner. Ausgestellt sind etwa 300 Originale. *2, Av. de la Marseillaise | www.musees.strasbourg.eu | Mi–Mo 10–18 Uhr*

NOTRE-DAME
Das Straßburger Münster ist einer der größten Sandsteinbauten der Welt und vereint in meisterlicher Weise romanischen und gotischen Baustil. Die berühmte, mit Figuren geschmückte Westfassade ist gotisch, der Nordturm wurde 1439 fertiggestellt, der Südturm aber nie gebaut. Die asymmetrische Fassade ist eines der Wahrzeichen des Elsass. Ein besonderes Augenmerk verdienen die Fensterrosette und die astronomische Uhr mit Erd- und Mondbahn. Am Kathedralen-

platz steht auch die *Maison Kammerzell*, eines der spektakulärsten Fachwerkhäuser der Stadt.

ESSEN & TRINKEN

CAVEAU GURTLERHOFT

Kellerrestaurant mit einem Säulengewölbe und traditioneller Küche. *13, Place de la Cathédrale | Tel. 03 88 75 00 75 | www.gurtlerhoft.fr* | €€

WINSTUB S'KAECHELE

Deftige elsässische Küche in herzlichem, gehobenem Ambiente im Viertel Petite France. *8, Rue de l'Argile | Tel. 03 88 23 73 07 | www.skaechele.com | Sa/So geschl.* | €€

AM ABEND

Das Nachtleben in Straßburg konzentriert sich auf die *Place du Marché Gayot* und die Viertel *Krutenau* und *Finkwiller.* Große Diskotheken gibt es eher in den Vororten.

INSIDER TIPP LE RAFIOT

Trinken, loungen und tanzen auf einer echten *péniche,* einem Hausboot, mit Blick auf die Altstadt. Junges Szenepublikum trifft sich hier zu Themenabenden. *Quai des Pêcheurs | www.rafiot.net*

ÜBERNACHTEN

HÔTEL BEAUCOUR

Mitten im Zentrum ein sehr charmantes Hotel in mehreren alten Gebäuden, auch mit Familienzimmern. *49 Zi. | 5, Rue des Bouchers | Tel. 03 88 76 72 00 | www.hotel-beaucour.com* | €€€

HÔTEL SUISSE

Sehr hübsche Zimmer mit Blick aufs Straßburger Münster. *25 Zi. | 2–4, Rue de la Râpe | Tel. 03 88 35 22 11 | www.hotel-suisse.com* | €–€€

In der Petite France am Illufer gibt sich Straßburg fast schon mediterran

DER NORDEN

Schlechtes Wetter, hohe Industrialisierung: Der Norden hat gegen Vorurteile anzukämpfen. Dabei ist das Gebiet – die Region Hauts-de-France sowie die Haute-Normandie – sehr wohl eine Reise wert.

Nordfrankreich – das heißt gastfreundliche Menschen, atemraubende Steilküsten, großartige Stadtarchitektur, gigantische Kathedralen, liebliche Glockenspiele, fröhliche Feste, riesige Flohmärkte, üppige Gastronomie. Die nördlichste Region Frankreichs erstreckt sich zwischen Ärmelkanal, auf Französisch *La Manche,* und Ardennen. Die weitläufige Picardie punktet mit ihren schönen Waldgebieten. Die Steilküste der Haute-Normandie mit spektakulären Kreidefelsen und mondänen Badeorten lockt nicht nur die nahen Pariser an. Ausführliche Informationen zu dieser Region finden Sie im MARCO POLO Band „Normandie".

AMIENS

(184 B2) (*🗺 K3*) **Die Hauptstadt (135 000 Ew.) der Picardie war schon im Mittelalter ein bedeutender Handelsmarkt.**

Durch die Schlacht an der Somme 1916 mit 1 Mio. gefallenen, vermissten und verletzten Soldaten erlangte die Stadt traurige Berühmtheit. 1940 und 1944 wurde sie im Zweiten Weltkrieg durch Luftangriffe zerstört. Heute ist Amiens eine pulsierende und dank der 22 000 Studenten junge Stadt. Die Architektur

Bild: Cap Blanc-Nez an der Côte d'Opale

Viele Attraktionen zwischen Belgien und dem Ärmelkanal – Frankreichs gastfreundlicher Norden ist eine verkannte Schönheit

des Wiederaufbaus charakterisiert sie ebenso wie das angesagte Altstadtviertel Saint-Leu und die zahlreichen Kanäle.

SEHENSWERTES

HORTILLONNAGES

Auf 300 ha und 60 Wasserkilometern erstrecken sich diese von Somme und Avre gespeisten schwimmenden Gärten, ein aus Torfstich entstandenes Biotop aus vorrömischer Zeit mitten in der Stadt. Mit Flachbooten bewegen sich Gärtner und Ausflügler in dem Obst- und Gemüseanbaugebiet *(Markt Sa auf der Place Parmentier)*. Kommentierte *Rundfahrten (54, Blvd. de Beauvillé)* werden von April bis Oktober täglich angeboten. Spazierwege auf Treidelpfaden führen an der Somme zwischen Gemüsegärten entlang. *www.hortillonnages-amiens.fr*

MAISON DE JULES VERNE

Der weltberühmte Science-Fiction-Autor Jules Verne lebte in Amiens. Sein Wohnhaus ist heute als Museum eingerichtet.

Die können Ihnen was vom Pferd erzählen: Jockeys in Chantilly

2, Rue Charles Dubois | Mitte April–Mitte Okt. Mo und Mi–Fr 10–12.30 und 14–18.30, Di 14–18.30, Sa/So 11–18.30, Mitte Okt.–Mitte April Mo und Mi–Fr 10–12.30 und 14–18, Sa/So 14–18 Uhr

NOTRE-DAME ★
Eine der schönsten und weitläufigsten Kathedralen der französischen Hochgotik, Unesco-Welterbe und einst Vorbild für den Kölner Dom, ist Notre-Dame die Hauptsehenswürdigkeit der Stadt. Der Bau begann 1220 und wurde bereits 1288 beendet. Drei reich mit Statuen verzierte Portale bilden die Fassade. Das Kirchenschiff ist mit gut 42 m das höchste in Frankreich. Achten Sie auch auf die 110 skulpturenbesetzten Eichenstühle aus dem 16. Jh. im Chorraum! *www.amiens-cathedrale.fr*

ESSEN & TRINKEN

INSIDER TIPP LE T'CHIOT ZINC
Traditionelle Gerichte im charmanten Rahmen einer alten Konditorei bekommen Sie in diesem Bistro. *18, Rue de Noyon | Tel. 03 22 91 43 79 | Mo-Mittag und So geschl. | €€*

ÜBERNACHTEN

HÔTEL LE SAINT-LOUIS
24 liebevoll eingerichtete Zimmer im Zentrum und unweit vom Bahnhof. *24 Zi. | 24, Rue des Otages | Tel. 03 22 91 76 03 | www.amiens-hotel.fr | €–€€*

ZIELE IN DER UMGEBUNG

CHANTILLY ★ (184 B3) (*K4*)
Das Städtchen (12 000 Ew.) 90 km südlich von Amiens ist für sein Schloss und seine Pferdeturniere weltberühmt. Das von einem tiefen Wald umgebene, aus mehreren Gebäuden bestehende *Château (www.chateaudechantilly.com | April–Okt. tgl. 10–18 Park bis 20, Nov.–März Mi–Mo 10.30–17, Park bis 18 Uhr)* wurde im 16. Jh. erbaut und in den folgenden Jahrhunderten immer mehr erweitert und verschönert. Sehenswert sind das Kabinett der Bücher, die Appartements,

der Salon der Affen und auch der Park. Dank des sandigen Bodens der Gegend gehört Chantilly zu den größten und wichtigsten Trainingszentren weltweit für Vollblüter.

COMPIÈGNE (184 B3) (*K3*)

In der Stadt (42 000 Ew.) 80 km südöstlich von Amiens erholten sich einst die Könige. 1738 erbaute Ludwig XV. das *Schloss (Mi–Mo 10–18 Uhr)*, das von einem herrlichen, kostenlos zugänglichen *Landschaftspark* umgeben ist. Später wurde der Ort zum Schauplatz mehrerer Waffenstillstände zwischen Frankreich und Deutschland. Im berühmten Wald ist im *Mémorial de la Clairière de l'Armistice (www.musee-armistice-14-18.fr | April–Mitte Sept. tgl. 10–18, Mitte Sept.–März Mi–Mo 10–17.30 Uhr)* noch heute der Salonwagen des Marschalls Ferdinand Foch zu besichtigen, in dem am 11. November 1918 der Erste Weltkrieg sein Ende nahm.

CÔTE D'OPALE (184 A–B 1-2) (*J2*)

Mal funkelt es silbrig, dann changiert es von irisierendem Blau zu schillerndem Grün: Dieses Farbenspiel inspirierte den Maler Edouard Lévêque 1911 zum Namen Opalküste für den Küstenstreifen zwischen belgischer Grenze und der Mündung der Somme. 134 m hoch reckt das *Cap Blanc-Nez* seine Kreidenase in den Ärmelkanal und gewährt wunderbare Blicke über die Küste und nach England. Die Gegend ist ideal für INSIDER TIPP schöne Küstenwanderungen und Treff der Surfer. Dünen, Kiefernwälder und Flussmündungen unterbrechen die Klippen, Kaps und goldgelben Strände, auf denen bei Ebbe Strandsegler entlangsausen. Die Milch der Kühe, die hier weiden, verarbeiten Antoine und Joachim Bernard in der *Ferme du Vert (555, Rue du Vert | www.fermeduvert.com)* in *Wierre-Effroy* nach alter handwerklicher Tradition zu Käsespezialitäten wie Mimolette, Sablé de Wissant oder Brique de Flandre. Das gut 100 km nordwestlich von Amiens gelegene Le Touquet (5300 Ew.) ist das eleganteste Seebad der Opalküste mit Golfplätzen, Hotels und Restaurants. Sein breiter 12-km-Strand ist Spielwiese der Strandsegler: *Centre de Char à Voile (Blvd. Pouget | Tel. 03 21 05 33 51)*. Sterneküche serviert das edle Hotel *Westminster (115 Zi. | 5, Av. du Verger | Tel. 03 21 05 48 48 | www.westminster.fr | €€€)*. 35 km weiter nördlich liegt die Hafenstadt *Boulogne-sur-Mer* (43 000 Ew.),

MARCO POLO HIGHLIGHTS

★ **Notre-Dame in Amiens**
Historie und Schönheit der Kathedrale sind einzigartig → S. 72

★ **Chantilly**
Ein Höhepunkt nicht nur für Pferdefreunde → S. 72

★ **Falaise d'Aval**
Dieser Felsen bei Étretat ist ein Naturschauspiel → S. 79

★ **Lille**
Viel Kunst und Architektur hoch im Norden → S. 74

★ **Rouen**
Stadt und Kathedrale als Gesamtkunstwerk → S. 76

★ **Giverny**
Reiner Romantik begegnen Sie in Claude Monets letztem Zuhause → S. 79

★ **Louvre Lens**
Weltmuseum im Bergbauwelterbe → S. 76

das größte europäische Handelszentrum für Meeresprodukte. Nicht verpassen sollten Sie hier das *Nausicaa (16bis, Blvd. Sainte-Beuve | www.nausicaa.fr | tgl. 9.30–18.30, Juli/Aug. bis 19.30 Uhr)*, ein Meereserlebnismuseum mit über 10 000 Meerestieren in 36 großen Aquarien.

LILLE

(184 B1) (*K2*) ★ **Die Hauptstadt (228 000 Ew.) von Französisch-Flandern nahe der belgischen Grenze hat eine turbulente und kriegerische Geschichte.**
Mal flämisch, mal niederländisch, mal unter Order von Burgund, mal von Spanien, wurde Lille erst im 18. Jh. endgültig französisch. Lille ist Universitätsstadt mit 20 000 Studenten und bedeutender Standort der Textilindustrie. Das einstige Kohlerevier mit tiefschwarz verschmutzten flämischen Palästen stieg in den 1990er-Jahren wie Phönix aus der Asche zur attraktivsten, umtriebigsten Stadt des französischen Nordens auf. Die Lilloiser sind lebenslustig, weltoffen und stolz auf ihre regionalen Traditionen.

SEHENSWERTES

ALTSTADT

Die wunderschöne Altstadt mit gewundenen Gassen, altem Kopfsteinpflaster, Torbögen und Innenhöfen verführt zum ausgedehnten Bummeln, beginnend an der *Grand'Place,* die seit 1944 offiziell Place du Général de Gaulle heißt. Dessen *Geburtshaus (Mi–Sa 10–12 und 14–17, So 13.30–17 Uhr)* steht in der *Rue Princesse 9.* Die architektonischen Glanzstücke von Lille lassen Historie visuell lebendig werden. Schräg gegenüber der prächtigen *Alten Börse (Vieille Bourse),* einem Barockbau aus flämischer Zeit (1653), steht das 1717 im strengen klassisch französischen Stil erbaute *Théâtre du Nord,* das als Unterkunft der Königsgarde diente.
Noch eindrucksvollere bauliche Kontraste bietet die *Place du Théâtre* mit der

Marmor, Stuck und Golddekor: Treppenhaus in der Opéra von Lille

1903 im neobarocken Stil errichteten *Chambre de Commerce et d'Industrie,* der neuen *Opéra* (1923) und als optischer Krönung dem barocken Gebäudeensemble *Rang de Beauregard.* Das einzige Gebäude, das aus burgundischer Zeit erhalten blieb, ist das *Palais Rihour* (1473) mit reich dekorierten Fenstern am gleichnamigen Platz.

MUSÉE DE L'HOSPICE COMTESSE

Das Gebäude diente bis 1939 als Krankenhaus; Krankensaal und medizinischer Garten der Augustinerinnen erinnern daran. Der Besuch lohnt sich schon wegen der einmaligen Kollektion anrührender Kinder-Ölgemälde, die von glücklichen Eltern genesener Töchter und Söhne gestiftet wurden. *32, Rue de la Monnaie | www.lille.fr | Mi–So 10–18, Mo 14–18 Uhr*

PALAIS DES BEAUX-ARTS

Das Museum ist bekannt für seine guten Wechselausstellungen und seine Kunstschätze aus Mittelalter und Renaissance. Sammlung von Keramiken, Skulpturengalerie, Gemäldesammlung mit vielen flämischen Meistern. *18, Place de la République | www.pba-lille.fr | Mi–So 10–18, Mo 14–18 Uhr*

ESSEN & TRINKEN

PÂTISSERIE MEERT

Die orientalisch verschnörkelte Art-nouveau-Außenfassade ist umwerfend, die Vanillewaffeln sind es auch. Leopold I. war den Waffeln so verfallen, dass er Meert 1864 zum Hoflieferanten ernannte. *27, Rue Esquermoise | www.meert.fr | So-Abend und Mo geschl.*

INSIDER TIPP LE QUARTIER GOURMET

Verstecktes Feinschmeckerbistro beim Marché de Wazemmes mit trendigem Ambiente und moderaten Preisen.

Ein Träumchen: *Tout Lille* liebt die Vanillewaffeln der Patisserie Meert

34, Rue Durnerin | Tel. 03 20 21 05 21 | So-Abend und Mo geschl. | €€

ÜBERNACHTEN

L'HERMITAGE GANTOIS

Von außen eine flämische Kapelle aus dem 18. Jh., innen ein luxuriöses Designhotel mit Gourmetküche und Spa: die derzeit angesagteste Adresse in Lille! *89 Zi. | 224, Rue de Paris | Tel. 03 20 85 30 30 | www.hotelhermitagegantois.com | €€–€€€*

ZIELE IN DER UMGEBUNG

ARRAS (184 B2) (*K2*)

Fast schon theatralisch wirkt die Hauptstadt (43 000 Ew.) des Artois 40 km südlich von Lille mit ihren zwei großen Plätzen, der *Grand'Place* und der *Place des*

Héros. Das älteste Haus, in dem Sie heute übernachten können, ist das *Hôtel Les Trois Luppars (42 Zi. | 49, Grand' Place | Tel. 03 21 60 02 03 | www.hotel-les3luppars.com | €)* aus dem 15. Jh. Die von Arkaden umsäumten Häuser verfügen über tiefe Keller, unter denen sich ein 60 km langes Kreidetunnelsystem befindet. Diese sogenannten ● *boves (Zugang im Rathauskeller unter dem Office de Tourisme, Führungen)* dienten als Waffenlager, Weinkeller und Versteck. Vorzüglich isst man im Restaurant *La Bulle d'O (1, Blvd. de Strasbourg | Tel. 03 21 16 19 47 | www.labulledo.com | So geschl. | €€–€€€)*.

LOW BUDG€T

Zwischen Rouen und Le Havre schaffen die kostenlosen ● *Bacs de Seine* insgesamt acht Passagen für Auto- und Radfahrer sowie Fußgänger über den Strom: von Canteleu-Dieppedalle–Grand-Quevilly bei Rouen bis Quillebeuf–Port-Jérôme/Lillebonne im Westen schon im Mündungsbereich der Seine.

Freie Fahrt in Bus, Bahn und Tram, kostenlosen Eintritt in 26 Museen und Attraktionen, Rabatte beim Shopping und Schlemmen sowie Sparpreise bei Freizeitaktivitäten vereint der *City Pass Lille Metropole (24 Stunden 25 Euro, 48 Stunden 35 Euro, 72 Stunden 45 Euro)*. Die 72-Stunden-Karte bietet zusätzlich freien Eintritt in 14 Museen der Region und kostenlose Nutzung der TER-Regionalzüge für 24 Stunden. Verkauf online *(www.lilletourism.com/city-pass.html)* oder im Verkehrsamt.

LOUVRE LENS ★ (184 B2) *(🕮 K2)*

Auf einem alten Zechengelände in Lens 35 km südlich von Lille errichtete der Pariser Louvre einen spektakulären Filialbau mit 28 000 m² Ausstellungsfläche. Der 120 m lange Zeitstrahl der *Galerie du Temps* macht mit 205 Meisterwerken aus Antike, Mittelalter und Neuzeit Epochen und Kulturen vergleichbar und erlebbar: minoische neben römischen Skulpturen, Meißner Porzellan neben mittelalterlichen Altarbildern, Botticelli neben Ägypten. Ein Fünftel der Werke wird jedes Jahr ausgetauscht – der Pariser Fundus ist gewaltig! *Rue Paul Bert | www.louvrelens.fr | Mi–Mo 10–18 Uhr*

MUSÉE MATISSE IN LE CATEAU-CAMBRÉSIS (184 C2) *(🕮 L2)*

Drt Geburtsort von Henri Matisse (1869–1954) 80 km südöstlich von Lille widmet seinem großen Sohn im Palais Fénelon ein Museum mit 170 Exponaten, die der Maler teils noch selbst übergab. *museematisse.lenord.fr | Mi–Mo 10–18 Uhr*

INSIDER TIPP LA PISCINE IN ROUBAIX (184 B1) *(🕮 K2)*

Das einstige Manchester Frankreichs präsentiert die Kunst- und Industriekultur des 19. und 20. Jhs. im schönsten Art-déco-Bad Frankreichs als „Rundgang der fünf Sinne". In den Duschkabinen locken Papierkunst und Textiles, am Beckenrand spiegeln sich Skulpturen von Rodin, Claudel und Pompon in flachen Fluten und Strahler beleuchten alte Mosaike. *23, Rue de l'Espérance | www.roubaix-lapiscine.com | Di–Do 11–18, Fr 11–20, Sa/So 13–18 Uhr*

ROUEN

(183 F2) *(🕮 J3)* ★ **Die Hauptstadt der Normandie (106 000 Ew.) wurde von**

Gelungener Strukturwandel: Im Louvre Lens erleben Sie große Kunst auf einer alten Kohlenzeche

Victor Hugo als die „Stadt der 100 Glockentürme" bezeichnet und ging in die Geschichte ein, weil hier 1431 Jeanne d'Arc hingerichtet wurde.

Die schon in römischer Zeit gegründete Seinestadt hat einen großen Seehafen; in den verwinkelten Altstadtgassen stehen Hunderte von Fachwerkhäusern.

SEHENSWERTES

AÎTRE SAINT-MACLOU

Suchen Sie unbedingt diesen Innenhof neben der Kirche Saint-Maclou in der *Rue Martainville* auf, um die figürlichen Schnitzereien an den Fachwerkfassaden (16./17. Jh.) zu betrachten. Hier befand sich ein Massengrab für Opfer der Pestepidemien im 14. und 16. Jh.

HISTORIAL JEANNE D'ARC

Wo die französische Nationalheldin 1431 zum Tod verurteilt und 1456 rehabilitiert wurde, erzählt das Historial multimedial und interaktiv auf fünf Etagen die Geschichte der Jungfrau von Orléans. *7, Rue Saint-Romain | www.historial-jeannedarc.fr | Mai/Juni Di–Fr 11–12.15 und 12.45–19.30, Sa/So 10–12.15 und 12.45–19.30, Juli/Aug. Di–So 10–12.15 und 12.45–19.30, Sept.–April Di–So 11–12.15 und 12.45–19 Uhr*

MUSÉE DES BEAUX-ARTS

Der Parcours dieses Museums orientiert sich an der Entwicklung der Kunst von der primitiven Malerei bis ins 20. Jh. Zu sehen sind u. a. Werke von Caravaggio, Peter Paul Rubens, Jean-Auguste-Dominique Ingres, Auguste Renoir und Amedeo Modigliani. *26, Esplanade Marcel Duchamp | www.rouen-musees.com | Mi–Mo 10–18 Uhr*

NOTRE-DAME DE L'ASSOMPTION

Vier Jahrhunderte lang bauten die Rouennais an der Kathedrale, die Claude Monet im wechselnden Licht auf die Leinwand bannte. Besonders schön sind die Westfassade im Flamboyantstil und die Seitenportale. Im Chorbereich befindet sich das Grabmal von Richard Löwenherz.

Ein Augen-Blick in Rouen: Fachwerkhäuser und die Westfassade der Kathedrale

PANORAMA XXL

In einer 35 m hohen Rotunde direkt am Ufer der Seine zeigt der deutsche Künstler Yadegar Asisi auf Plattformen in 6, 12 und 15 m Höhe ein 360-Grad-Panorama von Rouen zu Zeiten Jeanne d'Arcs. *Quai de Boisguilbert | www.panoramaxxl.com | Di–So 10–18, Mai–Aug. bis 19 Uhr*

PLACE DU VIEUX-MARCHÉ

Viele alte Fachwerkhäuser, darunter Frankreichs ältestes Restaurant *La Couronne* von 1345, säumen den Platz, auf dem Jeanne d'Arc verbrannt wurde. Ein Kreuz erinnert an die Hinrichtung.

ESSEN & TRINKEN

GILL

Edel und modern eingerichtetes Feinschmeckerrestaurant des mit zwei Michelinsternen ausgezeichneten Küchenchefs Gilles Tournadre. *8/9, Quai de la Bourse | Tel. 02 35 71 16 14 | www.gill.fr | So/Mo geschl.* | €€€

PASCALINE

Seit 1880 begeistert das Bistro mit günstigen Preisen und knusprigem Grillhähnchen seine Gäste. Abends Pianobar. *5, Rue de la Poterne | Tel. 02 35 89 67 44 | www.pascaline.fr | tgl.* | €

ÜBERNACHTEN

HÔTEL DU VIEUX CARRÉ

Farbenfrohe Zimmer, grundsolide Regionalküche, gutes Preis-Leistungs-Verhältnis und netter Service: *parfait! 13 Zi. | 34, Rue Ganterie | Tel. 02 35 71 67 70 | www.hotel-vieux-carre.com* | €

ZIELE IN DER UMGEBUNG

DIEPPE (183 F2) (*🕮 J3*)

Die Hafenstadt (35 000 Ew.) 50 km nördlich von Rouen war einst ein mondäner

Badeort. Heute ist der Glanz ein bisschen abgeblättert. Der Hafen mit seinen alten Fischkuttern ist einer der schönsten der normannischen Küste. Es lohnt sich, zum *Schloss (Rue de Chastes | Mi–Mo 10–12 und 14–17, Juni–Sept. 10–18 Uhr)* hinaufzusteigen, wo Schiffsmodelle und eine Sammlung von Elfenbeinfiguren zu sehen sind. Panoramablicke aufs Meer genießen Sie im *Hôtel de l'Europe (60 Zi. | 63, Blvd. de Verdun | Tel. 02 32 90 19 19 | www.hoteldieppe.com | €€).*

ÉTRETAT (183 E2) (*H3*)

Seine schneeweißen Felsen machten den kleinen Badeort (1600 Ew.) 90 km nordwestlich von Rouen, der einst ein einfaches Fischerdorf war, berühmt. Die bizarr geformten Kreideklippen, allen voran die ★ *Falaise d'Aval* mit dem natürlich geformten Bogen und die *Falaise d'Amont*, ziehen seit Jahrhunderten Maler und Schriftsteller in ihren Bann. Beide Felsen kann man besteigen. Auf Amont haben Sie von der Kapelle der Seeleute aus einen schönen Blick auf das Städtchen und die Küste.

Das Restaurant *Le Bicorne (5, Blvd. René Coty | Tel. 02 35 29 62 22 | le-bicorne.fr | Mo geschl. | €€)* in Strandnähe hat eine ausgezeichnete Küche, ein angenehmes Ambiente und ein sehr gutes Preis-Leistungs-Verhältnis. Eher einfach, aber durchaus nett kommen Sie in dem kleinen Hotel *La Résidence (15 Zi. | 4, Blvd. René Coty | Tel. 02 35 27 02 87 | www.hotels-etretat.com | €–€€€)* unter, dessen Räumlichkeiten INSIDER TIPP in einem Herrensitz aus dem 14. Jh. liegen.

FÉCAMP (183 E2) (*H3*)

Die Bade- und Hafenstadt (20 000 Ew.) 70 km nordwestlich von Rouen ist für den Kräuterlikör Bénédictine bekannt, der hier gebrannt wird *(www.benedictine-dom.com)*. Fécamp war jahrhundertelang Haupthafen der Neufundlandfischer, die Kabeljau jagten. Heute liegen im Hafen jedoch mehr Yachten als Fischkutter. Einfach, aber günstig wohnen Sie im Hotel *Hôtel Normandy (31 Zi. | 4, Av. Gambetta | Tel. 02 35 29 55 11 | www.normandy-fecamp.com | €).*

GIVERNY ★ (183 F3) (*J4*)

Der Ort (520 Ew.) etwa 70 km südöstlich von Rouen ist eine Pilgerstätte für Fans von Claude Monet, der hier von 1883 bis zu seinem Tod 1926 lebte. Im romantischen Garten seines Hauses, heute unter der Obhut der *Fondation Claude Monet (www.fondation-monet.com | April–Okt. tgl. 9.30–18 Uhr)*, entstanden die berühmten Seerosenbilder.

INSIDER TIPP LE HAVRE
(183 E2) (*H3*)

Die größte Stadt (190 000 Ew.) der Normandie liegt 90 km westlich von Rouen an der Seinemündung. Die nach dem Zweiten Weltkrieg in Beton vom Le-Corbusier-Schüler Auguste Perret wiederaufgebaute Innenstadt zählt zum Unesco-Welterbe; Wahrzeichen sind die Kirche *Saint-Joseph* und die Musterwohnung *Appartement Témoin Perret* im Stil der 1950er-Jahre. Oscar Niemeyer entwarf die beiden strahlend weißen „Ufos" des Kulturzentrums *Le Volcan*. An der restaurierten Kathedrale *Notre-Dame* (16. Jh.) ist der viereckige Glockenturm bemerkenswert. Die Orgel von 1638 ist immer noch in Betrieb (oft kostenlose Sonntagskonzerte um 16.30 Uhr). Das *Musée d'Art Moderne André Malraux (2, Blvd. Clémenceau | www.muma-lehavre.fr | Mo und Mi–Fr 11–18, Sa/So 11–19 Uhr)* enthält die nach dem Pariser Musée d'Orsay bedeutendste impressionistische Sammlung Frankreichs. An der Meerespromenade locken Bars, Cafés, ein Skaterpark und 2 km Badestrand.

DER WESTEN

Im Westen Frankreichs, von der Basse-Normandie über die Bretagne und das Pays de la Loire bis hinunter zur Girondemündung, blühen alte Sagen.

Hier lebten die Wikinger, hier sollen König Artus und der Zauberer Merlin durch die Wälder von Huelgoat gestreift sein, hier steht der mysteriöse Klosterberg Mont-Saint-Michel und hier brechen sich die Wellen an der bretonischen „Küste der Legenden", im Norden des Départements Finistère. Die äußerste Spitze ist eine wilde Gegend, über die oft ein stürmischer Westwind und prasselnde Regenschauer fegen.

Lieblicher zeigen sich der Golf von Morbihan mit seinen Inseln, die nordbretonische Côte d'Armor mit ihren rötlichen Granitfelsen und die Côte d'Émeraude mit smaragdgrünem Meer. Noch weiter östlich, schon in der Normandie, schließen sich lange Strände mit mondänen Seebädern an.

Südlich von Normandie und Bretagne liegen das Pays de la Loire und die historischen Landschaften Anjou, Maine, Poitou und Vendée. Das ozeanisch-milde Atlantikklima des Westens begünstigt Landwirtschaft, Garten- und Weinbau, die fischreiche Küste offeriert Meeresfrüchte. Der Westen verfügt über erstaunliche botanische Oasen, die dem warmen Nordatlantikstrom als Ausläufer des Golfstroms zu verdanken sind.

Ausführliche Informationen zu diesen Regionen finden Sie in den MARCO POLO Bänden „Bretagne", „Normandie" und „Französische Atlantikküste".

 Bild: Pointe du Raz

Am Ende der Welt: Schroffe Küsten, weite Strände, geheimnisvolle Mythen und frische Meeresfrüchte prägen Frankreichs Westen

ANGERS

(183 D5) (🕮 G6) **Von der einstigen Bedeutung Angers' (150 000 Ew.) als Hauptstadt der Grafschaft Anjou und Wiege der Herrscherdynastie der Plantagenet zeugt noch heute das glanzvolle Aussehen der Stadt an der Maine – die Altstadt zählt nicht umsonst zum Unesco-Weltkulturerebe. Zahlreiche Gärten und Parks geben der Universitätsstadt ein ruhiges Flair.**

SEHENSWERTES

CHÂTEAU D'ANGERS

Die Festung aus dem 13. Jh. mit ihren dicken Mauern aus Schiefer und 17 Türmen ist ein Meisterstück der mittelalterlichen Architektur. Höhepunkt der Besichtigung ist der über 100 m lange Wandteppich *Tenture de l'Apocalypse*, der zu den ältesten der Welt zählt. *2, Promenade du Bout-du-Monde | www.angers.monuments-nationaux.fr | Mai–Aug. tgl. 9.30–18.30, Sept.–April 10–17.30 Uhr*

Lebewesen aus allen Weltmeeren können Sie im Océanopolis in Brest betrachten

INSIDER TIPP **GALERIE DAVID D'ANGERS**
In der mit Stahl, Glas und Schiefer nutzbar gemachten Ruine der Abteikirche befinden sich 70 Gipsabdrucke, Marmor- und Bronzegüsse von Statuen, 44 Büsten und Hunderte von Porträtmedaillons aus der Werkstatt des Bildhauers (1788–1856), der historische Persönlichkeiten aus ganz Europa abbildete. *33bis, Rue Toussaint | musees.angers.fr | Mai–Mitte Sept. tgl., Mitte Sept.–Mai Di–So 10–18 Uhr*

ESSEN & TRINKEN

INSIDER TIPP **LA GUINGUETTE CHEZ JOJO**
Eine *guinguette* ist ein volkstümliches Tanzlokal an einem Flussufer. Dieses typische Gartenrestaurant mit Akkordeonmusik im 18 km entfernten *Saint-Saturnin-sur-Loire* hat ein wunderbares Ambiente. *Chaloche | Tel. 02 41 54 64 04 | guinguette-chez-jojo.fr | Mo-Mittag und Okt.–April geschl. |* €€

LE THÉÂTRE
Die riesige Brasserie mit Sommerterrasse erfüllt alle Bedürfnisse vom Frühstück bis zum abendlichen Menü. *7, Place du Ralliement | Tel. 02 41 24 15 15 | www.brasserie-du-theatre.com | tgl. |* €€–€€€

ÜBERNACHTEN

HÔTEL DU MAIL
Charmantes Hotel in einem alten Herrenhaus nicht weit vom Zentrum. *26 Zi. | 8, Rue des Ursules | Tel. 02 41 25 05 25 | www.hoteldumail.fr |* €–€€

ZIELE IN DER UMGEBUNG

CHÂTEAU DE SERRANT
(183 D5) (*G6*)
Das Renaissanceanwesen mit Wassergräben, Ehrenhof, Balustraden und Pavillons 20 km südwestlich beeindruckt durch seine architektonische Harmonie und das exquisite Mobiliar. *www.chateau-serrant.net | stark gestaffelte Öffnungszeiten s. Website*

SAUMUR (183 E5) *(🕮 H6)*
Die idyllische Stadt (30 000 Ew.) an der Loire gut 50 km südöstlich von Angers war einst Zentrum der Hugenotten und ist für ihren Schaumwein *Saumur Mousseux* bekannt. Hier residiert das Ausbildungszentrum *Cadre Noir (www.cadrenoir.fr)* mit den besten Dressur-, Spring- und Geländereitern der *École Nationale d'Équitation.* Das Schloss mit seiner Befestigungsanlage in Sternform thront majestätisch über der Stadt. Pilzsammler werfen einen Blick in das *Musée du Champignon (Route de Gennes | Saint-Hilaire-Saint-Florent | www.musee-du-champignon.com | Mitte Feb.–Mitte Nov. tgl. 10–18, April–Sept. bis 19 Uhr).*

BREST

(182 A4) *(🕮 D4)* **Die geschützt an der Rade de Brest gelegene Industrie- und Universitätsstadt (150 000 Ew.) ist seit Jahrhunderten ein wichtiger Marine-, Handels- und Kreuzfahrthafen.**

Stark zerstört im Zweiten Weltkrieg, wurde die Stadt geometrisch wieder aufgebaut. Brest ist Ausgangspunkt für Ausflüge in die Küstenregion der Westbretagne. Spazieren Sie über den *Cours Dajot* und genießen Sie den Blick über Bucht und Hafen.

SEHENSWERTES

OCÉANOPOLIS
Das riesige Aquarium im Osten der Stadt beherbergt 10 000 Meerestiere aus tropischen, polaren und gemäßigten Gewässern. *www.oceanopolis.com | stark gestaffelte Zeiten, Kernzeit tgl., in der Nebensaison Di–So 10–17 Uhr*

ESSEN & TRINKEN/ ÜBERNACHTEN

INSIDER TIPP **HOSTELLERIE DE LA POINTE SAINT-MATHIEU**
Ebenso modern wie geschmackvoll gestaltete Übernachtungsmöglichkeit mit Restaurant und Schwimmbad 25 km von

MARCO POLO HIGHLIGHTS

★ **Presqu'Île de Crozon**
Die schönste Ecke des Finistère → S. 84

★ **Wandteppich von Bayeux**
Der älteste Comic der Welt ist ebenso amüsant wie eindrucksvoll gestaltet → S. 85

★ **Guérande**
Mittelalter pur und „weißes Gold" in Sumpflandschaft → S. 90

★ **Honfleur**
Die Stadt hat sich ihren normannischen Charme bis heute erhalten → S. 87

★ **Mont-Saint-Michel**
Der weltbekannte Klosterberg ist Mythos und Kult in einem → S. 93

★ **Nantes**
Die ehemalige Herzogsstadt hat viele schöne Ecken und dazu die spektakulären neuen Machines de l'Île → S. 87

★ **Côte d'Émeraude**
Die Smaragdküste trägt ihren Namen zu Recht → S. 92

★ **Carnac**
Tausende Menhire sind Zeugen uralter Kulturen → S. 89

Brest am westlichsten Punkt Frankreichs. *25 Zi. | Tel. 02 98 89 00 19 | www.pointe-saint-mathieu.com | €€–€€€*

ZIELE IN DER UMGEBUNG

INSIDER TIPP ÎLE DE BRÉHAT
(182 B3) (*M E4*)

Dieses kleine Paradies (500 Ew.) liegt am östlichen Ende der Côte de Granit Rose. Fähren auf die Insel starten in *Ploubazlanec* etwa 130 km nordöstlich von Brest. Wegen ihrer geringen Größe von nur 3,5 km Länge und 1,5 km Breite ist die einstige Pirateninsel für den Autoverkehr gesperrt. Sie profitiert vom milden Golfstromklima und präsentiert sich besonders schön im Frühling, wenn alles blüht. Zimmer mit Aussicht gibt es im *Hôtel Bellevue (19 Zi. | Le Port Clos | Tel. 02 96 20 00 05 | www.hotel-bellevue-brehat.fr | €€€).*

POINTE DU RAZ (182 A4) (*M D5*)

Das felsige Kap gut 100 km südlich von Brest gehört zur Gemeinde Plogoff und ist mit 72 m eine der höchsten Klippen der bretonischen Küste. Da der Touristenansturm zu viele Naturschäden anrichtete, ist heute keine direkte Anfahrt mehr möglich. Ein Shuttle bringt Besucher vom Parkplatz zum Naturschauspiel mit tollem Panoramablick und Besucherzentrum. *www.pointeduraz.com*

PRESQU'ÎLE DE CROZON ★
(182 A4) (*M D5*)

Von Brest aus geht es einmal um die Rade de Brest herum, um auf die Halbinsel zu kommen. Sie gilt als der schönste der bretonischen Küstenvorsprünge, auch wegen ihrer Bergspitze von 70 m Höhe und ihres unvergleichlichen Panoramas vom schroffen Kap *Pointe de Penhir.* Von Felsformationen umrahmte Sandstrände laden zum Baden und Sonnen ein, die Heidefelder mit Ginster und Geißblatt zum Wandern entlang der Klippen. Die ganze Halbinsel steht unter Naturschutz.

QUIMPER (182 B4) (*M D5*)

Die hübsche Fachwerkstadt (64 000 Ew.) liegt 70 km südlich von Brest am Zusammenfluss von Steir und Odet und ist vor allem wegen ihrer langen Fayencetradition bekannt. Typische bretonische Keramiken finden Sie im *Musée de la Faïence (14, Rue Jean-Baptiste Bousquet | www.musee-faience-quimper.com | Mitte April–Sept. Mo–Sa 10–18 Uhr)* und im Fabrikverkauf von *HB Henriot (Place Bérardier | www.henriot-quimper.com).* Führungen geleiten Sie auf Nachfrage in die Ateliers *(16, Rue Haute).* Gepflegt übernachten können Sie im Hotel *Gradlon (21 Zi. | 30, Rue de Brest | Tel. 02 98 95 04 39 | www.hotel-gradlon.com | €–€€),* bretonisch essen im *Le Cosy (2, Rue du Sallé | Tel. 02 98 95 23 65 | So/Mo geschl. | €–€€)* hinter der Kathedrale.

CAEN

(183 D–E3) (*M G4*) **Am schönsten ist die Fahrt nach Caen, der größten Stadt (115 000 Ew.) der Basse-Normandie, im Frühling, wenn Hunderttausende von Apfelbäumen blühen. Die Universitätsstadt ist jung: 60 Prozent der Einwohner sind unter 40 Jahre alt.**

SEHENSWERTES

ABBAYE-AUX-HOMMES

William the Conqueror ließ im 11. Jh. die Abteikirche *Saint-Étienne* im romanischen Stil bauen (im 13. Jh. frühgotisch vollendet). Auch die Klosteranlage *Abbaye-aux-Hommes,* zu der die Kirche gehört, lohnt die Besichtigung.

MÉMORIAL DE CAEN

An den Stränden nördlich von Caen landeten am D-Day, dem 6. Juni 1944, die alliierten Truppen. An die vielen Toten der kriegsentscheidenden Offensive erinnert dieses eindrucksvolle Friedensmuseum. *Esplanade Général Eisenhower | www.memorial-caen.fr | Mitte Feb.–Okt. tgl. 9–19, Nov.–Mitte Feb. Di–So 9.30–18 Uhr*

ZIELE IN DER UMGEBUNG

BAYEUX (183 D3) (*G3*)

Altes Schulwissen aus Geschichts- und Englischstunden wird in der sympathischen normannischen Stadt (15 000 Ew.) etwa 30 km nordwestlich von Caen mit ihren kleinen, gepflasterten Gässchen rund um die Kathedrale Notre-Dame lebendig. Der wichtigste Kunstschatz des Orts ist der 1000 Jahre alte ★ *Wandteppich von Bayeux (Centre Guillaume le Conquérant | Rue de Nesmond | www.bayeuxmuseum.com | März/April und Sept./Okt. tgl. 9–18.30, Mai–Aug. 9–19, Nov./Dez. und Feb. 9.30–12.30 und 14–18 Uhr)*, auf dem auf 70 m Länge die Geschichte von Wilhelm dem Eroberer und seinem Feldzug gegen England im Jahr 1066 erzählt wird. Der gestickte Teppich, genannt auch *Tapis de la Reine Mathilde*, zeigt 58 detailreiche Szenen, die im Audioguide auf amüsante Weise erläutert werden. Nett und zentral essen können

Paddler vor Crozon: Die bretonische Halbinsel steht komplett unter Naturschutz

ESSEN & TRINKEN

LE BOUCHON DU VAUGUEUX

Normannische Küche mit mediterranem Flair in charmantem Eckbistro. *12, Rue Graindorge | Tel. 02 31 44 26 26 | bouchonduvaugueux.com | So/Mo geschl. | €–€€*

ÜBERNACHTEN

HÔTEL DES QUATRANS

Eine erschwingliche und ruhige Unterkunft mit komfortablen Zimmern. *47 Zi. | 17, Rue Gémare | Tel. 02 31 86 25 57 | www.hotel-des-quatrans.com | €–€€*

Mit unverstelltem Blick auf den Ärmelkanal: Strandhütten an der Westküste des Cotentin

Sie im bodenständigen *L'Assiette Normande (3, Rue des Chanoines | Tel. 02 31 22 04 61 | So/Mo geschl. | €–€€)* bei der Kathedrale, das gern von Einheimischen besucht wird.

CABOURG (183 E3) *(H3)*

Das 25 km nordöstlich von Caen gelegene, noch heute mondäne Seebad (3000 Ew.) an der Côte Fleurie ist quasi der Hausstrand der Bürger von Caen. Hier schrieb Marcel Proust in den Sommermonaten an seinem literarischen Lebenswerk. Er logierte immer im *Grand Hotel (70 Zi. | Les Jardins du Casino | Tel. 02 31 91 01 79 | www.accorhotels.com | €€€)* direkt am Meer.

COTENTIN

(182–183 C–D 2–3) *(F–G 3–4)*

Der markante Zacken der Halbinsel Cotentin ragt mit 300 km Küstenstrecke weit in den Ärmelkanal. Entsprechend wechselhaft gestaltet sich das Wetter. Nehmen Sie sich einen Tag Zeit für eine Fahrt durch den *Parc Naturel Régional des Marais du Cotentin et du Bessin (www.parc-cotentin-bessin.fr)*, ein Naturspektakel mit über 4000 km Wanderwegen.

DEAUVILLE (183 E3) *(H3)*

Dieser normannische Badeort (4500 Ew.) ist reiner Luxus. Deauville mag für manche ein bisschen zu mondän sein mit seinen Polo- und Golfturnieren, Pferderennen, den Galaabenden im Kasino, den Dior- und Chanel-Shops. Doch auf den *Planches,* der unvergleichlich schönen Strandpromenade, rückt das alles in die Ferne. Hier zählt nur noch der Blick auf das Meer. Wer sich eine Nacht in dem Luxusort gönnen will, kommt im *Hôtel Le Chantilly (15 Zi. | 120, Av. de la République | Tel. 02 31 88 79 75 | www.hotel-deauville-le-chantilly.fr | €–€€)* relativ günstig unter.

HONFLEUR ★ (183 E2–3) *(🕮 H3)*
Die kleine Stadt (8000 Ew.) an der Seinemündung mit Gässchen, schönen Bürgerhäusern und Fachwerkbauten lohnt einen Besuch. In der Heimat des Frühimpressionisten Eugène Boudin kreierten im 19. Jh. die Maler des Lichts – Claude Monet, Gustave Courbet, Alfred Sisley und Paul Cézanne – eine neue Stilrichtung, der Sie im *Musée Eugène Boudin (Place Erik Satie | www.musees-honfleur.fr | Mitte März–Sept. Mi–Mo 10–13 und 14–18, Okt.–Mitte März 14.30–17.30, Sa/So auch 10–12 Uhr)* nachspüren können.
Samstagmorgens ist lebendiges Treiben am *Blumenmarkt* an der *Place Arthur Boudin*. Das *Vieux Bassin*, ein malerischer Minihafen mit unzähligen Cafés und Restaurants, wird am *Quai Saint-Étienne* von Villen gesäumt. Die Atmosphäre in der schiffsförmigen Seefahrerholzkirche *Sainte-Catherine* (15. Jh.) ist ergreifend.
Liebevoll eingerichtete Zimmer finden Sie im *Hôtel du Dauphin (34 Zi. | 10, Place Pierre Berthelot | Tel. 02 31 89 15 53 | www.hoteldudauphin.com | €–€€)*. Mitten zwischen den Honfleurais essen Sie frischen Fisch und Meeresfrüchte, aber auch ländliche Produkte im *Entre Terre et Mer (12, Place Hamelin | Tel. 02 31 89 70 60 | www.entreterreetmer-honfleur.com | tgl. | €€–€€€)*, dem ein kleines Hotel *(28–30, Place Hamelin | Tel. 02 31 98 83 33 | www.hotel-centre-honfleur.com | €€)* mit 14 freundlichen Zimmern angeschlossen ist.

NANTES

(183 D5) *(🕮 F6)* ★ **Nantes (290 000 Ew.) ist die Metropole des französischen Westens, einst als Hauptstadt der Herzöge der Bretagne, heute der Region Pays de la Loire.**

In Nantes fließen die Flüsse Sèvre, Erdre und Loire zusammen und münden 55 km weiter westlich bei Saint-Nazaire in den Atlantik. Nantes ist ein modernes Wirtschaftszentrum am Schnittpunkt von Poitou, Vendée und Bretagne und dank des Hafens bereits seit dem Mittelalter eine blühende Handelsstadt. Im 19./20. Jh. erlebte Nantes diverse Krisen, gehört aber mittlerweile zu den Städten Frankreichs mit der höchsten Lebensqualität. Nantes wartet mit kreativem Kulturleben, außergewöhnlichen Events und vielen Parks auf. Zudem tut die Stadt alles, um die City autofrei zu halten, indem sie neue Parkhäuser errichtete, die Fußgängerzone erweiterte, vier „Chronobus"-Linien zusätzlich zur Straßenbahn eröffnete, das Radwegenetz erheblich erweiterte und über 100 *stations bicloo* mit Leihrädern installierte.

SEHENSWERTES

ALTSTADT

Die wichtigsten Gebäude von *Vieux Nantes* befinden sich am Nordufer der Loire. Die in den 1930er-Jahren trockengelegten *Île Feydeau* und *Île Gloriette* sind nur noch dem Namen nach Inseln. Die

CITY WOHIN ZUERST?
Ein guter Ausgangspunkt für die Erkundung der Altstadt ist die **Place Saint-Pierre**. Hier bekommen Sie im Touristenbüro gegenüber der Kathedrale den Verkehrsmittelguide *Cœur de Nantes*. Den Platz erreichen Sie in zehn Gehminuten vom Nordausgang des Bahnhofs. Parkhäuser, von denen Sie bequem ins historische Zentrum kommen, sind *Graslin, Commerce, Talensac* oder *Moulin Mairie*.

Handelshäuser mit ihren schön geformten Balkonen aus dem 18. Jh. lohnen einen Rundgang ebenso wie die mit Skulpturen und Lampen geschmückte Einkaufsgalerie *Passage Pommeraye.* Sie führt über die Rue Crébillon auf die neu gestaltete *Place Graslin,* wo sich das *Théâtre Graslin* und die unter Denkmalschutz stehende Brasserie ● *La Cigale* mit schönem Mosaikinterieur befinden. Die spätgotische Kathedrale *Saint-Pierre-et-Saint-Paul* liegt am östlichen Altstadtrand.

CHÂTEAU DES DUCS DE BRETAGNE

Das elegante, 1466 aus Tuffstein errichtete Schloss bildet einen schönen Kontrast zur massiven Festungsmauer. Es beherbergt ein *Museum zur Regionalgeschichte* und eine INSIDER TIPP Ausstellung zur Geschichte des Sklavenhandels, für den Nantes ein bedeutender Umschlagplatz war. Der Festungswall ist länger geöffnet und im Sommer ein Treffpunkt zu Konzerten und Openairkino. *www.chateaunantes.fr | Mitte Juni–Aug. tgl. 10–19, Sept.–Mitte Juni Di–So 10–18 Uhr*

LES MACHINES DE L'ÎLE

Die von der Loire umschlossene, frisch begrünte Île de Nantes war einst Standort der Werftindustrie. Dort entstand eines der verrücktesten Projekte der Industriekultur Frankreichs: eine Traumwelt aus mechanischen Großobjekten, inspiriert von der Phantasie eines Jules Verne, eines Leonardo da Vinci oder E. T. A. Hoffmann. Da wandelt ein 12 m hoher Elefant aus Holz und Stahl schnaufend durchs Gelände, entführt ein Karussell der Meereswelten die staunenden Besucher in sein Unterwasserreich und allerlei Bizarres mehr. *Blvd. Léon Bureau | www.lesmachines-nantes.fr | stark gestaffelte Zeiten, Kernzeit Di–So 14–17, in der Saison 10–18 Uhr*

ESSEN & TRINKEN

L'ATLANTIDE 1874 – MAISON GUÉHO

Sternekoch Jean-Yves Guého serviert zum Loireblick Hummer als Sandwich – und den AOC-Käse *curé nantais* zum Muscadet aus dem Pays Nantais. *5, Rue de l'Hermitage | Tel. 02 40 73 23 23 | www.restaurant-atlantide.net | So geschl. |* €€€

CRÊPERIE HEB-KEN

Das sympathische Restaurant mit Fotos aus der Region an den Wänden bietet Qualitätscrêpes zu vernünftigen Preisen. Probieren Sie unbedingt auch einmal die herzhaften bretonischen INSIDER TIPP *galettes* aus Buchweizenmehl! *5–7, Rue de Guérande | Tel. 02 40 48 79 03 | www.heb-ken.fr | So geschl. |* €

AM ABEND

Nantes ist dank seiner Universität eine junge Stadt mit viel Nightlife. Eine gute Adresse ist *Le Marlowe (1, Place Saint-Vincent | www.le-marlowe-nantes.com | So geschl.),* ein Tanzclub im Stil der US-amerikanischen 1950er-Jahre. Im Wortsinn einzigartig ist das riesige Kulturzentrum INSIDER TIPP *Le Lieu Unique (Quai Ferdinand Favre | www.lelieuunique.com)* in der früheren Keksfabrik LU mit Theater, Restaurant, Bar, Club, Ausstellungen, Buchhandlung, Aussichtsturm, Hamam etc.

ÜBERNACHTEN

INSIDER TIPP HÔTEL LA PÉROUSE

Ein ultramodernes, durchdesigntes Hotel mit stylishen Zimmern und um 90 Grad gedrehten Fenstern, die aus der Außenwelt ein dekoratives Element machen. *46 Zi. | 3, Allée Duquesne | Tel. 02 40 89 75 00 | www.hotel-laperouse.fr |* €€

ZIELE IN DER UMGEBUNG

LA BAULE (182 C5) (*🕮 F6*)
Schönster Strand Europas nennt sich frech der Badeort (16 000 Ew.) 60 km westlich von Nantes. Der mondänste Urlaubsort der nördlichen Atlantikküste mit 9 km Sandstrand profitiert ganzjährig vom warmen Mikroklima. Das Sport- und Vergnügungsangebot mit Wassersport, Tennisanlagen, Kasino, Hippodrom und Golfplatz macht La Baule zu einer beliebten Feriendestination. Das luxuriöse, pinienumgebene Campingdorf *Village Camping La Roseraie (20, Av. Jean Sohier | Route du Golfe | www.laroseraie.com)* mit beheiztem Innenpool, Läden und Service vermietet auch Hütten.

INSIDER TIPP BELLE-ÎLE-EN-MER
(182 B5) (*🕮 E6*)
Die schöne Insel trägt ihren Namen zu Recht. Die größte der bretonischen Atlantikinseln (5000 Ew.) ist über Fähren von *Quiberon* auf der wild-romantischen Presqu'Île de Quiberon 160 km westlich von Nantes zu erreichen. Sie ist geprägt von schroffen Felsen, blauem Meer, schönen Stränden wie *Les Grands Sables* und einer Zitadelle. Um sich gegen Angriffe der Engländer und Holländer zu wehren, rüstete sich die Insel einst mit einer Festung. Nicht weit von der einstigen Wehranlage befindet sich das reizende *Hôtel Le Clos Fleuri (18 Zi. | Route de Sauzon | Tel. 02 97 31 45 45 | www.hotel-leclosfleuri.com | €€).*

Läuft bei ihm: Grand Éléphant der Machines de l'Île in Nantes

CARNAC ★ (182 B5) (*🕮 E5*)
Diesen Ort 140 km westlich von Nantes (4500 Ew.) kann man als das bretonische Pendant zu Stonehenge in England bezeichnen. Seine rund 4000 Menhire werden auf die Zeit zwischen 4500 und 2500 v. Chr. datiert. Sie verteilen sich auf drei große Felder: Die Steinreihen von

Menec, von *Kermario* und von *Kerlescan* sind die größten der Welt. Die mächtigsten Menhire ragen bis zu 4 m in die Höhe. *La Maison des Mégalithes (www.carnac.monuments-nationaux.fr | Mai/Juni tgl. 9–18, Juli/Aug. 9–20, Sept.–April 10–17 Uhr)* bietet Führungen an. Durch 450 000 Jahre Menschheitsgeschichte leitet Sie eine der wertvollsten europäischen Sammlungen im *Musée de Préhistoire (10, Place de la Chapelle | www.museedecarnac.com | Juli/Aug. tgl. 10–18.30, Sept.–Juni Mi–Mo 10–12.30 und 14–17.30, April–Juni und Sept. bis 18 Uhr).*

CLISSON (182 D6) *(🕮 F–G6)*
30 km südöstlich von Nantes atmet das geruhsame Burgstädtchen (6000 Ew.) mit Parks und Gärten italienisches Ambiente. Dazu trägt auch die *Villa Saint-Antoine (43 Zi. | Hausnr. 8 | Tel. 02 40 85 46 46 | www.hotel-villa-saint-antoine.com | €€–€€€)* in der gleichnamigen Straße bei. Das mediterrane Mikroklima inspirierte Künstler des 18. Jhs. zu gestalterischen Anleihen aus der Antike.

GOLFE DU MORBIHAN
(182 C5) *(🕮 E5–6)*
Die Halbinsel Rhuys mit der Spitze Pointe de Bilgroix umschließt im Südosten das „Kleine Meer" (Morbihan), in dem sich 40 Inselchen befinden (nur zwei davon nicht in Privatbesitz). Im Nordwesten schließt sich das Seglerparadies bei *Locmariaquer* an, von wo aus Ausflugsboote in das Binnenmeer ablegen.
Die mit idyllischen Dörfern gesprenkelte Landschaft um den Golf prägen Moore und Wald; dazu kommt das wehrhafte *Château de Suscinio (www.suscinio.info | April–Sept. tgl. 10–19, Feb./März und Okt. 14–18, Nov.–Jan. 14–17 Uhr)* in *Sarzeau*. Auch ein Ausflug auf die waldreiche *Île aux Moines (www.ileauxmoines.fr)* mit Dolmen und Steinkreis lohnt sich, besonders im Hochsommer zum Spazierengehen und Fahrradfahren.
Im *Parc du Golfe* in *Vannes* am nördlichen Ufer befindet sich in einem Tropenhaus der *Jardin aux Papillons (www.jardinauxpapillons.com | April–Sept. Kernzeit tgl. 14–18 Uhr, im Sommer länger)*, in dem 500 bis 1000 Schmetterlinge flattern. 8 km weiter östlich liegt das Naturreservat INSIDER TIPP *Marais de Séné (www.reservedesene.com)*, ein Vogelparadies.

GUÉRANDE ★ (182 C5) *(🕮 F6)*
Die gut erhaltene mittelalterliche Stadt auf der gleichnamigen Halbinsel (16 000 Ew.) ist umgeben von ausgedehnten Salinen. 1 Mio. Touristen besuchen jedes Jahr den Ort 80 km westlich von Nantes, wo mit traditionellen Methoden seit dem 9. Jh. Salz gewonnen wird. Die Salzbauern ernten das „weiße Gold" in den Monaten von Juni bis September. Am ergiebigsten ist das grobe, graue *gros sel*, das

vom Grund des Salinengartens geholt wird. Das edle blütenweiße *fleur de sel,* Kristalle, die von der Oberfläche abgeschöpft werden, wird als Spezialität vermarktet. Führungen organisert das Informationsbüro *Terre de Sel (www.terrede sel.com).*

Hinter Guérande erstreckt sich einer der ältesten Naturschutzparks Frankreichs, der *Parc Naturel Régional de Brière (www.parc-naturel-briere.fr).* An der Westspitze der Halbinsel liegt der beschauliche Fischerort *Piriac-sur-Mer.* Im *Hôtel de la Poste (12 Zi. | 26, Rue de la Plage | Tel. 02 40 23 50 90 | www.piriac-hoteldelaposte.com | €)* werden Sie herzlich aufgenommen.

RENNES

(182 C4) *(🕮 F5)* **Die Hauptstadt der Bretagne (210 000 Ew.) hat es geschafft, ihr kulturelles Erbe zu bewahren, ohne dabei in der Vergangenheit zu verharren.**

Mittelalterliche Sträßchen, klassische Fassaden und königliche Plätze, die in ihrer Eleganz das 18. Jh. lebendig werden lassen, formen das Herz der Stadt. Eine bedeutende Universität und Ansiedlungen von Hightech- und Biochemieindustrie sichern die Zukunft, dazu kommt die vollautomatische Metro.

SEHENSWERTES

ALTSTADT

In der Altstadt von Rennes reihen sich Fachwerkhäuser aus dem 15./16. Jh. aneinander, vor allem entlang der Straßen *Rue Saint-Sauveur, Rue de la Psalette, Rue Saint-Yves* und *Rue des Dames.* Besonders schöne Exemplare dieser Architektur finden Sie auch an der *Place du Champ Jacquet,* wo das bretonische Parlament seinen Sitz hat. Gotische und Renaissancehäuser begrenzen die *Place Sainte-Anne*

Französisches Stonehenge? Depot von Obelix? Die Menhire von Carnac geben immer noch Rätsel auf

Wie eine Fata Morgana erhebt sich der Klosterberg Mont-Saint-Michel aus dem Wattenmeer

und die sehr lebendige *Rue Saint-Georges,* in der sich Cafés und Restaurants drängeln. Auf der *Place des Lices* brodelt samstagmorgens der zweitgrößte Wochenmarkt Frankreichs.

ESSEN & TRINKEN

AOZEÑ

Im neuen Lieblingslokal der Einheimischen stehen die Ducasse-Schüler Caroline und Pierre Legrand am Herd – 2015 gab es für ihre raffiniert-bodenständige Küche den ersten Michelinstern. *12, Rue de l'Arsenal | Tel. 02 99 65 64 21 | www.aozen-restaurant.com | So/Mo geschl. |* €€€

ÜBERNACHTEN

HÔTEL DE NEMOURS

Große Zimmer in einem hübschen Stadthaus. *29 Zi. | 5, Rue de Nemours | Tel. 02 99 78 26 26 | www.hotelnemours.com |* €–€€

ZIELE IN DER UMGEBUNG

CÔTE D'ÉMERAUDE ★

(182 C3–4) (*🕮 E–F4*)

Die Smaragdküste ist bekannt für ihre Austern, historische Städte, ruhige Badeorte und schöne Strände. *Dinard* gut 70 km nordwestlich von Rennes ist der Star unter ihnen. Das einstige Fischerdörfchen entwickelte sich zum Luxusort (10 000 Ew.) mit prächtigen Villen und Parkanlagen. Einen Ausflug lohnt auch das knapp 40 km weiter westwärts gelegene *Cap Fréhel:* Auf der Halbinsel steht ein eckiger, knapp 33 m hoher Leuchtturm, wichtige Orientierungshilfe für Schiffe an dieser sturmumtosten Küste.

DINAN (182 C4) (*🕮 F4*)

Gut 50 km nordwestlich von Rennes liegt dieses mittelalterliche Städtchen (14 000 Ew.), das mit einem Architekturensemble aus dem 15. bis 17. Jh. am Flussbogen der Rance aufwarten kann. Vor allem rund um die *Place des Merciers* und die *Rue de*

Jerzual finden sich schöne Häuser. Unbedingt probieren sollten Sie die regionale Spezialität INSIDER TIPP *gavotte:* knusprige Biskuits, ummantelt von Schokolade. Die bekommen Sie zum Beispiel bei *Loc Maria (Route de Dinard | www.locmaria.fr).*

MONT-SAINT-MICHEL ★

(183 D4) (*🕮 F4*)

Der Klosterfelsen 70 km nördlich von Rennes auf einer Granitinsel mitten im Wattenmeer am südwestlichen Ende der Normandie fasziniert seine Besucher seit Jahrhunderten. Die Schönheit der Architektur und der Natur sowie die geheimnisvollen Gründungsgeschichten rund um das Erscheinen des Erzengels Michael machen Dorf und Kloster zu einer Kultstätte – mit 3 Mio. Touristen jährlich ist es die meistbesuchte Sehenswürdigkeit Frankreichs außerhalb von Paris. Kommen Sie in der Hauptsaison daher frühmorgens vor dem größten Ansturm! Seit 2015 ist der Klosterberg wieder eine Insel – wer nicht über die neue Brücke wandert, kommt mit Shuttlebus oder Pferdetram hin.

Die Wurzeln des Klosters, das allabendlich mit Lichtern in Szene gesetzt wird, gehen auf das Jahr 966 zurück; die Gässchen und die *Grande Rue,* die zur Abtei hinaufführt, stammen jedoch aus dem 15./16. Jh. und sind gesäumt von Andenkenläden und Restaurants. Das Kloster selbst besteht aus Garten, Kirche, Kreuzgang, Refektorium und Gästesälen. *www.mont-saint-michel.monuments-nationaux.fr | Mai–Aug. tgl. 9–19, Sept.–April 9.30–18 Uhr*

SAINT-MALO (182 C3–4) (*🕮 F4*)

Nach den Kriegszerstörungen 1944 wurde die Hafen- (Fähren auf die Kanalinseln Jersey und Guernsey) und Festungsstadt (51 000 Ew.) 70 km nördlich von Rennes nahezu komplett wieder aufgebaut. Einen Überblick über das Ensemble der ehemaligen Korsarenfestung bekommen Sie beim Spaziergang auf der gut erhaltenen Wehrmauer. Über die Geschichte der Stadt und ihre Piratenver-

LOW BUDG€T

Der *Nantes City Pass* gewährt freie Fahrt im Nahverkehr und Gratiseintritte bei mehreren Topattraktionen. Er ist erhältlich für 24, 48 oder 72 Stunden und kostet 25/35/45 Euro. *nantes-tourisme.com/en/visit/nantes-pass*

Autofrei in zehn Minuten von Saint-Malo nach Dinard an der Côte d'Émeraude: Nur 7,60 Euro kostet das Fährticket für Hin- und Rückfahrt. *www.compagnie-corsaire.com*

gangenheit informiert das *Musée d'Histoire (Esplanade Félicité Lamennais | tgl. 10–12, April–Sept. bis 12.30, und 14–18 Uhr)* im Kastell. Wunderschöne Zimmer in einer herrschaftlichen Villa finden Sie im *Le Valmarin (12 Zi. | 7, Rue Jean XXIII | Tel. 02 99 81 94 76 | www.levalmarin.com | €€–€€€).*

LA ROCHELLE

(186 B1) (*G7*) **Die Hafenstadt (80 000 Ew.) mit ihren schönen Arkaden, Museen, Parks und Stränden tut alles, um den Anschluss an die Moderne nicht zu verpassen.**

Die Universitätsstadt hat sich früh darum bemüht, ein Wissenschaftszentrum zu werden und Hightechfirmen anzusiedeln. Das einstige Hugenottenzentrum La Rochelle, bedeutender Fischereihafen, verfügt über eine große Marina. Auch umweltpolitisch hat die Stadt Modellcharakter: Neben einem Leihradsystem hält sie auch Stationen mit Elektroautos bereit.

SEHENSWERTES

ALTSTADT

Wichtigstes Gebäude der Altstadt ist der Renaissancepalast des *Hôtel de Ville.* Fünf Stadttore und der Uhrturm *Grosse Horloge* markieren die Grenzen des alten Stadtkerns. Die *Rue des Merciers* ist eine von Arkaden gesäumte Einkaufsstraße.

MUSÉE DU NOUVEAU MONDE

Das Museum nimmt Sie mit auf eine historische Reise in die ehemaligen Kolonialgebiete. Es informiert anschaulich über das Leben auf den Zuckerinseln, die Sklaverei und den Handel zwischen Alter und Neuer Welt. *10, Rue Fleuriau | www.alienor.org | Juli–Sept. Mo und Mi–Sa 10–13 und 13.45–18, So 14–18, Okt.–Juni Mo und Mi–Fr 9.30–12.30 und 13.45–17, Sa/So 14–18 Uhr*

VIEUX PORT

Drei Türme begrenzen den Alten Hafen: Die *Tour de la Chaîne* verdankt ihren Namen einer Eisenkette, die bis zur *Tour Saint-Nicolas* gespannt wurde, um abends den Hafen zu schließen. Saint-Nicolas diente lange als Gefängnis und beherbergt heute ein kleines Museum über den Hafen. Von der *Tour de la Lanterne* haben Sie einen schönen Panoramablick.

ESSEN & TRINKEN

L'ENTRACTE

Zeitgenössisches Ambiente trifft auf traditionelle Küche, bei der die Kochfamilie Coutanceau den Löffel schwingt. *35, Rue Saint-Jean-du-Pérot | Tel. 05 46 52 26 69 | www.lentracte.net | tgl. | €€*

ÜBERNACHTEN

LA TOUR DE NESLE

Ein einfaches Hotel mit schönem Blick über den Hafen und die drei Türme. *28 Zi. | 2, Quai Louis Durand | Tel. 05 46 41 05 86 | www.hotel-la-tour-de-nesle.com | €–€€*

ZIELE IN DER UMGEBUNG

ÎLE D'OLÉRON (186 B1–2) (*F8*)

Mit über 30 km Länge ist die Atlantikinsel nach Korsika Frankreichs zweitgrößte Insel (22 000 Ew.). Dank einer Brücke nach Marennes 60 km südlich von La Rochelle ist sie heute mit dem Festland verbunden und einfach zu erreichen. Die Ferieninsel mit ihren langen weißen Sandstränden und weißen Sommerhäuschen ist auch für ihren Wald, ihre Mimosen und Austern bekannt. Übernachten und essen können Sie z. B. im Badeort *Saint-Trojan-les-Bains* mit Blick aufs Meer im *Le Homard Bleu (20 Zi. | 10, Blvd. Félix Faure | Tel. 05 46 76 00 22 | www.lehomardbleu.com | €€).*

ÎLE DE RÉ (186 A–B1) *(F7)*

Die mondäne Insel (18 000 Ew.) 10 km westlich von La Rochelle ist über einen Viadukt zu erreichen (Maut für PKW, kostenlos für Fußgänger und Radfahrer). Wie ihre große Schwester Oléron ist Ré ein Ferienparadies mit langen Stränden, Dünen und kleinen Dörfern. Der schicke, malerische Hauptort der Insel ist *Saint-Martin-de-Ré.* Dort liegt das traumhafte Designergästehaus INSIDER TIPP *La Maison Douce (11 Zi. | 25, Rue Mérindot | Tel. 05 46 09 20 20 | www.lamaisondouce.com | €€€).*

INSIDER TIPP MUSÉE DES ARTS DU COGNAC (186 B2) *(G8)*

Das Museum in der knapp 110 km südöstlich gelegenen Stadt *Cognac* informiert über Handwerkstechniken, Destillationsverfahren, Lagerung, Glasindustrie rund um den „Likör der Götter". *Les Remparts | Place de la Salle Verte | www.musees-cognac.fr | Sept.–Juni Di–So 14–18, Juli/Aug. tgl. 10–12 und 14–18 Uhr*

POITIERS (186 C1) *(H7)*

Die Universitätsstadt (84 000 Ew.) liegt 140 km nordöstlich von La Rochelle auf einem Felsplateau. Sie lohnt den Besuch wegen der seltenen Häufung romanischer Kirchen, allen voran *Notre-Dame-la-Grande* mit einer Fassade aus Flachreliefs, die *Kathedrale Saint-Pierre* und vor allem das Baptisterium *Saint-Jean* aus dem 5. Jh., eines der frühesten Architekturzeugnisse des Christentums in Frankreich. Nicht minder interessant ist auch die Kirche *Saint-Hilaire le Grand* in der gleichnamigen Straße. Die Pilgerstätte auf dem Jakobsweg enthält zahlreiche Säulen und Mosaikarbeiten im Chor. Kreative französische Küche bekommen Sie wenige Hundert Meter von der Kirche Notre-Dame entfernt im *La Table du Jardin (42, Rue du Moulin à Vent | Tel. 05 49 41 68 46 | So/Mo geschl. | €€).*
43 km weiter östlich versteckt die Abtei INSIDER TIPP *Saint-Savin-sur-Gartempe (www.abbaye-saint-savin.fr | Juli/Aug.*

Stockrosen prägen das Straßenbild auf Ré, hier vor der Maison Douce in Saint-Martin

tgl. 10–19, Sept.–Juni Mo–Sa 10–12 und 14–18, So 14–18, Winter bis 17 Uhr) hinter ihren Türen außergewöhnliche Fresken, die biblische Szenen zeigen. Die Malereien stammen aus der Zeit zwischen 1080 und 1110 und beeindrucken durch ihren Detailreichtum.

DER SÜDWESTEN

Der Südwesten Frankreichs vom atlantischen Aquitanien bis zum Hochgebirge der Pyrenäen ist ein buntes Allerlei an Mentalitäten, Spezialitäten und Lebensweisen.

An der äußersten Spitze liegt das Baskenland, das durch die Grenze zu Spanien zwar politisch geteilt sein mag, aber in den Köpfen seiner Bewohner als Einheit weiterlebt. Die angrenzende Bergkette der Pyrenäen mit ihren schroffen Landschaften ist beliebt bei Wanderern, Naturfreunden – und bei Gläubigen, die in Scharen nach Lourdes pilgern auf der Suche nach Heilung. Die atlantische Côte d'Argent nördlich von Bayonne bis zur Girondemündung ist ein Ferienparadies für Familien und Wassersportler: Sandstrände auf 230 km und eine Riesenauswahl an Campingplätzen, auch für FKK-Freunde. Die Silberküste trägt den Beinamen „französisches Kalifornien", nicht zuletzt wegen des Erholungswerts von Sonne, Wind, jod- und salzhaltiger Seeluft.

Und das ländliche, an Kulturschätzen reiche Hinterland erst! Die waldreiche Gascogne; das bevölkerungsarme, jedoch seit mehr als 30 000 Jahren besiedelte Périgord, das ganz Frankreich mit Erdbeeren, Trüffeln, Kastanien, Entenleberpastete beliefert; der hügelige und immergrüne Gers, Wiege des Armagnac – Sie sind inmitten der „Douce France" mit herzhaften Speisen, herrlichen Landschaften und herzlichen Menschen. Cityleben südlicher Prägung finden Sie an den beiden konkurrierenden Polen des Südwestens, die ihre wirtschaftlich-wis-

Bild: Biarritz

Inniger Glaube, herzhaftes Essen, starke Charaktere und windige Küsten – Frankreichs Kulturmix kurz vor Spanien

senschaftlichen Energien klugerweise im Aerospace Valley auf Weltniveau bündelten: im kontinental-heißen, backsteinroten Toulouse und im kulturstolzen, feucht-atlantischen Bordeaux.

ARCACHON

(186 B3) (*🗺 F9*) **Hier riecht es nach Sommer und Badefreuden.**
Arcachon (10 000 Ew.) ist schon seit dem 19. Jh. ein beliebtes Wochenendziel der Bordelaiser mit einem Mix aus altem Schick und Moderne und mit seinen Stränden und Freizeitmöglichkeiten ein viel besuchter Badeort.
Vom Bassin d'Arcachon aus erstreckt sich der *Parc Naturel Régional des Landes de Gascogne* auf 290 000 km^2 ins südöstliche Landesinnere. 60 000 Menschen leben in diesem Waldgebiet, das im 19. Jh. zur Befestigung des sandigen und sumpfigen Bodens geschaffen wurde und vielen vom Aussterben bedrohten Arten einen geschützten Lebensraum bietet.

Ruheoase in Bayonnes lebendiger Altstadt: der gotische Kreuzgang in der Kathedrale

SEHENSWERTES

BASSIN D'ARCACHON

Bei Flut bedeckt das Wasser, das von sanften Sanddünen und sehr viel Pinienwald umgeben ist, eine Fläche von über 150 km². Die Meereinbuchtung enthält Brackwasser, denn der Fluss Eyre speist das Bassin mit Süßwasser. Diese Mischung eignet sich ideal für die Austernzucht, die hier mit 8000 bis 10 000 t pro Jahr zu den größten in ganz Europa gehört.

VILLE D'ÉTÉ UND VILLE D'HIVER

In der *Sommerstadt* am Meer gibt man sich mondän mit einem Kasino, einigen Fischrestaurants und großen Terrassen. Von der *Jetée de Thiers* haben Sie einen schönen Blick auf das Bassin und die Strandpromenade. In der *Winterstadt* reihen sich – geschützt vor dem kalten Winterwind – verschnörkelte Belle-Époque-Villen aneinander.

ESSEN & TRINKEN

LE PAVILLON D'ARGUIN

Hafenatmosphäre, freundlicher Service und viel Fisch. *63, Blvd. du Général Leclerc | Tel. 05 56 83 46 96 | in der Nebensaison Mo geschl. |* €€

ÜBERNACHTEN

CAMPING CLUB ARCACHON

Ruhiger, schattiger Platz mit Pool, Volleyball- und Bouleplätzen 1 km von Strand und Zentrum. Auch Chalets und Mobilhomes. *5, Allée de la Galaxie | Tel. 05 56 83 24 15 | www.camping-arcachon.com |* €

ZIELE IN DER UMGEBUNG

DUNE DU PILAT ★

(186 B3) (*F9*)

Die gut 10 km südlich zwischen Pinienwald und Ozean gelegene höchste Düne

Europas ist etwa 2,7 km lang, 500 m breit und 107 m hoch. Sie verändert je nach Wind und Wellen ihre Form und wandert jährlich rund 4 m. Ihr Alter schätzt man auf 8000 Jahre. Erleben Sie von hier aus den Sonnenuntergang! Auf der Seeseite steigt die Düne flach an, auf der Landseite umso steiler – von April bis November mit Treppe.

VOGELSCHUTZPARK LE TEICH

(186 B3) (*🕮 F9*)

280 Wildvogelarten nisten oder rasten in der INSIDER TIPP *Réserve Ornithologique du Teich* 14 km östlich von Arcachon im Feuchtgebiet des Mündungsdeltas des Flusses Lère. *Maison de la Nature du Bassin d'Arcachon | Le Teich | www.reserve-ornithologique-du-teich.com | Kernzeit tgl. 10–18, Juli/Aug. bis 20 Uhr*

BAYONNE

(186 A5) (*🕮 F11*) **Feinschmecker schätzen den Schinken Jambon de Bayonne, die dunkle Schokolade und das reine Salz aus den Salinen der baskischen Stadt (45 000 Ew.).**

SEHENSWERTES

ALTSTADT

Im Herzen der Stadt fließen die Flüsse Nive und Adour zusammen. Innerhalb der dicken Festungsmauern, erbaut unter König Ludwig XIV. als Schutz gegen die Spanier, reihen sich die Sehenswürdigkeiten: die Kathedrale *Sainte-Marie* mit gotischem Kreuzgang, das Schloss (11. Jh.) und die *Rue Port Neuf*, in der die *chocolatiers* und Konditoren residieren.

MUSÉE BASQUE ET DE L'HISTOIRE DE BAYONNE

Das Museum besitzt eine sehr interessante ethnografische Sammlung, die Auskunft über die baskische Kultur gibt. *37, Quai des Corsaires | www.musee-basque.com | April–Juni und Sept. Di–So 10–18.30, Juli/Aug. Fr–Mi 10–18.30, Do 10–20.30, Okt.–März Di–So 10.30–18 Uhr*

MARCO POLO HIGHLIGHTS

★ **Dune du Pilat**
Hier liegt die Sahara direkt am Meer → S. 98

★ **Bordeaux**
Eine der majestätischsten Städte Frankreichs putzt sich heraus → S. 104

★ **Dordognetal**
Stadt, Land, Fluss in perfekter Harmonie → S. 112

★ **Lourdes**
Selbst Ungläubige schlägt die weltberühmte Pilgerstätte in Bann → S. 107

★ **Rocamadour**
Ein Ort wie eine Filmkulisse → S. 113

★ **Kathedrale Sainte-Cécile in Albi**
Die größte Backsteinkirche Europas → S. 119

★ **Cirque de Gavarnie**
Naturdenkmal der Unesco → S. 109

★ **Toulouse**
Lebenslust und klassische Musik in der *Ville rose* → S. 115

★ **Grande Plage in Biarritz**
Nirgendwo im Südwesten Frankreichs ist Baden mondäner → S. 102

PETIT BAYONNE

Am rechten Ufer der Nive gibt es viele Restaurants und einige sehenswerte Häuser am *Quai Galuperie* und *Quai des Corsaires.* Das Viertel Petit Bayonne ist eine Bastion der baskischen Nationalisten, wie unschwer an den Graffiti zu erkennen ist. Hier befindet sich auch das INSIDER TIPP älteste französische Ballspielhaus *Trinquet Saint-André,* in dem der baskische Nationalsport Pelota ausgetragen wird. Pelota ist eine Variante des ebenfalls noch praktizierten antiken Ballspiels *jeu de paume,* eines mit bloßen Händen gespielten Vorläufers des Squashs.

Scharfe Schoten: Espelette steht ganz im Zeichen des *piment*

ESSEN & TRINKEN

L'EMBARCADÈRE

Bayonner Schinken, Sepia, Schweinebauch, kreativ zubereitet und präsentiert, sind Klassiker dieses Schlemmertempels am Ufer der Nive. *15, Quai Amiral Jaureguiberry | Tel. 05 59 25 60 13 | So-Abend und Mo geschl. |* €€

ÜBERNACHTEN

HÔTEL DES ARCEAUX

Absolut zentral in der Altstadt gelegenes, hübsches Haus. *6 Zi. | 26, Rue Port Neuf | Tel. 05 59 59 15 53 | www.hotel-arceaux.com |* €

ZIELE IN DER UMGEBUNG

AINHOA (186 A5) (*F11*)

Das Dorf am Jakobsweg liegt etwa 30 km südlich von Bayonne im Herzen des Baskenlands nahe der spanischen Grenze und darf sich mit dem Label der „schönsten Dörfer Frankreichs" schmücken. Ainhoa hat mehrere ansprechende Hotels, das schickste ist das *Ithurria (28 Zi. | Place du Fronton | Tel. 05 59 29 92 11 | www.ithurria.com | €€–€€€).*

LA BASTIDE-CLAIRENCE
(186 B5) (*🕮 F11*)

In dem kleinen, knapp 30 km östlich von Bayonne gelegenen Dorf scheint die Zeit stehen geblieben zu sein. Wie ein Postkartenmotiv zeigt sich der 1312 von Ludwig X. von Navarra gegründete Ort mit seinen Handwerkerateliers.

CAMBO-LES-BAINS (186 A5) (*🕮 F11*)

Das Heilbad (4500 Ew.) gut 20 km südöstlich von Bayonne am Ufer der Nive ist für sein mildes Klima bekannt, das den Ort schon im 16. Jh. zu einem wichtigen Kurort für Lungenkrankheiten werden ließ. Heute gehört Cambo mit seinen Sanatorien zu den ersten und auch innovativsten Adressen in der Thermalheilkunde. Die Art-déco-Thermen sind liebevoll renoviert worden und die Stadt ist voller Gärten, darunter der Park der prachtvoll eingerichteten INSIDER TIPP *Villa Arnaga (2, Route du Docteur Camino | www.arnaga.com | Juli/Aug. tgl. 10–19, Mitte März–Juni und Sept./Okt. 9.30–12.30 und 14–18 Uhr)*, die Edmond Rostand, Autor des „Cyrano de Bergerac", 1906 bauen ließ. Übernachten können Sie im verwunschenen Fachwerkhaus *Rosa Enia (5 Zi., 12 Appartements | Av. du Professeur Grancher | Tel. 05 59 93 67 20 | €).*

DAX (186 B4) (*🕮 G10*)

Geschützt vom Meerwind durch einen dichten Wald und gesegnet mit vielen Thermalquellen, zieht Dax (20 000 Ew.) seit dem 17. Jh. Kururlauber an. Dax ist die älteste Thermalstadt Frankreichs und empfängt noch heute mit ihren rund 15 Bädern mehr als 50 000 Kurgäste pro Jahr. Die schon von den Römern geschätzte *Fontaine Chaude* ergießt Wasser mit einer Temperatur von 62 Grad in das große, von Arkaden gesäumte Bassin. Persönliches Ambiente vermittelt das zentral gelegene Gästehaus *Alaube-Amalige (4 Zi. | 4, Blvd. de Poyusan | Tel. 05 24 26 48 19 | €).*

ESPELETTE (186 A5) (*🕮 F11*)

Gut 20 km südlich von Bayonne liegt *Espelette* (1900 Ew.), dessen Name zum Synonym eines Gewürzes wurde. Der rote INSIDER TIPP *piment d'Espelette,* der im Baskenland oft den Pfeffer ersetzt, wird aus großen, roten Chilischoten gewonnen, die ab September vor fast jedem Haus als Girlanden zum Trocknen hängen. Ende Oktober wird die Ernte mit einem großen gastronomischen Fest gefeiert.

HOSSEGOR & CAPBRETON
(186 A4–5) (*🕮 F10*)

Die beiden zusammengewachsenen Badestädte *Hossegor* (7000 Ew.) und *Capbreton* (3400 Ew.) gut 25 km nördlich von Bayonne sind dank ihrer breiten Sandstrände, des bewegten Wellengangs und der immer frischen Brise ein Paradies für Wellenreiter, die sich hier zu wichtigen Wettbewerben wie dem Weltcup treffen. Nichtsurfer schätzen die schöne Landschaft mit einem See direkt neben dem Meer und das belebte, auch architektonisch gelungene Zentrum von Hossegor. Ein elegantes und freundliches Hotel mit kleinem Pool ist das *Hôtel La Paloma (18 Zi. | 156, Av. de la Côte d'Argent | Tel. 05 58 43 46 00 | www.hotel-hossegor-lapaloma.com | €–€€).*

BIARRITZ

(186 A5) (*🕮 F11*) **Seiner filmreifen Meerkulisse an der Côte Basque verdankt Biarritz (30 000 Ew.) den Aufstieg von einem einst armen Hafenstädtchen zum mondänen Seebad.**

Mitte des 19. Jhs. traf sich hier der europäische Hochadel und hinterließ architektonische Spuren in Form zahlreicher Villen mit Meerblick. Die berühmtesten sind das *Château Javalquinto,* heute Sitz der Tourismuszentrale, und die Villa der Kaiserin Eugénie, Gattin Napoleons III., in der heute das *Hôtel du Palais* untergebracht ist. Auf der Esplanade rund um den Marienfelsen, den *Rocher de la Vierge,* an dem sich spektakulär die Wellen brechen, trifft sich der Jetset.

Die meisten Besucher kommen jedoch zum Surfen. Der starke Wellengang, schnell wechselnde Wetterverhältnisse, weiße Sandbuchten und zahlreiche Thalassoangebote haben die „Königin der Strände", wie man Biarritz früher nannte, wiederbelebt. Im Sommer verfünffacht sich die Bevölkerung und ein Festival folgt dem anderen.

LOW BUDG€T

Kostenlose Orgelkonzerte finden im Hochsommer immer mittwochs und sonntags in der Kathedrale von *Albi* statt.

Der *Bordeaux Métropole City Pass* gewährt freie Fahrt mit den öffentlichen Verkehrsmitteln und kostenlosen Eintritt in zahlreiche Museen und Sehenswürdigkeiten. Es gibt ihn für 24, 48 oder 72 Stunden *(24/31/38 Euro).* Sie bekommen ihn u. a. in der Tourismuszentrale, im Bahnhof und in Hotels.

An jedem ersten Sonntag im Monat ist in *Toulouse* ein ● Besuch der Museen kostenlos. Und der Erwerb des *Pass Tourisme (15 Euro für 24, 22 Euro für 48 und 29 Euro für 72 Stunden)* im Tourismusbüro im Rathaus gewährt freie Fahrt in öffentlichen Verkehrsmitteln, zahlreiche Ermäßigungen in Museen und Sehenswürdigkeiten, bei Touren, Events und beim Shopping.

SEHENSWERTES

ASIATICA MUSÉE D'ART ASIATIQUE

Das Haus präsentiert eine für Sammler unverzichtbare Schau über orientalische Kulturen mit dem Schwerpunkt Indien, Tibet und China. *1, Rue Guy Petit | www.museeasiatica.com | Kernzeit tgl. 14–18, Juli/Aug. Mo–Fr 10.30–18.30 Uhr*

BIARRITZ AQUARIUM

Das Aquarium gehört zu den Musts in Biarritz: Auf vier Ebenen erfahren Sie alles über 150 Fischarten, die im Golfe de Gascogne leben. Herzergreifend: Seehundfütterung mit Panoramablick von der obersten Ebene. *Plateau Atalaye | beim Rocher de la Vierge | www.aquariumbiarritz.com | Kernzeit tgl. 9.30–19, Juli/Aug. bis 24 Uhr, Nov.–März Mo, Jan. teilweise ganz geschl.*

ESSEN & TRINKEN

LE CLOS BASQUE

Ein einfaches, aber gut gelegenes Restaurant mit angeschlossenem Garten. Béatrice Viateaus Kochkünste sind *magiques. 12, Rue Louis Barthou | Tel. 05 59 24 24 96 | Mo geschl. |* €€

STRÄNDE

Die ★ *Grande Plage,* direkt unter dem Kasino gelegen und mit bunten Umkleidekabinen ausgestattet, ist der mondänste der sechs Biarritzer Strände. Die *Plage de la Côte des Basques* südlich des Zentrums ist heute fest in Händen der Surfer.

Ein Platz an der Sonne: Die Grande Plage in Biarritz verheißt Glücksmomente

ÜBERNACHTEN

LE SAINT-CHARLES

Reizendes Hotel mit großem Garten etwas außerhalb des Zentrums. *13 Zi. | 47, Av. Reine Victoria | Tel. 05 59 24 10 54 | www.hotelstcharles.com | €–€€*

ZIELE IN DER UMGEBUNG

HENDAYE (186 A5) (🗺 F11)

Die Grenzstadt (13 000 Ew.) 30 km südwestlich kurz vor Spanien ist ein Badeort mit weitem Strand und sanftem Wellengang, der vor allem Familien mit Kindern anlockt. Dank der strategischen Lage wurde hier oft Geschichte geschrieben: In Hendaye wurde 1659 der Vertrag der Pyrenäen unterzeichnet, die Heirat zwischen Ludwig XIV. und Infantin Maria-Theresia besiegelt und Adolf Hitler kam hier mit General Franco 1940 zu einem geheimen Treffen zusammen. Für eine Thalassokur bietet sich das schick renovierte Hotel *Serge Blanco (90 Zi. | 125, Blvd. de la Mer | Tel. 05 59 51 35 35 | www.thalassoblanco.com | €€€)* an.

LA RHUNE ☀ (186 A5) (🗺 F11)

Der 25 km südlich von Biarritz gelegene Ort *Ascain* ist Ausgangsstation für viele Wanderungen auf diesen heiligen Berg des Baskenlands (900 m). Vom ☀ Gipfel haben Sie einen herrlichen Blick auf das Meer, die umliegenden Wälder und die Pyrenäen. Vom Pass *Col de Saint-Ignace* zwischen Ascain und Sare tuckert die nostalgische Zahnradbahn *Le Train de la Rhune (www.rhune.com | März–Okt. Kernzeit tgl. 9.30–12 und 14–16, Mitte Juli–Aug. 8.20–17.30 Uhr)* mit einem gemütlichen Tempo von 8 km/h in 30 Minuten bis zur Bergspitze hinauf.

SAINT-JEAN-DE-LUZ (186 A5) (🗺 F11)

Zwei Charakteristika machen den Charme dieser touristisch stark frequentierten baskischen Stadt (13 000 Ew.) knapp 20 km südlich von Biarritz aus: der Fischerhafen und die historische Altstadt rund um die belebte *Place Louis XIV.* Der Name des Sonnenkönigs ist in Saint-Jean-de-Luz sehr präsent, denn er ehelichte 1660 hier die spanische Infantin Maria-Theresia in der – wegen ihrer dreigeschossigen Galerie sehr sehenswerten – Kirche *Saint-Jean-Baptiste.* An der eleganten Meeresfront reihen sich Hotels, ein Kasino und jede Menge Appartementhäuser aneinander.

von Biarritz und 7 km vor der spanischen Grenze ist eine Pilgerstation auf dem Jakobsweg und lohnt einen Abstecher. Von der *Zitadelle* aus haben Sie einen schönen Blick auf die Pyrenäen. Wenn man Glück hat, erlebt man im Hochsommer eines der Dorffeste mit baskischer Folklore. Gut essen können Sie in der Fußgängerzone im Restaurant *Iratze Ostatua (11, Rue de la Citadelle | Tel. 05 59 49 17 09 | Di geschl. | €€)* mit großem Garten, das regionale Produkte und heimischen Wein auftischt.

Bordeaux hat seinen Fluss wiederentdeckt: In den Quais an der Garonne wogt abends das Leben

Für ein baskisches Abendessen sollten Sie im *Petit Grill Basque Chez Maya (2, Rue Saint-Jacques | Tel. 05 59 26 80 76 | Do-Mittag und Mi geschl. | €)* einkehren. In einer kleinen Seitenstraße finden Sie ein hübsches baskisches Haus mit Garten, das *Hôtel Ohartzia (17 Zi. | 28, Rue Garat | Tel. 05 59 26 00 06 | www.hotel-ohartzia.com | €€).*

SAINT-JEAN-PIED-DE-PORT

(186 B5) *(F11)*
Die Kleinstadt an der Nive „zu Füßen des Passes", so der Name, 55 km südöstlich

BORDEAUX

(186 B3) *(G9)* ★ **Die Hauptstadt (235 000 Ew.) der neuen Großregion Nouvelle-Aquitaine liegt rund 60 km vom Meer entfernt an der Garonne.**
Bordeaux genießt den Ruf, die Hochburg der Bourgeoisie zu sein. Adel und Bürgertum machen ihr Geld seit jeher mit Wein

und Handel. Der Weinmetropole sieht man diesen Reichtum an: Die Opulenz des 18. Jhs. hat hier im großen Stil Spuren hinterlassen. Doch es gibt auch ein Bordeaux mit kleinen mittelalterlichen Gässchen und neu zum Leben erweckten Quais an der Garonne. Mit Toulouse schloss Bordeaux sich zum „Aerospace Valley" zusammen, um die Wirtschaftskraft der französischen Luftfahrtindustrie

mit 130 000 Mitarbeitern in 1600 Unternehmen zu bündeln.

Seit 2010 setzt Bordeaux auf 162 ha in den Stadtvierteln Bacalan und Chartrons eines der größten Stadtentwicklungsprojekte Europas um: die Verwandlung der einstigen U-Boot-Basis Bassins à Flot in ein urbanes, nachhaltiges Viertel zum Wohnen, Arbeiten und Ausgehen. 2025 soll es fertig sein, doch schon heute locken Ausstellungen, Konzerte, Tanz und Theater. Zu den „Grand Projets" von Bordeaux 2030 gehören auch das neue Stadion und das futuristische Weinmuseum

CITY WOHIN ZUERST?

Ein guter Ausgangspunkt für die Stadterkundung ist die **Esplanade des Quinconces.** Von hier erreichen Sie die meisten Sehenswürdigkeiten zu Fuß und in ihrer Nähe finden Sie Parkhäuser. Die moderne Tram ohne Oberleitung bedient alle zentralen Punkte und an 167 Stationen vermietet *VCub (www.vcub.fr)* Fahrräder. Eine Alternative zum Pflastertreten bieten auch die Fahrradtaxis *(www.cycloville.com),* da die Innenstadt von Bordeaux sehr weitläufig ist.

La Cité du Vin (134, Quai de Bacalan | www.laciteduvin.com | Juni–Aug. tgl. 9.30–19.30, Sept.–Mai s. Website, Kernzeit Di–So 10–18 Uhr). 2018 sollen das *Musée de la Marine,* der neue *Parc aux Angéliques* am gegenüberliegenden Ufer der Garonne, der Neubau des *Naturkundemuseums* sowie der neue Hauptbahnhof *Gare St-Jean* folgen. Zudem wird die Gironde für den Flusstourismus ausgebaut – schon heute kommen jährlich rund 2,5 Mio. Kreuzfahrtgäste nach Bordeaux.

SEHENSWERTES

ALTSTADT

Im Bezirk *Le Vieux Bordeaux* zwischen den beiden eher volkstümlichen Vierteln Chartrons und Saint-Michel stehen rund 5000 (!) denkmalgeschützte klassizistische Häuser, häufig mit hellen Sandsteinfassaden, was Bordeaux den Beinamen *Ville Blanche* verschaffte.

CAPC MUSÉE D'ART CONTEMPORAIN

Das Museum für zeitgenössische Kunst zeigt Meisterwerke des späten 20. Jhs.

7, Rue Ferrère | www.capc-bordeaux.fr | Di–So 11–18 (Mi bis 20) Uhr

ESPLANADE DES QUINCONCES

Der hälftig mit Bäumen bepflanzte größte Platz Frankreichs mit 126 000 m² Fläche ist Gedenkort für zwei der wichtigsten Bürger der Stadt, den Philosophen Michel de Montaigne und den Staatstheoretiker Baron de Montesquieu, an die zwei Statuen erinnern.

GRAND THÉÂTRE

Der neoklassizistische Bau des Pariser Architekten Victor Louis zählt zu den schönsten Opernhäusern der Welt. Zwölf korinthische Säulen und neun Musenstatuen bilden das Portal. *Place de la Comédie | Tel. www.opera-bordeaux.com | Besichtigungen Mi und Sa, Zeiten und Reservierung über die Website*

PLACE DE LA BOURSE

Der 1730–1755 erbaute Börsenplatz spiegelt sich im weltgrößten *miroir d'eau,* einem 3450 m² großen, 2cm hohen Wasserspiegel auf einer Granitplatte. Die Drei Grazien auf dem Brunnen zwischen Palais de la Bourse und Zollmuseum verkörpern symbolisch die Eleganz dieses architektonischen Ensembles.

SAINT-ANDRÉ

Die Kathedrale von Bordeaux gehört zum Unesco-Welterbe. Im 11. Jh. erbaut, wurde sie zwischen dem 13. und 15. Jh. erweitert. Vor allem das *Portail Royal* mit seinem reichen Figurenschmuck (Apostel, Auferstehung und Jüngstes Gericht) ist berühmt.

ESSEN & TRINKEN

LA BOÎTE À HUÎTRES

Das nette, schräg gegenüber der Oper gelegene Restaurant ist auf Austern spezialisiert. Im Sommer können Sie die auch auf der Terrasse genießen. *36, Cours du Chapeau Rouge | Tel. 05 56 81 64 97 | Mo-Abend geschl. |* €€

EINKAUFEN

Unbedingt probieren sollten Sie die *canelés,* Minigugelhupfe mit leicht karamellisierter Kruste: außen knackig, innen weich, mit Vanille und Rum aromatisiert. Erhältlich sind diese Köstlichkeiten u. a. bei *Baillardran (Galerie des Grands-Hommes | www.baillardran.com).*

AM ABEND

Besonders beliebt bei der jungen Bordelaiser Szene sind die Bars und Clubs am *Quai Armand-Lalande.* Auch an der *Place de la Victoire* gibt es eine große Auswahl

an Lokalen mit Livemusik. Informationen über Resttickets, kulturelle Events etc. bekommen Sie am *Kiosque Bordeaux Culture (Allées de Tourny)*. Fragen Sie auch nach dem „Bordeaux Magazine" und nach „Sortir à Bordeaux".

ÜBERNACHTEN

HÔTEL DE L'OPÉRA

In einem prachtvollen Gebäude untergebrachtes Hotel mit einfachen Zimmern nahe der Oper. *28 Zi. | 35, Rue Esprit des Lois | Tel. 05 56 81 41 27 | www.hotel-bordeaux-centre.com* | €

ZIEL IN DER UMGEBUNG

SAINT-ÉMILION (186 C3) (*⊞ G–H9*)

Der Rotwein aus diesen Lagen ist weltberühmt. Gelegen auf zwei Kalksteinhügeln, umgeben von Weinbergen bester Lagen, zieht der viel besuchte Ort (2000 Ew.) aber nicht nur Weinfreunde an. Die unterirdische, aus einem einzigen Stein gehauene Monolithkirche aus dem 11. Jh. ist eine der größten Europas. Weinproben bietet die *Maison du Vin de Saint-Émilion (Place Pierre-Meyrat | Tel. 05 57 55 50 55 | www.maisonduvinsaintemilion.com)* an.

LOURDES

(186 C5) (*⊞ G11*) **Nach Rom, so sagt man in Frankreich, ist ★ Lourdes (16 000 Ew.) die zweitwichtigste Pilgerstätte der Katholiken.**

5,5 Mio. Gläubige, davon 70 000 Kranke, kommen pro Jahr nach Lourdes. Zu Ostern und Allerheiligen ist der Ansturm der

Eingebettet in ein Rebenmeer: Das pittoreske Weinstädtchen Saint-Émilion ist ein Besuchermagnet

Ein Kracher: Wanderung zum Pyrenäenspektakel des kolossalen Felsenkessels Cirque de Gavarnie

Gläubigen besonders groß. Am 11. Februar 1858 erblickte die 14-jährige Bernadette Soubirous beim Holzsammeln die Jungfrau Maria in der Grotte des Felsens Massabielle. Insgesamt 18-mal erscheint *la belle dame* der kleinen Bernadette. Aber auch Wanderer kommen gern nach Lourdes: Dank der Lage am nördlichen Ausläufer der Pyrenäen eignet sich die Stadt als Ausgangsort für Wanderungen ins Gebirge.

SEHENSWERTES

GROTTE

Für die Grotte mit heilbringender Quelle und Bädern, die Krypta, die über der Grotte gelegene obere *Basilique de l'Immaculée Conception* und die unterirdische *Basilika Saint-Pie-X* ist der Eintritt frei. Details, Geländeplan und Öffnungszeiten unter *www.lourdes-france.org.*

MUSÉE DE CIRE LOURDES

In dem Wachsfigurenkabinett wurde das Leben der Bernadette Soubirous nachgestellt. *87, Rue de la Grotte | www.musee-de-cire-lourdes.com | Palmsonntag–Mitte Okt. tgl. 9.30–11.45 (Mi und So 10–11.45) und 13.45–18 Uhr*

NOTRE-DAME DU ROSAIRE

Die Rosenkranzbasilika im romanisch-byzantinischen Stil ist eine der meistbesichtigten Stätten. Sie ist vor allem berühmt für ihre Mosaiken auf einer Fläche von 2000 m^2.

ESSEN & TRINKEN

LE MAGRET

Rustikales Ambiente mit altem Kachelboden. Die Küche serviert regionale Gerichte. *10, Rue des 4 Frères Soulas | Tel. 05 62 94 20 55 | www.lemagret.com | Di-Abend und Mi geschl.* | €–€€

ÜBERNACHTEN

INSIDER TIPP DOMAINE DE MERETE

Merete und Jean-Jacques Lechat empfangen ihre Gäste in fünf poppig gestalteten *chambres d'hôtes* und einem Drei-Zimmer-Mobilhome. Auf Wunsch gibt es Abendessen in internationaler Gesellschaft. Herzliches Ambiente. *28, Av. Jean Prat | Tel. 05 62 94 64 61 | www.domaine-de-merete.com | €€*

ZIELE IN DER UMGEBUNG

BIGORRE (186 C5) (*G–H11*)

Im Herzen der Pyrenäen liegt diese wilde Region aus Tälern und Bergen, durchdrungen von Gebirgsbächen, Bergseen und traumhafter Wald- und Wiesenlandschaft. Touristisches Highlight ist der 2877 m hohe *Pic du Midi de Bigorre* mit Observatorium und Panoramablick auf die Pyrenäen. Wer nicht laufen will, kann die Seilbahn an der Station *La Mongie* nehmen. Märchenhaft sind die *nuits au sommet (www.picdumidi.com/nuits-au-sommet | 299 Euro)* – Übernachtungen auf dem Gipfel mit Sternenschau und Schlemmerdinner.

CIRQUE DE GAVARNIE ★ (186 C6) (*G12*)

Victor Hugo nannte den heute von der Unesco als Naturdenkmal geschützten Felsenkessel im Parc National des Pyrénées 50 km südlich von Lourdes ein „Kolosseum der Natur". Der Cirque mit einem Durchmesser von 800 m ist umgeben von Dreitausendern und Schauplatz eines der steilsten Wasserfälle Europas (423 m) – neben ca. 15 weiteren plätschernden Bächen.

Das Naturschauspiel ist nur für Fußgänger mit gutem Schuhwerk zugänglich. Vom Parkplatz in *Gavarnie (www.gavarnie.com)* auf 1375 m geht es bergauf. Auch zwei- bis dreistündige Touren auf Esel, Pony oder Pferd sind möglich. Preisgünstig und mit Blick auf den Cirque wohnen Sie im *Hôtel Le Compostelle (14 Zi. | Tel. 05 62 92 49 43 | www.compostellehotel.com | €)* mitten im Ort neben der Kirche.

PAU (186 B5) (*G11*)

40 km nordwestlich von Lourdes liegt die zweitgrößte Stadt (80 000 Ew.) Aquitaniens. Die Pyrenäenberge im Hintergrund verleihen der eleganten Stadt ein Panorama, das man sehr schön vom *Boulevard des Pyrénées* aus bewundern kann. Hier befindet sich auch die *Place Royale,* die sich als Startpunkt für einen Rundgang durch die Altstadt und das alte Handwerkerviertel *Hédas* eignet. Nicht weit entfernt liegt das *Château (chateau-pau.fr | Mitte Sept.–Mitte Juni tgl. 9.30–11.45 und 14–17, Mitte Juni–Mitte Sept. 9.30–12.30 und 13.30–18.45 Uhr)* hoch über dem Fluss Gave de Pau, die Geburtsstätte von Henri IV. Es stammt aus dem 14. Jh., hat aber seinen Festungscharakter im Zug ständiger An- und Umbauten verloren. Höhepunkte der üppig dekorierten Appartements sind die Gobelinsammlung und das Schlafzimmer von Kaiserin Eugénie. In einem alten Herrenhaus in der Innenstadt residiert das *Hôtel Montpensier (22 Zi. | 36, Rue Montpensier | Tel. 05 59 27 42 72 | www.hotel-montpensier-pau.com | €–€€).*

SAINT-BERTRAND-DE-COMMINGES (186 C5) (*H11*)

Der Welt entrückt, liegt das kleine Dorf, Etappenort am Pyrenäenzweig des Jakobswegs, gut 80 km östlich von Lourdes in einer wunderschönen Berglandschaft. Mit alten Gemäuern und kleinen Gassen voller Kunsthandwerksbetriebe ist Saint-Bertrand-de-Comminges eines der schönsten Dörfer Frankreichs. Die mit 14 Strebepfeilern gestützte, wuchtige Kathedrale *Sainte-Marie* aus dem 12. Jh. zieht zahlreiche Touristen und Pilger an. Ihr Kreuzgang und die Holzarbeiten am Chor sind bemerkenswert.

VALLÉE D'OSSAU

(186 B5–6) (*🕮 G11–12*)
Das teilweise zum Nationalpark der Pyrenäen zählende Tal rund 60 km südwestlich von Lourdes ist mit seinen spiegelklaren Seen, Wasserfällen, Gebirgsbächen und Berggipfeln ein Paradies für Wanderer. 15 km weiter östlich befindet sich auf 1400 m das Wintersportgebiet *Gourette* bei Eaux-Bonnes, ein auf Rheumabehandlungen spezialisiertes Thermalbad, dessen „gute Wasser" seit dem 16. Jh. gerühmt werden.

PÉRIGUEUX

(186 C2–3) (*🕮 H9*) **Périgueux (30 000 Ew.), das Zentrum der wegen der Kreideböden und Kalkfelsen Périgord blanc genannten Region, wurde schon in galloromanischer Zeit gegründet. Davon zeugen bis heute die Reste der *Tour de Vésone* mit 30 m Durchmesser und der *Arena*.**

SEHENSWERTES

ALTSTADT

Ein Spaziergang durch die an Renaissancefassaden reiche Altstadt beginnt beim *Fremdenverkehrsamt (26, Place de Francheville | www.tourisme-perigueux.fr)*. Nach einem Panoramablick von der *Tour Mataguerre* führt der Weg durch das alte Handwerkerviertel *Saint-Front* und durch die *Rue des Farges* bis zur Kathedrale *Saint-Front*, die zum Unesco-Welterbe zählt. Ihren Ursprung hat die Kirche im 6. Jh. Sie wurde immer weiter ausgebaut und hat heute fünf Kuppeln. Einen wunderbaren Blick auf das mächtige Kirchenensemble bietet die *Place de la Clautre*.

ESSEN & TRINKEN

LE CLOS SAINT-FRONT

Neben der reichen Architektur ist Périgueux vor allem für seine Esskultur bekannt. Empfehlenswert ist z. B. dieses Restaurant mit herzhafter Küche und kleinem Garten. *5–7, Rue de la Vertu | Tel. 05 53 46 78 58 | www.leclossaintfront.com | So-Abend und Mo geschl. | €€*

ÜBERNACHTEN

BRISTOL

Eine zentral gelegene Übernachtungsmöglichkeit bietet dieses Hotel. *29 Zi. | 37–39, Rue Antoine Gadaud | Tel. 05 53 08 75 90 | www.bristolfrance.com | €*

HAUSBOOTURLAUB

Gemütlich auf den Flüssen und Kanälen entlangzutuckern hat sich in den vergangenen Jahren zu einer angesagten Urlaubsform entwickelt. Die beliebtesten Ziele sind in Burgund der *Canal du Nivernais*, im Süden der *Canal du Midi*, im Osten der *Canal du Rhône au Rhin*, im Südwesten der Fluss *Lot* (Informationen und Anbieter unter *www.lot-navigation.com*) und in der Mitte die Nebenflüsse der Loire. Für die meisten Boote brauchen Sie keinen Bootsführerschein. Eine Buchung im Voraus wird empfohlen. Eine gute Übersicht geben die Websites *www.hausboot-frankreich.com* und *www.locaboat.com*.

Schloss Monbazillac gehört heute der Winzergenossenschaft, die den berühmten Süßwein keltert

ZIELE IN DER UMGEBUNG

BERGERAC (186 C3) (🕮 H9)

Im Tal der Dordogne liegt knapp 50 km südlich von Périgueux das 30 000-Ew.-Städtchen, einst eine protestantische Hochburg, in der 1577 ein Friedensschluss den sechsten von neun Hugenottenkriegen beendete. Bergerac ist ein kleines, feines Weinbaugebiet, dessen tiefroter Rebensaft der Gegend den Namen gab. Und Kenner schwärmen von dem goldenen, likörsüßen Monbazillac, klassischer Begleiter der regionalen Spezialität *foie gras* (Enten- oder Gänsestopfleber). Im 7 km südlich gelegenen *Château de Monbazillac (www.chateau-monbazillac.com | Juni–Sept. tgl. 10–19, April/Mai und Okt. 10–12 und 14–18, Nov./Dez. und Feb./März 10–12 und 14–17 Uhr)* gehört zu einer Führung auch eine Verkostung. Einblicke in 3000 Jahre Geschichte, Kunst und Utensilien des Rauchens gibt das INSIDER TIPP *Musée du Tabac (Maison Peyrarède | Place du Feu | Juni–Sept. tgl. 10–13 und 14–18, Okt.–März Di–Fr 10–12 und 14–18, Sa 10–12, April/Mai Di–Sa 10–12 und 14–18, So 14.30–18.30 Uhr)*. Authentische Küche in rustikalem Rahmen in der Altstadt serviert das *L'Imparfait (8–10, Rue des Fontaines | Tel. 05 53 57 47 92 | www.imparfait.com | tgl. | €€)*. Ein günstiges Haus in zentraler Lage mit Parkplätzen und Pool ist das *Hôtel de Bordeaux (40 Zi. | 38, Place Gambetta | Tel. 05 53 57 12 83 | www.hotel-bordeaux-bergerac.com | €)*.

CHÂTEAU DE HAUTEFORT (187 D2) (🕮 J9)

Das imposante Schloss rund 40 km östlich von Périgueux, auf den Grundmauern einer Burg aus dem 9. Jh. errichtet, dominiert weithin die Landschaft. Im Juli und August gibt es mittwochs um 21 Uhr sogenannte *nocturnes:* theatralisch inszenierte Schlossführungen mit längst verstorbenen Markgrafen von Hautefort.

www.chateau-hautefort.com | Juni–Aug. tgl. 9.30–19, Sept. 10–18, April/Mai 10–12.30 und 14–18.30, Okt. 14–18, März und 1. Nov.-Hälfte Sa/So 14–18 Uhr

DORDOGNETAL ★

(186–187 C–D3) (*🗺 H–J9*)

Einer der malerischsten Abschnitte des 490 km langen Flusses, der in der Auvergne entspringt und in die Gironde mündet, liegt im östlichen Périgord zwischen den Orten *Beaulieu-sur-Dordogne* und Souillac südöstlich von Périgueux. Von Beaulieu mit den Überresten einer Benediktinerabtei windet sich der Fluss in weichen Bögen über *Carennac* und an der mittelalterlichen Festung *Floirac* vorbei bis zur Flussschleife *Cirque de Montvalent.* In stärkeren Windungen geht es zur Vogtei von *Creysse,* dann unter der Brücke von *Meyronne* hindurch und bis zur Grotte von *Lacave.* Kurz vor dem pittoresken *Souillac* ist rechts das *Château de la Treyne* zu sehen. Übernachten können Sie 4 km westlich von Souillac im Landsitz *Le Manoir (10 Zi. und Studios | La Forge | Tel. 05 65 32 77 66 | www.lemanoir.net | €).*

30 km weiter flussabwärts liegt das wegen seiner Lage auf einem Felsen mit Blick auf die Dordogne gern auch „Akropolis des Périgord" genannte *Domme* (1000 Ew.). Es ist vor allem wegen seiner trapezförmigen *Bastide* bekannt. 1283 von Philippe dem Kühnen gegründet, sollte die gut 50 km nördlich von Cahors gelegene Festung vor allem das Dordognetal überwachen.

Vom Wehrdorf Domme öffnen sich Ihnen Panoramablicke aufs Dordognetal – oder vom Ballon

Weitere 10 km flussabwärts befindet sich auf einem Felsvorsprung oberhalb des Dordognetals die ungewöhnlichste Parklandschaft des Périgord: die INSIDER TIPP *Jardins de Marqueyssac* *(www.marqueyssac.com | Juli/Aug. tgl. 9–20, April–Juni und Sept. 10–19, Feb./März und Okt.–Mitte Nov. 10–18, Mitte Nov.–Jan. 14–17 Uhr)*, die „hängenden Gärten" des Château de Marqueyssac mit 150 000 Buchsbäumen und Alleen auf 6 km Länge. Im sich anschließenden *Beynac-et-Cazenac* können Sie eine der *gabarres* besteigen, Boote, die gemächlich die Dordogne entlanggleiten *(www.gabarre-beynac.com | April und Okt. stdl. 11–17, Mai–Sept. halbstdl. 10–18 Uhr)*. Ein Naturschauspiel ist die 10 km lange Flussschleife INSIDER TIPP *Cingle de Trémolat* noch einmal 35 km weiter flussabwärts.

GROTTEN VON LASCAUX
(187 D3) (*🕮 J9*)

Die berühmten Grotten von Lascaux befinden sich etwa 50 km südöstlich von Périgueux. Das 17 000 Jahre alte, eindrucksvolle Zeugnis menschlicher Kunst wurde 1940 von spielenden Kindern entdeckt. Doch der spektakuläre Fund war dem Massenansturm nicht gewachsen. 1963 musste die Grotte geschlossen werden, weil die Felsenmalereien zu stark gelitten hatten. Inzwischen bedroht auch Schimmel das Kulturerbe. Die Höhle ist daher heute eingebettet in das 2016 eröffnete *Centre International de l'Art Pariétal Montignac–Lascaux (www.projetlascaux.com | Öffnungszeiten bei Redaktionsschluss noch nicht festgesetzt)*, das die Höhle und ihre Schätze über digitale und interaktive Stationen erlebbar macht. Die Meisterwerke der rund 1500 Zeichnungen sind auch hier in der originalgetreuen Höhlenreplik zu sehen, z. B. die fünf schwarzen Stiere aus der Rotunde, deren viertes Tier 5,50 m misst und damit die längste Figur der Altsteinzeit ist. Ein Höhlenkino zur Arbeit der Archäologen seit dem 19. Jh. und eine Ausstellung zu urzeitlichen Höhlenmalereien weltweit ergänzen den 60-Mio.-Euro-Neubau.

LES EYZIES-DE-TAYAC (187 D3) (*🕮 J9*)

Knapp 50 km südöstlich von Périgueux liegt über dem Tal der Vézère der neben Lascaux wichtigste archäologische Fundort Frankreichs: Hier fand man 1868 die fossilen Überreste des Cro-Magnon-Menschen. Dieser Fund gilt als eine der ersten Entdeckungen von Knochen des Homo sapiens. Außergewöhnlich interessant sind die prähistorischen Schutzhöhlen von *Laugerie-Basse,* in den Felsen geschlagene Wohnbuchten, und die Grotten von *Grand Roc* und *Font-de-Gaume.* Gut informiert werden Sie im *Musée National de Préhistoire (1, Rue du Musée | musee-prehistoire-eyzies.fr | Juli/Aug. tgl. 9.30–18.30, Juni und Sept. Mi–Mo 9.30–18, Okt.–Mai 9.30–12.30 und 14–17.30 Uhr).*

INSIDER TIPP PECH-MERLE
(187 D3) (*🕮 J9*)

Die 1922 entdeckte Grotte mit prähistorischen Wandmalereien gut 80 km südöstlich von Périgueux ist weniger bekannt als die berühmte Grotte von Lascaux. Der rund 1 km lange Parcours führt vorbei an der Kapelle der Mammuts, einem 3 m hohen und 7 m langen, schwarzen Fries, und der Galerie der Bären, einer Decke mit Hieroglyphen und prähistorischen Fußabdrücken. *www.pechmerle.com | April–Okt. tgl. 9.30–12 und 13.30–18 Uhr, Nov.–März nur an ausgewählten Daten*

ROCAMADOUR ★ (187 D3) (*🕮 J9*)

Eine spektakuläre Lage, ein wundersamer Heiliger und eine schwarze Madonna machten das Dorf bekannt. In dem kleinen Wallfahrtsort im Périgord knapp 120 km südöstlich von Périgueux, der an einem schroffen Felsen zu kleben scheint, drängelten sich im Mittelalter oft bis zu 30 000 Pilger. Darunter waren auch Könige, die sich von Saint-Amadour, einem mysteriösen Mann, dessen unverwester Leichnam bei Grabungen gefunden worden war, und von der schwarzen Jungfrau Notre-Dame de Rocamadour Linderung ihrer Leiden erhofften. Im Glaubenskrieg wurde die Kirche zerstört, nur Marienfigur und Kirchenglocke blieben erhalten. Im 19. Jh. versuchten die Bischöfe von Cahors mit Erfolg, den Ort wiederzubeleben. Heute ist er wieder eine beliebte Pilgerstätte. Eine idyllisch im Grünen gelegene Unterkunft finden Sie auf dem Landsitz *Domaine de la Rhue (14 Zi. | Tel. 05 65 33 71 50 | www.domainedelarhue.com | €€)* 6 km nördlich.

SAINTE-ALVÈRE (186 C3) (*🕮 H9*)

Im Winter lohnt sich ein Abstecher in das 35 km südlich gelegene Dorf, um den legendären *Trüffelmarkt (www.sainte-alvere.com | Dez.–Feb. Mo vormittags)* zu besuchen, auf dem die „schwarzen Diamanten" gehandelt werden.

SARLAT-LA-CANÉDA (187 D3) (*🕮 J9*)

Im Zentrum des *Périgord Noir,* so benannt nach den in Gourmetkreisen hoch gehandelten schwarzen Trüffeln, aber auch wegen der dunklen Wälder aus Eichen, Kastanien und Walnussbäumen, verzaubert diese in 1000 Jahren entstandene architektonische Märchenstadt knapp 70 km südöstlich von Périgueux. Sarlat (10 000 Ew.) verdankt seine bestens erhaltene historische Substanz vermutlich den Sümpfen ringsum, aus denen allerdings Mücken Krankheitserreger mitbrachten, denen man erst Mitte des 20. Jhs. effektiv begegnen konnte. An vielen Häusern lassen sich die Epochengeschmäcker direkt ablesen: Das Erdgeschoss ist aus dem Mittelalter, danach kommt eine Etage Gotik, dann ein Stockwerk Renaissance. Starten Sie Ihre Besichtigung an der *Place du Peyrou* mit der Kathedrale *Saint-Sacerdos.* An der *Place de la Liberté* findet mittwochs und samstags ein viel beachteter Markt statt. Stilecht und zentral übernachten Sie im *Hôtel des Récollets (18 Zi. | 4, Rue Jean-Jacques Rousseau | Tel. 05 53 31 36 00 | www.hotel-recollets-sarlat.com | €).*

Die INSIDER TIPP *Gärten von Eyrignac (Les Jardins du Manoir d'Eyrignac)* 14 km nordöstlich sind ausnahmsweise nicht historischen Ursprungs, sondern stammen aus dem 20. Jh. 1960 entschloss sich der aristokratische Besitzer, aus dem Wildwuchs seines Gutshauses einen französischen Vorzeigegarten zu schaffen. Sein Sohn führt die Arbeit seines Vaters fort und hat

An milden Sommerabenden wird das märchenhafte Sarlat zu einem einzigen Freiluftrestaurant

den Garten inzwischen auch für Besucher geöffnet, die heute zwischen Apfelbaumalleen und Eibenzylindern spazieren gehen und über die weißen Rosensträucher staunen. *www.eyrignac.com | April tgl. 10–19, Mai–Sept. 9.30–19, Okt. 10 Uhr–Einbruch der Dunkelheit, Nov.–März 10.30–12.30 und 14.30 Uhr–Einbruch der Dunkelheit*

VERGT (186 C3) (*H9*)
Aus dem Dorf gut 20 km südlich von Périgueux kommen Erdbeeren, wie Sie unschwer an den kilometerlangen Feldern, die mit Plastikhauben bedeckt sind, erkennen werden. Die Erdbeeren aus Vergt gelten als die süßesten Frankreichs. Die *Fraise du Périgord* darf das geschützte Herkunftszeichen IGP führen. Der *Erdbeermarkt* findet von Mitte April bis Mitte November statt.

TOULOUSE

(187 D5) (*J11*) ★ **Toulouse wird von vielen unterschätzt, die am Mittelmeer (150 km) oder am Atlantik (250 km entfernt) „hängenbleiben".**

Die 440 000-Ew.-Stadt (darunter 90 000 Studierende) hat sich mit Bordeaux zum wichtigsten Luft- und Raumfahrtzentrum in Europa entwickelt. Airbus Toulouse ist der größte Arbeitgeber in der *ville rose* mit ihren roten Ziegelsteinhäusern. Die Stadt an der Garonne zu Füßen der Pyrenäen profitiert kulinarisch von den Nachbarn Languedoc und Gascogne. Das trockene Klima ist im Sommer heiß, im Winter mild; manchmal pfeift jedoch aus Südost der gefürchtete *vent d'autan.*
Kelten besiedelten die Gegend vor 2000 Jahren, Römer und Westgoten folgten.

WOHIN ZUERST?
Setzen Sie sich an der *Place du Capitole* in den **Petit Train Toulousain** *(www.petittraintoulouse.com | April–Sept. tgl., 2. März-Hälfte und Okt.–Mitte Nov. Mi, Sa und So 10.30, 11.15, 14, 14.45, 15.30, 16.15 und 17 Uhr)*, mieten Sie sich an einer der 253 Stationen ein Stadtrad *(www.velo.toulouse.fr)* oder unternehmen Sie eine (auch auf Deutsch) kommentierte Fahrt im *taxi touristique* – z. B. mit **Toulouse Taxi** *(Tel. 05 61 20 90 00)* neben dem Capitole. Gute Parkmöglichkeiten finden Sie ein paar Hundert Meter entfernt an der Place Victor Hugo. Die nächstgelegene Metrostation ist Capitole.

Während der 600-jährigen Herrschaft der *Capitouls* stieg Toulouse zu einer der reichsten mittelalterlichen Städte Frankreichs auf – nicht zuletzt dank des Färberwaids, welches den Tuchfärbern seinerzeit das begehrte Blau lieferte. Heute wartet Toulouse nicht nur mit architektonischen, historischen und künstlerischen Schätzen auf, sondern auch mit einer hochmodernen Verkehrsinfrastruktur. Die *toulousains* sind lebenslustig, das Ambiente ist südlich geprägt, nicht zuletzt aufgrund der ca. 60 000 Italiener, Spanier und Algerier, die im 20. Jh. hierher emigrierten.

SEHENSWERTES

LES ABATTOIRS
Die Verwandlung des monumentalen neoklassizistischen Schlachthofs von 1827 in ein Kulturzentrum für zeitgenössische Kunst ist ein architektonisches Wunderwerk. Mit vielseitigem Ausstellungsprogramm, Mediathek, Buchhandlung und Caférestaurant. *76, Allées Charles-de-Fitte | www.lesabattoirs.org | Mi und Fr–So 10–18, Do (außer Schulferien) 10–20 Uhr*

CAPITOLE UND ALTSTADT
Das Rathaus hat seinen Namen aus dem „Capitoulat", das im Mittelalter den reichen Kaufleuten den Zugang zum Adel ermöglichte. Jedoch stammt das 128 m lange Gebäude mit seinen ionischen Säulen selbst aus dem 18. Jh. Von der belebten *Place du Capitole* zweigt die mit Boutiquen gesäumte Fußgängerzone *Rue Saint-Rome* ab, die in die *Rue des Changes* übergeht. Entlang der Straßen stehen bemerkenswerte Häuserfassaden aus dem Mittelalter und der Renaissance. An der *Place Esquirol* führt rechts die *Rue de Metz* zum *Pont Neuf.*

COUVENT DES JACOBINS
Prosper Mérimée rettete den in den Religionskriegen stark zerstörten Jakobinerkonvent (um 1230) vor dem Verfall und sorgte dafür, dass er mit seinem „Palmengewölbe" in 28 m Höhe und dem idyllischen Kreuzgang heute als Perle der Toulouser Gotik gilt. *Rue Lakanal | www.jacobins.toulouse.fr | Di–So 10–18 Uhr*

HÔTEL D'ASSÉZAT
Ohne Zweifel ist dieses Stadtpalais das vornehmste und prächtigste der Stadt. Erbaut von 1555 bis 1557 im Renaissancestil, beherbergt es heute u. a. die epochenübergreifende Kunstsammlung der *Fondation Bemberg. Place d'Assézat | www.fondation-bemberg.fr | Di–So 10–12.30 und 13.30–18 (Do bis 20.30) Uhr*

SAINT-SERNIN
Die Basilika am gleichnamigen Platz gehört zu den schönsten und reichsten romanischen Kirchen Südfrankreichs. Ihre Reliquien wurden bereits von Karl dem

Großen angeschafft. Ihr achteckiger, fünfstöckiger Turm überragt die Stadt.

ESSEN & TRINKEN

INSIDERTIPP MARCHÉ VICTOR HUGO
Ein Lieblingsort der Einheimischen: Sie schlendern im ersten Stock der Markthalle durch eine offene Zeile kleiner Restaurants und vergleichen die Angebote. Es kommen überwiegend saisonale Tagesgerichte auf den Tisch, z. B. hausgemachte *foie gras* oder *cassoulet. Mo und abends geschl.* | €

MICHEL SARRAN
Keiner inszeniert so kreativ und köstlich die Küche des Südwestens wie der Zweisternekoch Michel Sarran. *21, Blvd. Armand Duportal | Tel. 05 61 12 32 32 | Sa/So und Mi-Mittag geschl.* | €€€

BRASSERIE DE L'OPÉRA
Der Ort zum Sehen und Gesehenwerden in Toulouse. In der eleganten Brasserie können Sie stilvoll sitzen und essen. *1, Place du Capitole | Tel. 05 61 21 37 03 | www.brasserieopera.com | tgl.* | €€

EINKAUFEN

Das Veilchen ist das Emblem der Stadt. Einst importiert von einem französischen Soldaten, wurde aus der Blume später ein Exportartikel: Im 20. Jh. versandte Toulouse jedes Jahr um die 600 000 Sträuße in die Welt. In der *Maison de la Violette (2, Blvd. de Bonrepos | Canal du Midi | www.lamaisondelaviolette.com)*, einem zu einem Geschäft umgebauten Hausboot, können Sie alles rund ums Veilchen kaufen. Das Parfum selbst gibt es bei INSIDERTIPP *Violettes et Pastels (10, Rue Saint-Pantaléon | www.violettesetpastels.fr).*

Salon der Stadt: die Place du Capitole mit Rathaus, Oper – und jeder Menge einladender Lokale

AM ABEND

Toulouse verfügt über eine lebhafte Kulturszene mit 40 Kinosälen und 16 *salles de spectacles,* die zumeist von kleinen

Chor in der Kathedrale von Albi: Wunderwerk der Schnitzkunst

Theater-, Tanz- und Showtruppen betrieben werden, teils als *café-théâtre*. Aushängeschilder sind das *Théâtre National de Toulouse (1, Rue Pierre Baudis | www.tnt-cite.com)* und die Oper *Théâtre du Capitole (www.theatre-du-capitole.org)*.

HALLE AUX GRAINS

Michel Plasson, früherer Musikdirektor des Orchestre National du Capitole, entdeckte 1974 die phänomenale Akustik der alten Getreidehalle. *Place Dominique Martin Dupuy | onct.toulouse.fr*

LE PURPLE

Bar und Nachtclub mit schönem Dekor und viel Elektromusik. *2, Rue Castellane | purepurple.fr*

ÜBERNACHTEN

INSIDER TIPP HÔTEL LES BAINS-DOUCHES

Stylishes Designhotel im historischen Zentrum der Stadt mit puristisch gestalteten Zimmern und allem Komfort. *22 Zi. | 4 und 4bis, Rue du Pont Guilheméry | Tel. 05 62 72 52 52 | www.hotel-bainsdouches.com* | €€€

HÔTEL BEAUSÉJOUR

Das einfache und saubere Hotel liegt im historischen Zentrum. *10 Zi. | 4, Rue Caffarelli | Tel. 05 61 62 77 59 | www.hotelbeausejourtoulouse.com* | €

ZIELE IN DER UMGEBUNG

ABBAYE SAINT-PIERRE IN MOISSAC

(187 D4) (*🕮 H–J10*)

Die Abtei von Moissac gut 70 km nördlich von Toulouse gilt als eine der schönsten im Südwesten Frankreichs. Das Haupttor von 1130 ist ein Meisterwerk der Romanik und zeigt in den Reliefs über dem Türsturz Szenen aus der Apokalypse. Ein weiterer Höhepunkt ist der Kreuzgang, dessen Leichtigkeit der Arkaden bemerkenswert ist. *tourisme.moissac.fr | Juli/Aug. tgl. 9–19, Sept. 9–18, April–Juni und*

Okt. 9–12 und 14–18, Nov.–März 14–17, Mo–Fr auch 9–12 Uhr

ALBI (187 E4) *(🕮 J10)*
Roter Backstein, begrünte Terrassen und im Tal das smaragdgrüne Band des Tarn: Albi (50 000 Ew.) 80 km nordöstlich von Toulouse gehört zum Weltkulturerbe. Die Geburtsstadt von Henri de Toulouse-Lautrec hat ihren Ursprung in der Römerzeit. Ein Highlight ist die Kathedrale ★ *Sainte-Cécile:* Zwei Jahrhunderte dauerte der Bau der festungsartigen größten Backsteinkirche Europas. Sehenswert im Innern sind besonders der reich beschnitzte INSIDER TIPP Chor und das Gemälde „Das Jüngste Gericht".
Vom Platz vor der Kathedrale startet ein Rundgang durch das alte Albi, der auch am Geburtshaus von Toulouse-Lautrec *(Hôtel du Bosc)* vorbeiführt. Mehr über den Maler erfahren Sie im *Musée Toulouse-Lautrec (Palais de la Berbie | www.museetoulouselautrec.net | Okt.–März Mi–Mo 10–12 und 14–17/17.30/18, April–Juni tgl. 9/10–12 und 14–18, Juli–Sept. 9–18 Uhr),* das mehr als 1000 Werke zeigt.

AUCH (186 C5) *(🕮 H11)*
Die 80 km westlich von Toulouse gelegene Hauptstadt (25 000 Ew.) des Départements Gers lädt mit ihren mittelalterlichen (Treppen-)Gassen, den *pousterles,* zum Flanieren ein. Wichtigste Sehenswürdigkeit ist die Kathedrale *Sainte-Marie* mit wunderschönen Kirchenfenstern und dem Chorgestühl aus massiver Eiche. Frankreichs Nr.-1-Region für *foie gras* mit verstreuten Schlösschen am Jakobsweg liegt mit ihren heißen Sommern in der Sonnenstatistik Frankreichs ganz vorn.

CAHORS (187 D3–4) *(🕮 J10)*
Spektakulär in einer riesigen Flussschleife gelegen, bildet die in galloromanischer Zeit besiedelte Stadt (20 000 Ew.) 115 km nördlich von Toulouse eine Art Halbinsel. Über das Ufer des Lot führen mehrere Brücken. Die bekannteste ist der *Pont Valentré,* der mit seinen 40 m hohen Türmen dem Befestigungsbaustil des Mittelalters entspringt.
Dass Cahors im 13. Jh. seine Blütezeit erlebte, merkt man auch in der Altstadt. Fachwerk- und Ziegelsteinhäuser wie die *Maison de Roaldès (247, Quai Champollion)* prägen das Stadtbild. Die Kathedrale *Saint-Étienne* ist ein imposanter Kuppelbau mit schönem Nordportal und Kreuzgang. Übernachten können Sie günstig 15 km außerhalb im romantischen Gästehaus mit Pool *Le Clos des Dryades (5 Zi. und 3 Bungalows | Le Bois Noir | Tel. 05 65 31 44 50 | www.closdesdryades.com | €)* in *Vers.*

CONQUES (187 E3) *(🕮 K9)*
Seine atemraubende Lage kennzeichnet diesen kleinen Ort 185 km nordöstlich von Toulouse am Zusammenfluss von Dourdou und Ouche, der sich an die steil abfallenden Hänge einer Schlucht schmiegt. Die romanische Abteikirche, eine der Pilgerstationen auf dem Jakobsweg, bildet das Herz des besonders schönen Dorfs, in dem Ruhe und wilde Natur eine Einheit bilden. Übernachtungsmöglichkeiten finden Sie z. B. im geschmackvoll renovierten *Hôtel Sainte-Foy (17 Zi. | Tel. 05 65 69 84 03 | www.hotelsaintefoy.fr | €€–€€€).*

CORDES-SUR-CIEL (187 D4) *(🕮 J10)*
Weithin sichtbar thront die älteste Bastide der Region (1000 Ew.) 85 km nordöstlich von Toulouse auf einem Felsdorn über dem Cérou. Ihre große Anzahl gotischer Bürgerhäuser aus dem 14. Jh. ist beeindruckend. Die schönsten sind die *Maison du Grand Fauconnier* und die *Maison du Grand Veneur.*

DER SÜDOSTEN

Hohe Berge, tiefe Schluchten, ewiges Eis und brennende Hitze, schneeweiße Gipfel und azurblaues Meer – der Südosten Frankreichs vereint wie keine andere Ecke des Landes Gegensätze.

Das Rhônetal und die Alpen, die Provence und die Côte-d'Azur, das Languedoc und das schon katalanisch angehauchte Roussillon sind vom Wetter verwöhnte und von der Natur reich beschenkte Gegenden mit traumhaften Landschaften. An der Côte d'Azur tummeln sich Badeorte und Spitzenrestaurants, die Küste mit Kieselstränden im Osten und weißen Sandstränden und Inseln im Westen gilt als schickes Erholungsparadies.

Idyllisch ist das Hinterland mit seinem Farbenspiel aus lilafarbenen Lavendelfeldern, grünen Olivenhainen und weiten Rosenfeldern der Parfümstadt Grasse. Im scharfen Kontrast dazu thront im Nordosten der Mont-Blanc (4809 m) als höchster Berg der Alpen.

Vom Berg ins Tal fließt ein bisschen weiter nördlich die Rhône, die in Lyon mit der Saône zusammentrifft und sich dann gen Süden vorarbeitet, vorbei an Avignon und Arles, bis sie in der Camargue ins Mittelmeer mündet. Östlich der Rhône liegt die zarthügelige Landschaft der Provence mit den Bergdörfern des Luberon, den Städten Aix-en-Provence und Marseille und den drei legendären Bergen Mont Ventoux, Montagne Sainte-Victoire und Massif de la Sainte-Baume.

Westlich des Stroms locken die Ardèche, die Cevennen und die Küstenregion des

 Bild: Lavendelfelder in der Provence

Von den Alpen bis zum Mittelmeer, von den Cevennen ins Languedoc – eine Fahrt durch Frankreichs beliebteste Ferienregionen

Languedoc-Roussillon, die sich bis zur spanischen Grenze erstreckt. Wer den Südosten erkunden will, hat die Wahl zwischen römischen Tempeln und Arenen in Nîmes und Arles, Katharerburgen im Roussillon und mittelalterlichen Festungen in Carcassonne, zwischen Jetset in Saint-Tropez und Familien- und Campingurlaub an den langen Sandstränden der Küste des Languedoc. Ausführliche Informationen finden Sie in den MARCO POLO Reiseführern „Côte d'Azur", „Nizza", „Provence" und „Languedoc-Roussillon".

ANNECY

(189 E2) (*🗺 N8*) **Ohne den von Gebirgswasser gespeisten, zweitgrößten Alpensee Frankreichs wäre Annecy (50 000 Ew.) nur halb so schön.**
Annecy eignet sich als Zwischenstopp für Touren in die Alpen, wobei der See den Wassersportlern und die von Kanälen durchzogene Altstadt mit ihrem riesigen sonntäglichen Schlemmermarkt Abwechslung bieten.

ESSEN & TRINKEN

YOANN CONTE

Sehr exklusives Zweisternerestaurant in Veyrier-du-Lac 6 km von Annecy am östlichen Seeufer. Conte übernahm von Starkoch Marc Veyrat dessen Credo einer „alltäglichen Küche der einfachen Genüsse". *13, Vieille Route des Pensières | Tel. 04 50 09 97 49 | www.yoann-conte.com | Mo/Di geschl. |* €€€

Frankreich mal aufs Dach steigen: Bergsteiger an der Aiguille du Midi

ÜBERNACHTEN

HÔTEL DU NORD

Hier wohnen Sie zentral und nicht weit vom See. *30 Zi. | 24, Rue Sommeiller | Tel. 04 50 45 08 78 | www.annecy-hotel-du-nord.com |* €

ZIELE IN DER UMGEBUNG

CHAMONIX-MONT-BLANC

(189 E2) *(08)*

Der renommierte Skiort (9500 Ew.) knapp 100 km östlich von Annecy kann auf eine lange Skitradition bis ins 18. Jh. zurückblicken. Hier fanden 1924 die Olympischen Winterspiele statt. Im Gegensatz zu anderen, oft eher hässlichen französischen Skiorten aus Beton hat sich Chamonix den Charme eines Alpendorfs bewahrt. Die Lage ist spektakulär: Das Tal ist umrahmt von hoch aufragenden Gebirgszügen; im Süden thront der mit 4809 m höchste Berg Europas, der ★ *Mont Blanc.*

Rund 125 km² Gletscher gibt es rund um Chamonix, die Pisten sind anspruchsvoll und ein Dorado für Freestyler. Wanderer erfreuen sich im Sommer an den Zielen *Mer de Glace,* einem 7 km langen Eisstrom, und *Aiguille du Midi,* von deren Spitze auf 3842 m Höhe das Panorama bis zum Matterhorn reicht. Hinauf kommen Sie mit der zweithöchsten Luftseilbahn Europas. Bezahlbare Zimmer mit Blick auf den Mont Blanc hat das *Hôtel Les Crêtes Blanches (30 Zi. | 16, Impasse du Génépy | Tel. 04 50 53 05 62 | www.cretes-blanches.com |* €–€€*).*

COURCHEVEL (189 E3) *(🗺 N8)*
Der knapp 100 km südöstlich von Annecy gelegene Skiort (1800 Ew.) ist das schickste Dorf der Wintersportregion Trois Vallées. Im Sommer eignet sich Courchevel als Basisstation für Wanderungen, aber erst im Winter kehrt in die Hotels, Bars und Nachtclubs so richtig Leben ein. Mitten im Ort, mit direktem Zugang zur Liftanlage und kostenlosem Shuttlebus vor der Tür, liegt das rustikal-elegante Hotel *Le Seizena (20 Zi. | Moriond | Tel. 04 79 08 26 36 | www.hotelseizena.com | €€€).*

GRENOBLE (189 D3) *(🗺 N9)*
Auf den ersten Blick wirkt die gut 100 km südlich von Annecy gelegene Hauptstadt des Départements Isère (160 000 Ew.) nur wenig einladend. Wäre da nicht das überwältigende Gebirgspanorama, würde man angesichts der vielen Bausünden aus den 1970er-Jahren am Stadtrand gleich wieder kehrtmachen. Doch in der Innenstadt stimmen eine hübsche Uferpromenade und eine pittoreske Altstadt mit Gassen, zahlreichen Restaurants und Bars versöhnlich. Die Stadt ist dank einer wichtigen Universität und des Industriezentrums Europole sehr lebendig und international orientiert.

In der Innenstadt lohnt das *Musée de Grenoble (5, Place de Lavalette | www.museedegrenoble.fr | Mi–Mo 10–18.30 Uhr)* mit einer stattlichen Gemäldesammlung einen Besuch. Tolle Wechselausstellungen bietet das *Magasin (8, Esplanade Andry Farcy | www.magasin-cnac.org | Mi–So 14–19 Uhr),* ein Zentrum für zeitgenössische Kunst. Nicht verpassen sollten Sie eine Fahrt mit der Schwebebahn *Les Bulles* hoch zur *Bastille (www.bastille-grenoble.fr)* wegen des Panoramablicks über Stadt und Berge. Eine günstige, ruhige Unterkunft bietet das *Hôtel Patinoire (35 Zi. | 12, Rue Marie Chamoux | Tel. 04 76 44 43 65 | www.hotel-patinoire.com | €).*

MARCO POLO HIGHLIGHTS

★ **Mont Blanc**
Von wo aus man ihn auch betrachtet, der höchste Berg Europas ist eine Sensation → S. 122

★ **Avignon**
Viel mehr als nur die viel besungene Brücke → S. 126

★ **Cité in Carcassonne**
Der mittelalterliche Stadtteil bildet eine der besterhaltenen Festungsstädte Europas → S. 131

★ **Calanques**
Schneeweiße Felsen rahmen die malerischen Mittelmeerbuchten zwischen Marseille und Cassis → S. 137

★ **Pont du Gard**
Wie eine Wasserleitung Welterbe wurde → S. 129

★ **Lyon**
Frankreichs drittgrößte Stadt hat nicht nur kulinarisch viel zu bieten → S. 132

★ **Nizza**
Eine Großstadt am Meer – sonnig, schick, schön → S. 140

★ **Aix-en-Provence**
Geist und Geld, Kunst und Klimbim, Sonne und Straßenleben → S. 137

★ **Gorges du Tarn**
Spektakuläre Natur in den Cevennen → S. 139

ARLES

(188–189 C–D5) (M10–11) **Über der 55 000-Ew.-Stadt an der Rhône herrscht immer blauer Himmel, so heißt es.**
Arles, das ist Licht, Kunst und Rom – schon Cäsar hatte die von den Griechen kolonisierte Stadt als „kleines gallisches Rom" geadelt.

SEHENSWERTES

ANTIKE BAUTEN

Neben weiteren Resten aus der Antike – Thermen, Antikes Theater sowie ein unterirdischer Bogengang („Kryptoportikus") – und dem *Musée Départemental Arles Antique* lohnt vor allem das fast zwei Jahrtausende alte *Amphitheater (www.arenes-arles.com | April–Okt. tgl. 9–18, Mai–Sept. bis 19, Nov.–März 10–17 Uhr)* den Besuch. Noch heute finden hier Stierkämpfe und – wie in den Arenen von Nîmes und Orange – Konzerte statt.

KUNST

Leider besitzt Arles kein einziges der 300 von Vincent van Gogh hier 1888/89 gemalten und gezeichneten Werke. Viele seiner Motive entdeckt man noch auf einem ausgewiesenen Rundgang (Broschüre im Office de Tourisme). Wie van Gogh bis heute die Künstler prägt, verrät die *Fondation Vincent van Gogh (35ter, Rue du Docteur Fanton | www.fondation-vincentvangogh-arles.org | Di–So 11–18, Mitte Mai–Mitte Sept. bis 19, Do bis 21 Uhr)*. Picasso schenkte Arles 57 Zeichnungen und zwei Gemälde, zu sehen im Kunstmuseum *Musée Réattu (10, Rue du Grand Prieuré | www.museereattu.arles.fr | Di–So 10–17, März–Okt. bis 18 Uhr)*. Das Fotofestival *Rencontres (www.rencontres-arles.com)* verwandelt die Stadt von Juli bis September in eine Open-Air-Ausstellung.

Das römische Amphitheater wird noch heute für Spektakel von Konzert bis Stierkampf genutzt

ESSEN & TRINKEN

LA PÉNICHE

Lust auf südliche Salate, gegrillte Gambas oder herzhafte Burger? Das Flussschiff ist das einzige Restaurant direkt an der Rhône! *Quai Saint Pierre Trinquetaille | Tel. 04 90 93 31 10 | www.la-peniche-arles.com | tgl.* | €

ÜBERNACHTEN

HÔTEL DE L'AMPHITHÉÂTRE

Komfortables und zentral gelegenes Hotel in einem Haus aus dem 17. Jh. *28 Zi. | 5/7, Rue Diderot | Tel. 04 90 96 10 30 | www.hotelamphitheatre.fr* | €–€€

ZIELE IN DER UMGEBUNG

ALPILLES (189 D5) (*M10*)

Die „kleinen Alpen" 10 km nordöstlich von Arles gehören neben Luberon und Lavendelfeldern zu den Sehnsuchtsbildern, die mit der Provence assoziiert werden: Weinberge, weiße Felsen, Olivenhaine, schattige Dorfplätze, singende Zikaden in flirrender Hitze, Duft nach Kräutern. Hauptanziehungspunkt ist das auf einem Felsplateau gelegene Dorf mit mittelalterlicher Burgruine ★ *Les Baux-de-Provence* mit Panoramablick auf die Camargue. 10 km weiter nördlich liegt das Städtchen *Saint-Rémy-de-Provence.* Im Kloster *Saint-Paul de Mausole (www.saintpauldemausole.fr | April–Okt. tgl. 9.30–18.45, Nov.–März 10.15–17.15 Uhr),* heute noch psychiatrisches Sanatorium mit herrlichem Klostergarten, können Sie die Originalzelle van Goghs und den alten Therapieraum besichtigen. Auch das *Musée Estrine (8, Rue Estrine | museeestrine.fr | April–Juni und Sept./Okt. Di–So 10–12 und 14–18, Juli/Aug. 10–19, März und 14–18 Uhr)* und ein Bilderpfad im Ort erinnern an den nervenkranken, bettelarmen berühmten Maler.

CAMARGUE UND SAINTES-MARIES-DE-LA-MER (188–189 C–D5) (*L–M11*)

Der Nationalpark wird im Norden von Arles, im Süden vom Mittelmeer und im Osten und Westen von Flussarmen der Rhône begrenzt. Auf 750 km² Weideland, Sanddünen und Moor leben weiße Wildpferde, rosa Flamingos und schwarze Stiere. Eine wirtschaftliche Nutzung des Parks ist nur zum Reisanbau und als Weideland erlaubt. Auch Fotografieren ist nur von der Straße aus gestattet, Querfeldeintouren sind verboten. Ausgenommen hiervon sind die INSIDER TIPP drei Naturlehrpfade (500 m, 1,5 km, 4 km), die am *Centre du Scamandre (Route des Iscles Gallician | Vauvert | www.camarguegardoise.com)* beginnen. *www.parc-camargue.fr*

Gute Ausgangspunkte für Erkundungen sind das 6000-Ew.-Städtchen *Aigues-*

Wasserballett: Flamingos in der Camargue

Mortes mit seinen Salinen und der malerischen Altstadt, die zum Spaziergang auf der bestens erhaltenen *Stadtmauer* aus dem 13. Jh. lädt, und der beliebte Badeort *Saintes-Maries-de-la-Mer* an der Petit Rhône. Jedes Jahr am 24. Mai verwandelt sich Saintes-Maries (2500 Ew.) in einen Wallfahrtsort: Tausende europäische Roma und Sinti pilgern herbei, um an der Prozession für ihre Schutzpatronin, die Schwarze Sara, teilzunehmen. Daran schließt sich ein zehntägiges Fest mit Flamencomusik an. Und zum Nationalfeiertag am 14. Juli findet das fünftägige *Festival du Cheval* mit Pferdedarbietungen statt. Originell übernachtet man im Holzwohnwagen *La Roulotte (Mas du Ménage | Tel. 06 12 13 77 06 | €€–€€€).*

NÎMES (188 C5) *(M L10)*
Auf halbem Weg zwischen Camargue und Cevennen, hält die alte Römerstadt (148 000 Ew.) knapp 35 km nordwestlich von Arles wie kaum ein anderer Ort in Frankreich ihr galloromanisches Erbe lebendig – ab 2018 auch im *Musée de la Romanité.* Kaiser Augustus verwöhnte seine Lieblingsstadt mit allerlei Monumentalbauten. Erhalten sind der *Dianatempel,* der Tempel *Maison Carrée,* das *Augustustor,* der achteckige Verteidigungsturm *Tour Magne* und natürlich die *Arena (www.arenes-nimes.com | Nov.–Feb. tgl. 9.30–17, März und Okt. 9–18, April/Mai und Sept. 9–18.30, Juni 9–19, Juli/Aug. 9–20 Uhr),* die einst 24 000 Menschen fassen konnte. Traditionelle Küche in bester Qualität zu bezahlbaren Preisen bietet *L'Ancien Théâtre (4, Rue Racine | Tel. 04 66 21 30 75 | So/Mo und Sa-Mittag geschl. | €€).*

AVIGNON

(189 D5) *(M M10)* ***Sur le pont d'Avignon, l'on y danse ...*** **Die im Volkslied besungene Brücke Saint-Bénézet aus dem 12. Jh. ist die kurioseste Sehenswürdigkeit von ★ Avignon (86 000 Ew.).**
Sie wurde im 17. Jh. von der Rhône halb weggeschwemmt, seitdem endet sie in der Flussmitte. In Avignon scheint an 300 Tagen im Jahr die Sonne. Hier ist alles groß: der gewaltige Papstpalast, die 4,3 km lange Stadtmauer, die kostenlosen Parkplätze am Stadtrand und das Theaterfestival. Ein Dutzend Museen, Archive und Mediatheken, Stadtführungen

bei Tag und Nacht und organisierte Themenexkursionen machen die Stadt zu einem attraktiven Reiseziel.

SEHENSWERTES

PALAIS DES PAPES

Von 1309 bis 1377 war nicht Rom, sondern Avignon Sitz von sieben Päpsten und fünf Gegenpäpsten. Dieser Epoche verdankt die Stadt den mächtigen Palast – er gilt als größtes gotisches Bauwerk der Welt –, der in Rekordtempo unter Benedikt XII. und Klemens VI. gebaut wurde. Sehenswert sind der Ehrenhof, der Audienzsaal und die wenigen erhaltenen Fresken; am meisten zählt jedoch der gigantomanische Gesamteindruck: riesige Säle, mehrere Kapellen, festungsartige Architektur. *www.palais-des-papes.com | tgl. ab 9, Nov.–Feb. ab 9.30 Uhr, Schließung je nach Saison zwischen 17.45 und 20.30 Uhr*

ESSEN & TRINKEN

LE BERCAIL

Provenzalische Küche und einen Paradeblick auf Avignon gibts in dem charmanten Ausflugslokal auf der Rhôneinsel Barthelasse. *162, Chemin des Canotiers | Tel. 04 90 82 20 22 | www.restaurant-lebercail.fr | Mo geschl. |* €–€€

BAR TABAC LE MARIGNY

Eckcafé an der umtriebigen Place Crillon mit schattiger Terrasse, großer Zeitungsauswahl, leutseligem Service. Authentisch, urfranzösisch, ohne Chichi, dafür mit Herzlichkeit und etwas rauem Charme. *Mo–Fr 7.30–20, Sa 9–19.30 Uhr*

ÜBERNACHTEN

HÔTEL LE SPLENDID

In einer ruhigen Fußgängerzone gelegenes Haus mit einem guten Preis-Leistungs-Verhältnis. *21 Zi. | 17, Rue Agricol Perdiguier | Tel. 04 90 86 14 46 | www.avignon-splendid-hotel.fr |* €

ZIELE IN DER UMGEBUNG

ARDÈCHE (188 C4) (*L9*)

Der Fluss, der im Zentralmassiv entspringt, gibt dem Département seinen Namen und sein Aussehen. Tief hat sich der Lauf in das Karstgestein gefressen. Sehenswert ist am Oberlauf die „Teufelsbrücke" *Pont du Diable* bei Thueyts. Im Mittellauf zwischen Aubenas und Ruoms fließt der Fluss durch ein relativ breites Tal, das sich auch für Wanderungen eignet. Die berühmte Schlucht *Gorges de l'Ardèche* weiter flussabwärts zwischen den Orten Vallon-Pont-d'Arc (mit der sagenhaften natürlichen Brücke) und Saint-Martin d'Ardèche ist ein Paradies für Kajak- und Kanufahrer. Einfache Übernachtungsmöglichkeiten mit Schwimmbad finden Sie zum Beispiel in *Vallon-*

LOW BUDG€T

Die *Lyon City Card* gewährt freien Eintritt in Museen, kostenlose Fahrt in den öffentlichen Verkehrsmitteln und zahlreiche andere Ermäßigungen. Bei Vorbestellung im Internet auf *ww.lyoncitycard.com* kostet die Karte je nach Gültigkeitsdauer (24/48/72 Stunden) *21,90, 29,90* oder *37,90 Euro.* Die Karte bekommen Sie dann im Fremdenverkehrsamt.

Der kostenlose Pass *Avignon Passion* gilt auch in Villeneuve-lès-Avignon und bietet Ermäßigungen von 10–50 Prozent für Sehenswürdigkeiten und Ausflüge.

Pont-d'Arc 80 km nordwestlich von Avignon im *Le Clos des Bruyères (32 Zi. | Route des Gorges | Tel. 04 75 37 18 85 | www.closdesbruyeres.fr | €€).*

wohnen können Sie in Gordes im Hotel *Le Mas de Gordes (21 Zi. | Route de Cavaillon | Tel. 04 90 72 00 75 | www.masdegordes.com | €€€)* mit Pool.

Der Teppich: rot; der Dresscode: gewagt; der Anlass: Festival de Cannes

LUBERON (189 D4–5) *(M–N10)*

Wer an die Provence denkt, dem steigen die Kräuterdüfte der *herbes de Provence* in die Nase und Bilder aus dem Naturpark Luberon vors innere Auge: blaue ● Lavendelfelder, liebliche Hügellandschaften, Hochebenen mit Weitsicht, Schluchten und kurvenreiche, schmale Landstraßen, in Fels gehauene Dörfer, geschichtete Steinhäuser und Mäuerchen. Doch die meisten Häuschen dieser *villages perchés* sind schon vergeben und luxussaniert. So bleibt vielen nur der Besuch als Tourist, z. B. in *Bonnieux, Gordes, Lourmarin, Ménerbes* oder *Saignon.* Wunderschön und idyllisch im Grünen

ORANGE (189 D4) *(M10)*

30 km nördlich von Avignon liegt Orange (30 000 Ew.), bedeutende Stätte römischer Bauten in Südfrankreich. Versuchen Sie im Sommer, im *Antiken Theater (www.theatre-antique.com | Juni–Aug. tgl. 9–19, April/Mai und Sept. 9–18, März und Okt. 9.30–17.30, Nov.–Feb. 9.30–16.30 Uhr)* aus dem 1. Jh. eine Opernaufführung zu besuchen, ein unvergessliches Erlebnis. Es ist das besterhaltene antike Theater Europas. Im Herzen der Altstadt liegt das ruhige *Hôtel Saint-Jean (20 Zi. | 1, Cours Pourtoules | Tel. 04 90 51 15 16 | www.hotelsaint-jean.com | €)* mit Frühstücksterrasse.

PONT DU GARD ★ (189 C5) (🕮 M10)

Die 360 m lange, dreistöckige Brücke 25 km westlich von Avignon führt als Teil eines 50 km langen römischen Aquädukts das Wasser der Eurequelle bei Uzès nach Nîmes. Sie ist eines der besterhaltenen und eindrucksvollsten Bauwerke der Antike und wird im Sommer abends prachtvoll illuminiert. Unten am Gardon gibt es einen Badestrand. *www.pontdugard.fr | Mai–Sept. tgl. 7.30–24, März/April und Okt. 8–20, Nov.-Feb. 8.30–19 Uhr*

VILLENEUVE-LÈS-AVIGNON

(189 D5) (🕮 M10)

Am anderen Rhôneufer liegt das idyllische Städtchen (12 000 Ew.), das von Zitadelle und Klosterruine *Saint-André* mit italienischen Gärten überragt wird. Vom Festungsturm *Philippe-le-Bel* haben Sie einen Panoramablick auf Avignon und das Rhônetal. Die *Chartreuse du Val de Bénédiction (www.chartreuse.org | April–Sept. tgl. 9.30–18.30, Okt.–März 10–17 Uhr)* aus dem 14. Jh., ältestes Kartäuserkloster Frankreichs mit der Grabstätte von Papst Innozenz VI., liegt als verwinkelter Palast mitten im mittelalterlichen Stadtzentrum. Samstagvormittags findet an der *Place Charles David* ein großer INSIDER TIPP *Flohmarkt* statt. Vorzüglich essen Sie im Restaurant *La Salamandre (Tel. 04 90 90 94 62 | www.restaurant-lasalamandre.fr | So-Abend geschl. | €€)* an der *Place Jean Jaurès.*

CANNES

(189 F5) (🕮 O11) **Wer die Côte d'Azur verstehen will, muss in Cannes (70 000 Ew.) haltmachen.**

Hier werden alle Mittelmeerklischees lebendig: Das Meer glitzert blau, die Palmen wiegen sich im Wind, die Autos sind teuer, die Frauen schick, die Hotels prächtige Belle-Époque-Paläste. Das einstige Fischerdorf, das zur City der Stars avancierte, bietet großes Theater, und das nicht nur zur Filmfestspielzeit im Mai.

SEHENSWERTES

BOULEVARD DE LA CROISETTE

Die Prachtstraße mit dem Meer und Strand auf der einen und den Palästen auf der anderen Seite ist die Flaniermeile schlechthin. Über den Köpfen die Palmen, unten an der Straße die städtischen Blumenarrangements. Wer bis zur äußersten Spitze geht, entdeckt das Kreuz, das der Straße ihren Namen gab.

INSIDER TIPP MUSÉE BONNARD

Das erste ganz dem Werk von Pierre Bonnard (1867–1947) gewidmete Museum steht im Vorort *Le Cannet.* Der Maler lebte hier 22 Jahre lang. *16, Blvd. Sadi Carnot | www.museebonnard.fr | Juli/Aug. Di–So 10–20 (Do bis 21), Sept.–Juni 10–18 Uhr*

TOUR DU SUQUET

Von dem auf einer Anhöhe erbauten ehemaligen Wachturm und seiner Terrasse haben Sie einen traumhaften Blick über die Stadt und aufs Mittelmeer.

VIEUX PORT

Wenige Fischerboote und viele Yachten, ein charmantes Ufer mit Pastellfassaden und den Handabdrücken von Stars im Boden der *Esplanade Georges Pompidou* in der Nähe des Filmpalasts: ein Spaziergang mit viel Abwechslung.

ESSEN & TRINKEN

AUX BONS ENFANTS

Der *maître de cuisine* serviert gern provenzalische Gerichte und kassiert nur bar.

Zeitreise: Die phantastisch erhaltene Cité von Carcassonne beamt Sie schlagartig ins Mittelalter

80, Rue Meynadier | Tel. 06 18 81 37 47 | So geschl. | €–€€

FOUQUET'S

Pariser Chic in klassischer Brasserie an der Croisette. *10, Blvd. de la Croisette | Tel. 04 92 98 77 05 | www.lucienbarriere.com | tgl.* | €€€

AM ABEND

CASINO PALM BEACH

Die Bar des Kasinos hat Kultstatus: Hier wurde in den 1930er-Jahren der Mythos Côte d'Azur begründet und die Hipster tanzen noch heute ab. Am gleichnamigen Strand am Ende der Croisette können Sie sich wie in den Tropen fühlen. *Place Franklin D. Roosevelt | www.lepalmbeach.com*

ÜBERNACHTEN

CÉZANNE

Das Hotel bietet schick designte Zimmer und hat einen Privatstrand. *28 Zi. | 40, Blvd. d'Alsace | Tel. 04 92 59 41 00 | www.hotel-cezanne.fr* | €€€

ZIELE IN DER UMGEBUNG

ANTIBES (189 F5) *(010–11)*

Das 12 km östlich gelegene Seebad ist noch elitärer als Cannes. Zusammen mit dem mondänen Nachbarort Juan-les-Pins vereint es 70 000 Ew. Die Stadt hat einen berühmten Yachthafen, eine alte Stadtmauer und prächtige Villen auf der vorgelagerten Halbinsel. Dort steht auch das Kulthotel *Hôtel du Cap-Eden-Roc,* eines der teuersten Hotels der Welt, das als Vorbild für F. Scott Fitzgeralds Roman „Tender is the Night" diente. Um die 80 Gemälde und Zeichnungen von Picasso hängen im *Musée Picasso (Di–So 10–12 und 14–18, Mitte Juni–Mitte Sept. 10–18, Juli/Aug. Mi und Fr bis 20 Uhr)* im *Château Grimaldi.*

GRASSE (189 E–F5) *(010)*

Die berühmte Parfumstadt (45 000 Ew.) knapp 20 km nordwestlich von Cannes ist ein duftendes Erlebnis, das seine Besucher mit einem Farbenrausch zur Blütezeit in Bann zieht. Nirgendwo anders als hier sollte man ein Parfummuseum besuchen! Das in die Stadtmauer hineinge-

baute *Musée International de la Parfumerie (2, Blvd. du Jeu de Ballon | www.museesdegrasse.com | Mai–Sept. tgl. 10–19, Okt.–April 10–17.30 Uhr)* erklärt alles rund um die verlockenden Düfte.

SAINT-TROPEZ (189 E6) *(🕮 O11)*
Das Küstenstädtchen (5500 Ew.) 75 km südwestlich von Cannes war entgegen allen Gerüchten nie ein kleines Fischerdorf, das erst durch Brigitte Bardot berühmt wurde. In Saint-Tropez trifft sich der Jetset der Welt. Die Hotels sind erstklassig, die Altstadt ist toprenoviert, doch Straßen und Parkplätze sind den Massen nicht gewachsen. Saint-Tropez ist ein Gesamtkunstwerk fürs Sehen und Gesehenwerden. Das Spektakel am Hafen genießen Sie am besten von der Bar *Sénéquier* am *Quai Jean Jaurès* aus. Die feuerrote Bar ist eine Institution.
Der berühmteste Strand von Saint-Tropez, die 4,5 km lange *Plage de Pampelonne,* gehört zur Nachbargemeinde Ramatuelle. Eine Bar reiht sich an die andere, vor der Küste ankern die Luxusyachten, auf den Liegestühlen räkeln sich die Models.

CARCASSONNE

(188 A6) *(🕮 K11)* **Carcassonne (45 000 Ew.) über dem Tal der Aude ist wegen seiner strategisch günstigen Lage zwischen Atlantik und Mittelmeer sowie Zentralmassiv und Spanien schon immer ein wichtiger und umkämpfter Verkehrsknotenpunkt gewesen. Man mutmaßt, dass die Stadt bereits im 6. Jh. v. Chr. besiedelt war, doch ihre Blütezeit hatte sie im Mittelalter.**
Carcassonne besteht aus zwei Teilen: Die mittelalterliche Stadt *Cité,* eine der am vollständigsten erhaltenen Festungsstädte Europas und Unesco-Welterbe, liegt auf einem Plateau am rechten Ufer der Aude, die Neustadt *Bastide Saint-Louis* am linken. Die Burganlage wurde im 12. Jh. erbaut und im 13. Jh. befestigt. Im 17. Jh. verlor Carcassonne seine strategische Bedeutung – heute lebt die Stadt vor allem von den zahlreich strömenden Touristen.

SEHENSWERTES

CITÉ ★
Der Eingang zur Cité befindet sich an der *Porte Narbonnaise;* dort beginnt eine Rundtour durch die Anlage. Sehenswert sind besonders die Burg *Château Comtal (April–Sept. tgl. 10–18.30, Okt.–März 9.30–17 Uhr)* und die *Stadtmauer.* Die Basilika *Saint-Nazaire-et-Saint-Celse* ist die romanisch-gotische Perle der Altstadt.

ESSEN & TRINKEN

LE JARDIN EN VILLE
In einem einstigen Gemüsehof, der im Loftstil mit viel Fiftiescharme eingerichtet wurde, versteckt sich das Inlokal der Ein-

heimischen. Herrliche Sommerterrasse. *5, Rue des Framboisiers | Tel. 04 68 47 80 91 | www.lejardinenville.fr | Di-Abend, Mi-Abend und So/Mo geschl. | €–€€*

ÜBERNACHTEN

LA BASTIDE SAINT-MARTIN

5 km vom Trubel der Altstadt entfernt liegt dieses Hotel in einem Park mit Pool. *15 Zi. | Av. de Saint-Martin | Tel. 04 68 47 44 41 | www.hotelbastidesaintmartin.com | €€*

ZIELE IN DER UMGEBUNG

NARBONNE (188 B6) (*K11*)

Die Römer machten aus der Stadt 60 km östlich von Carcassonne eine wichtige Hafenstadt. Seitdem zog sich das Meer weit zurück, der Canal de la Robine verbindet heute Narbonne (50 000 Ew.) mit der Küste und dem Canal du Midi. Zum Baden fährt man nach *Narbonne-Plage* gut 15 km östlich.

Zu sehen gibt es neben der Kathedrale *Saint-Just-et-Saint-Pasteur* das antike unterirdische Wein- und Warenlager *Horreum Romain (Juni–Sept. tgl. 10–18, Okt.–Mai Mi–Mo 10–12 und 14–17 Uhr)*, das *Musée Lapidaire (Blvd. du Docteur Ferroul | Juni–Sept. tgl. 10–18, Okt.–Mai Mi–Mo 10–12 und 14–17 Uhr)* mit seiner Ton-Licht-Schau und die nostalgischen Markthallen *Les Halles*. Typisch französisch essen können Sie im *L'Auberge des Jacobins (8, Place des Jacobins | Tel. 04 68 32 27 43 | Mo geschl. | €€)*.

PERPIGNAN (188 B6) (*K12*)

Die 115 km südöstlich von Carcassonne gelegene Hauptstadt des Roussillon (108 000 Ew.) ist nur 30 km von der spanischen Grenze entfernt. Der katalanische Einschlag wird auf den mit Platanen gesäumten Promenaden sichtbar. Ende des 13. Jhs. war Perpignan die Hauptstadt des Königreichs Mallorca. Aus dieser Zeit stammt das *Palais des Rois de Majorque (4, Rue des Archers | Okt.–Mai tgl. 9–17, Juni–Sept. 10–18 Uhr)*. Weitere Sehenswürdigkeiten sind die Kathedrale *Saint-Jean* mit dem riesigen Gräberfeld des Campo Santo im Kreuzgang, das imposante Stadttor *Le Castillet* mit Stadtmuseum und Aussichtsplattform, die Marktgasse *Rue Paratilla* und die *Place de la Loge*. Dieser Platz ist das Herz der Altstadt, dort befindet sich der ehemalige Seegerichtshof *Loge de Mer* von 1397. Mediterrane Küche erwartet Sie im *Al Tres (3, Rue de la Poissonnerie | Tel. 04 68 34 88 39 | So/Mo geschl. | €)* in einer Altstadtgasse. Günstig und zentral ist das *Hôtel de la Loge (12 Zi. | 1, Rue des Fabriques d'en Nabot | Tel. 04 68 34 41 02 | www.hoteldelaloge.fr | €)*.

LYON

(189 D2) (*M8*) ★ **Lyon (450 000 Ew.), die drittgrößte Stadt des Landes am Zusammenfluss von Saône und Rhône, ist eine reiche Stadt.**

> **WOHIN ZUERST?**
> Die beste Übersicht über Lyon gewinnen Sie von der die Stadt überragenden Basilika **Notre-Dame de Fourvière** (17. Jh.) auf dem gleichnamigen Hügel aus. Der Aufstieg lohnt sich, doch schneller geht es mit der ratternden *funiculaire* (Zahnradbahn), die neben der Metrohaltestelle Vieux-Lyon startet. Parken können Sie hier in den Parkhäusern *Saint-Georges* und *Saint-Jean*.

Wenn Architekten würfeln: Cube Vert im neuen Viertel La Confluence

Biochemie- und Hightechfirmen haben die alte Druck- und Seidenindustrie abgelöst und machen Lyon heute zu einem florierenden wirtschaftlichen Zentrum. Seit ein paar Jahren ist die Stadt dabei, auch kulturell aufzuholen, mit Biennalen, Festivals, Konzerten, Theater, Kleinkunst, Oper, Ballett, Märkten, Messen und Sportevents.

SEHENSWERTES

CROIX-ROUSSE

In diesem Viertel entdecken Sie besonders viele der für Lyons Altstadtviertel typischen ● *traboules* – schmale Passagen und Gänge, teils labyrinthartig miteinander verbundene Hausflure, Höfe und Treppenhäuser. Seinen Namen bekam der Hügel wegen eines roten Steinkreuzes, das vor der Revolution hier eine Wegkreuzung markierte. Heute steht das steil aufsteigende Viertel, einst Zentrum der Seidenindustrie, unter dem Schutz der Unesco.

MUSÉE DES BEAUX-ARTS

Das Museum zeigt eine der reichsten Gemäldesammlungen Frankreichs mit Werken von Paolo Veronese, Peter Paul Rubens, Claude Monet, Pablo Picasso und Henri Matisse. *20, Place des Terreaux | www.mba-lyon.fr | Mi/Do und Sa–Mo 10–18, Fr 10.30–18 Uhr*

MUSÉE LUMIÈRE

Im Wohnhaus der Familie Lumière entwickelten Auguste und Louis, die von der Produktion von Fotoplatten lebten, den Kinematografen. *21, Rue du 1er Film | www.institut-lumiere.org | Di–So 10–18.30 Uhr*

PRESQU'ÎLE

Die Halbinsel zwischen Saône und Rhône ist gepflastert mit Plätzen. Zwei der schönsten sind die große, rechteckige *Place Bellecour* und die *Place des Terreaux* am Rathaus. Ansonsten ist die Halbinsel ein Ausgeh- und Einkaufsparadies *(Rue du Président Édouard Herriot).*

Ganz im Süden am Zusammenfluss von Rhône und Saône errichten internationale Stararchitekten auf Industriebrachen bis 2030 INSIDER TIPP *La Confluence (www.lyon-confluence.fr)*. Hingucker sind Architekturikonen wie die beiden Würfel *Cube Orange* und *Cube Verte* von Jakob + MacFarlane sowie das *Musée des Confluences (86, Quai Perrache | www.museedesconfluences.fr | Di, Mi und Fr 11–19, Do 11–22, Sa/So 10–19 Uhr)* von Coop Himmelb(l)au, das die Entwicklung, Träume und Grundfragen der Menschheit in Zeit und Raum verständlich machen will.

VIEUX LYON

Die hübsche Altstadt (Unesco-Weltkulturerbe) auf der rechten Seite der Saône ist ein Amüsier- und Flanierviertel zwischen alten Fachwerkhäusern, engen, gepflasterten Gassen und schönen Höfen aus der Renaissance. Die wichtigste Straße ist die *Rue Saint-Jean* mit der Kathedrale.

ESSEN & TRINKEN

INSIDER TIPP LE CAFÉ DES FÉDÉRATIONS

In Lyon muss man einfach einmal in einem typischen *bouchon* mit seinen deftigen Gerichten gegessen haben. Dies ist eines der besten dieser urigen Bistros. *8–10, Rue du Major-Martin | Tel. 04 78 28 26 00 | www.lesfedeslyon.com | So geschl.* | €–€€

INSIDER TIPP GLACIER RENÉ NARDONE

Dieser Eisladen in Vieux Lyon hat die größte Auswahl der Stadt, u. a. Tomate-Basilikum und Brioche, aber auch Kuriositäten wie Eis mit Guinnessgeschmack. *26, Quai de Bondy | www.glaciernardone.com*

LE NORD

Franck Barrouilhet führt die Bocuse-Brasserie auf der Presqu'île (es gibt fünf weitere in Lyon) im Sinn des Kochs der Nouvelle Cuisine. Vor den langen roten Kunstlederbänken werden die Köstlichkeiten des Hauses serviert – durchaus zu humanen Preisen. *18, Rue Neuve | Tel. 04 72 10 69 69 | www.nordsudbrasseries.com | tgl.* | €–€€

AM ABEND

L'ALIBI

Kultclub für alle, die älter als 25 Jahre sind – der Sound der 1990er ist hier Programm. *13, Quai Romain Rolland | www.alibidisco.com*

DUFTENDE FELDER

In den Lavendelanbaugebieten blüht es zwischen Juni und August: violette Felder bis zum Horizont. Rund 70 Prozent der Weltproduktion für Lavendelöl und 90 Prozent für Lavandinöl stammen aus der Provence. Was Sie sehen, ist oft kein Lavendel, sondern Lavandin, eine Kreuzung zwischen wildem und echtem Lavendel. Die Hybride riecht intensiver und eignet sich für die pharmazeutische und kosmetische Weiterverwertung. Der echte Lavendel dagegen ist öliger und weicher im Geruch. Mehr erfahren Sie im *Musée de la Lavande (276, Route de Gordes | www.museedelalavande.com | Mai–Sept. tgl. 9–19, Okt.–Dez. und Feb.–April 9–12.15 und 14–18 Uhr)* in *Coustellet* im Luberon.

ÜBERNACHTEN

HÔTEL DES SAVOIES

Zentral gelegenes, sehr einfaches Haus mit freundlichem Personal. *46 Zi. | 80, Rue de la Charité | Tel. 04 78 37 66 94 | www.hotel-des-savoies.fr |* €

tel, im Süden verbarrikadiert sich der Mittelstand in Wohnkomplexen hinter Stahltoren. Am Hafen und in der Altstadt jedoch siegten Kunst, Kultur und Konzepte, hier können Menschen diverser Herkunft einander gefahrlos begegnen. Die Künstlerinitiative Marseille Off setzt mit Hunderten Projekten Akzente – die *ville rebelle* bleibt lebendig und spannend.

Spannender Kontrast: die historisierende Kathedrale La Major und das moderne MuCEM

MARSEILLE

(189 D5–6) *(🕮 M11)* **Die zweitgrößte Stadt (850 000 Ew.) Frankreichs ist zugleich auch die älteste Stadt des Landes.** Gegründet wurde Marseille vor über 2600 Jahren von den Phöniziern. Wegen ihrer strategischen Lage am Mittelmeer war die Stadt schon immer ein Auffangbecken für Immigranten. Ihre multikulturelle Bevölkerung und die damit verbundenen Konflikte bestimmten lange Zeit den (schlechten) Ruf. Auch nach dem Jahr als Europäische Kulturhauptstadt 2013 bleibt sie Problemzone. Im Norden kontrollieren Kriminelle ganze Stadtvier-

SEHENSWERTES

MUSÉE DES CIVILISATIONS DE L'EUROPE ET DE LA MÉDITERRANÉE (MUCEM)

Auf einer künstlichen Halbinsel im Hafen befindet sich das von Rudy Ricciotti gebaute MuCEM, das viel mehr ist als ein historisches Museum: Es dient als internationale Begegnungsstätte für Wissenschaftler und Kulturschaffende, es gibt Konzerte, Kongresse, ein Kino, eine Buchhandlung, Boutiquen und Cafés. *1, Esplanade du J4 | www.mucem.org | Mai–Okt.*

WOHIN ZUERST?
Begeben Sie sich gleich ins Zentrum des Geschehens, zum **Vieux Port.** In den Straßen und auf den Plätzen rund um das Bassin ist Tag und Nacht Betrieb. Parken können Sie am *Parking Estienne d'Orves* beim Quai de Rive Neuve. Die nächste Metrostation ist Vieux-Port.

Mi–Mo 11–19 (Fr bis 22), Juli/Aug. 10–20 (Fr bis 22), Nov.–April 11–18 Uhr

NOAILLES

Im Marktviertel Noailles ist Marseille noch ein Mix der Kulturen. Nur wenige Schritte vom Prachtboulevard Canebière bildet der Markt den lebendigen Mittelpunkt eines Viertels, in dem Einwanderer aus dem Maghreb, aus Schwarzafrika und von den Komoren leben. Das Markttreiben beginnt an der Métrostation Noailles und setzt sich in den Gassen fort: Gemüse- und Obsthändler, Bäcker, die unter freiem Himmel gefüllte Pfannkuchen und Brote aus Ägypten, dem Libanon, Indien backen, offene Säcke mit Gewürzen und getrockneten Bohnen aus aller Welt, Luffaschwämme, die im Wind schaukeln, eine schier unglaubliche Auswahl an Oliven, winzige Läden, in denen sich die Waren bis hoch unter die Decke stapeln …

NOTRE-DAME-DE-LA-GARDE

Die Basilika hoch über Marseille ist überall in der Stadt zu sehen. Ihr Turm mit der goldenen Madonna gilt als das Wahrzeichen. Wunderbar ist der Blick über Meer und Stadt, vor allem bei Sonnenuntergang.

VALLON DES AUFFES

Dieser Minihafen mit mehreren empfehlenswerten Restaurants ist so reizend, dass man die Großstadt vergisst. Die nahe Uferpromenade *Corniche du Président-John-F.-Kennedy* erlaubt Traumblicke über das Meer.

Noailles: auf wenigen Hundert Metern mit Augen, Nase, Gaumen einmal um die Welt reisen

VIEUX PORT

Am Alten Hafen trifft man sich zu allen Tageszeiten: morgens zum legendären *Fischmarkt (Quai des Belges | tgl. 8–13 Uhr)* und abends auf einen Pastis. Gleich daneben verblüfft Norman Fosters kurioser Spiegelbaldachin *Ombrière*. An drei Seiten drängen sich ● Bars und Restaurants hinter den Kais, an denen Fischkutter und Fährschiffe, Luxusyachten und die bunten provenzalischen *pointu*-Boote vertäut sind. Am Nordufer klettert das Viertel *Le Panier* mit steilen Gassen, lauschigen Plätzen, Boutiquen und Künstlerstudios den Hang hinauf – Marseilles ältestes Viertel ist heute angesagter denn je. Südöstlich des Alten Hafens ist die Gegend um den *Cours Julien* das Mekka von Street Art und Subkultur.

ESSEN & TRINKEN

LA TRILOGIE DES CÉPAGES

Das elegante Restaurant besticht mit einer exzellenten Weinkarte und seiner innovativen Küche. *35, Rue de la Paix Marcel Paul | Tel. 04 91 33 96 03 | la-trilogie-des-cepages.zenchef.com | So und außer Mi–Fr mittags geschl. | €€–€€€*

ÜBERNACHTEN

HÔTEL HERMÈS

Kleines Hotel mit einem phänomenalen Blick über den Alten Hafen und sehr modernen Zimmern. *28 Zi. | 2, Rue Bonneterie | Tel. 04 96 11 63 63 | www.hotelmarseille.com | €€*

ZIELE IN DER UMGEBUNG

AIX-EN-PROVENCE ★

(189 D5) *(M–N11)*

In der gut 30 km nördlich von Marseille gelegenen Geburtsstadt von Paul Cézanne (140 000 Ew.) kann man es lange aushalten. Hier wohnt der Reichtum. Das zeigen die herausgeputzten Alleen, die renovierten Fassaden, die sprudelnden Brunnen, die noblen Boutiquen und feinen Restaurants. Wären da nicht die vielen Touristen und die 350 000 Studenten, wäre Aix wohl allzu beschaulich. Sein *Atelier des Lauves (9, Av. Paul Cézanne | www.atelier-cezanne.com | Sept.–Juni tgl. 10–12.30 und 14–17, April–Juni und Sept. bis 18, Juli/Aug. 10–18 Uhr, Dez. So, erste Jan.-Hälfte ganz geschl.)* mit Originalmöbeln und vielen Erinnerungsstücken ist einen Besuch wert. Ansonsten sollten Sie Aix eher unter freiem Himmel genießen, z. B. an der prachtvollen Allee *Cours Mirabeau* mit ihrer Belle-Époque-Brasserie ● *Les Deux Garçons (Tel. 04 42 26 00 51 | tgl. | €€)*, auf der intimen *Place d'Albertas* oder der *Place de l'Hôtel de Ville*. Einen Abstecher lohnt auch die Kathedrale *Saint-Sauveur*.

Im Bistrorestaurant *L'Épicurien (13, Place des Cardeurs | Tel. 06 89 33 49 83 | So/Mo geschl. | €€)* mit schattiger Sommerterrasse gibt es frische Marktküche. Günstig und romantisch übernachten Sie ein bisschen außerhalb des Zentrums im *Hôtel Le Prieuré (22 Zi. | 458, Route de Sisteron | Tel. 04 42 21 05 23 | www.hotel-leprieure.com | €)*.

CALANQUES ★ (189 D6) *(M–N11)*

Die schneeweißen Kalksteinformationen von knapp 30 km Länge zwischen Marseille und der Nachbargemeinde Cassis sind ein eindrucksvolles Naturschauspiel. Ihre schroffen Felsenbuchten sind einzigartig auf der Welt. Der Wanderweg Grande Randonnée 98 führt an den malerischen Buchten entlang. Autos sind im Sommer verboten. Per Boot erreichen Sie die Calanques vom Alten Hafen in Marseille aus, z. B. mit *ICARD Maritime (Quai des Belges | Tel. 04 91 33 03 29 | www.visite-des-calanques.com)*.

INSIDER TIPP CORNICHE DES CRÊTES (189 D6) (*N11*)
Die Panoramastraße zwischen Cassis und La Ciotat ist atemraubend und eine Herausforderung für Radler. Einen der schönsten Blicke haben Sie am *Cap Canaille.*

MONTPELLIER

(188 C5) (*L11*) **Hier zu leben ist für viele ein Traum: Die 275 000-Ew.-Stadt wird von den Franzosen in Meinungsumfragen regelmäßig zur attraktivsten Stadt des Landes gewählt.**

Und so wächst Montpellier rasant – und lockt vor allem junge Menschen an. 80 000 von ihnen studieren an den Universitäten, die für ihre naturwissenschaftlichen Fakultäten berühmt sind – Montpellier besitzt die älteste Medizinuni Europas. Moderne Wahrzeichen wie der blaue *Rathauskubus* im neuen Viertel *Port Marianne*, der *Pierresvives*-Komplex von Zaha Hadid, das *RBC Design Centre* von Jean Nouvel, das „Wolkenhaus" *Le Nuage* von Philippe Starck und der spektakuläre „Wohnungsbaum" *L'Arbre Blanc* von Sou Fujimoto am Ufer des Lez haben Montpellier zum INSIDER TIPP Hotspot aufregender Architektur gemacht – eine App vom Fremdenverkehrsamt stellt sie vor. Schnellstraßen, aber auch Radwege führen zu den 12–25 km entfernten Mittelmeerbadeorten Palavas-les-Flots und La Grande-Motte.

SEHENSWERTES

ALTSTADT

Beginnen Sie Ihren Bummel an der *Place de la Comédie* und durchstreifen Sie die weitgehend autofreie Altstadt mit der Kathedrale *Saint-Pierre*, die durch ihr hoch aufragendes Portal beeindruckt. Etwas weiter westlich empfängt Sie der älteste *botanische Garten* Frankreichs, einen Block weiter nach Süden die Terrassenanlage *Promenade Royale du Peyrou* aus dem 17./18. Jh.

ANTIGONE

Etwas von der Altstadt entfernt im Osten liegt das Neubauviertel Antigone, das vom katalanischen Architekten Ricardo Bofill im neoklassizistischen Monumentalstil erbaut wurde. Die begrünte postmoderne Retortenstadt wurde ab 1978 entlang einer 1800 m langen Mittelachse errichtet. Ihre INSIDER TIPP *Piscine Olympique* verfügt über ein 50-x-25-m-Schwimmbecken und ein Spaßbad.

MUSÉE FABRE

Die bedeutende Gemäldesammlung glänzt mit Werken von Peter Paul Rubens, Nicolas Poussin, Paolo Veronese u. a. *39, Blvd. Bonne Nouvelle | museefabre.montpellier-agglo.com | Di–So 10–18 Uhr*

ODYSSEUM

Das Freizeitviertel Montpelliers (Endstation der Tramlinie 1) lockt mit Multiplexkino, Eislaufhalle, dem *Planétarium Galilée (100, Allée Ulysse)* und dem *Aquarium Mare Nostrum (Allée Ulysse | www.aquariummarenostrum.fr | tgl. 10–19, Juli/Aug. bis 20 Uhr)* sowie Cafés, Restaurants und einem großen Einkaufszentrum.

ESSEN & TRINKEN

TAMARILLOS

Neben dem Blumenmarkt betreibt der Patissier und zweifache französische Dessertchampion Philippe Chapon ein farbenfroh leuchtendes Lokal mit ebensolchen Gerichten. *2, Place du Marché aux*

Fleurs | Tel. 04 67 60 06 00 | www.tamarillos.biz | tgl. | €€–€€€

ÜBERNACHTEN

HÔTEL ULYSSE

Im südländischen Stil eingerichtete Zimmer in einem ruhigen Wohnviertel. *28 Zi. | 338, Av. de Saint-Maur | Tel. 04 67 02 02 30 | www.hotelulysse.fr |* €€

ZIEL IN DER UMGEBUNG

CEVENNEN (188 B–C4) (*K–L10*)

Die Gebirgsregion der *Cévennes,* eine wilde Landschaft mit unberührten Naturflecken, bildet den südöstlichen Ausläufer des Zentralmassivs. Der *Mont Aigoual* (1567 m) ist eine wichtige Wetterscheide zwischen Atlantik und Mittelmeer. Der höchste Berg der Cevennen jedoch ist mit 1702 m der *Mont Lozère.* Sein Granitmassiv zwischen den Orten Florac, Mende, Génolhac und Villefort gehört zum Nationalpark, in dem es jede Menge Wanderwege über trockene Hochplateaus und durch tiefe Schluchten gibt. Zentrum und Ausgangspunkt für Wanderungen ist die kleine Talstadt *Florac* (2100 Ew.) 130 km nördlich von Montpellier. Dort befindet sich die *Maison du Parc (Château de Florac | Tel. 04 66 49 53 01 | www.cevennes-parcnational.fr).* Als Quartier empfiehlt sich hier das *Hôtel des Gorges du Tarn (22 Zi. | 48, Rue du Pêcher | Tel. 04 66 45 00 63 | www.hotel-gorgesdutarn.com |* €*).*
Von hier aus können Sie mit dem Auto, zu Fuß oder mit dem Kajak eine Tour durch die beeindruckenden ★ *Gorges du Tarn* unternehmen. Für die spektakuläre Canyontour entlang der tiefen Schlucht, die sich der Fluss Tarn gegraben hat, gibt es verschieden lange Wege. Ein weiterer berühmter, mehrtägiger Wanderweg durch die Cevennen ist der INSIDER TIPP *Chemin Stevenson (www.chemin-stevenson.org)* genannte GR 70, auf dem Sie den Spuren des schottischen Schriftstellers Robert Louis Stevenson folgen. Der Schriftsteller legte die 252 km lange Stre-

Montpelliers Bürgermeister sollte schwindelfrei sein: Jean Nouvels Hôtel de Ville

cke 1878 auf einem Esel innerhalb von zwölf Tagen zurück.

NIZZA (NICE)

(189 F5) (🕮 O10) ★ **Die große Hafenstadt (340 000 Ew.) liegt wunderschön eingebettet zwischen Gebirge und Meer.** Diese geschützte Lage macht Nizza zu einem der wärmsten Orte Frankreichs. Auch im Winter gibt es kaum Frost, deswegen war und ist die Stadt ein beliebtes Überwinterungsquartier. Die klimatischen Vorzüge, das Großstadtflair und die wichtige Universität (25 000 Studenten) haben etwa 1300 Informatikunternehmen überzeugt, die sich in dem französischen Mini-Silicon-Valley *Sophia Antipolis* zwischen Nizza und Antibes angesiedelt haben.

Nicht minder wichtig ist die Bedeutung Nizzas für die bildende Kunst: Die in den 1950er-Jahren gegründete *École de Nice* war ein Wegbereiter des neuen Realismus. Und nicht zuletzt ist Nizza eine Hochburg der Jazzmusik – hier fand 1948 das erste Jazzfestival Frankreichs statt (jeweils im Juli, *www.nicejazzfestival.fr*) und es gibt viele Kneipen mit Livemusik.

SEHENSWERTES

MUSEEN

Henri Matisse kam nach Nizza, um eine Bronchitis auszukurieren, und blieb bis an sein Lebensende. In dem ihm gewidmeten *Musée Matisse (164, Av. des Arènes de Cimiez | www.musee-matisse-nice.org | Mi–Mo 10–18 Uhr)* sind seine Bilder und Skulpturen ausgestellt. Unverzichtbar für Kunstliebhaber ist ein Besuch des *Musée National Marc Chagall (Av. du Docteur Ménard | www.musee-chagall.fr | Mi–Mo 10–17, Mai–Okt. bis 18 Uhr)*, das seine großformatigen biblischen Tableaus enthält. Mehr als 1200 Werke des 20./21. Jhs. befinden sich im *Musée d'Art Moderne et d'Art Contemporain (Place Yves Klein | www.mamac-nice.org | Di–So 10–18 Uhr)*, einem spektakulären Bau neben dem Théâtre National de Nice an der neuen Promenade *Cours Paillon* Richtung Meer. Außergewöhnliches zeigen die Säle Niki de Saint-Phalle und Yves Klein. Versäumen Sie nicht die Aussicht vom Dachgarten des Museums!

PROMENADE DES ANGLAIS

Die Uferpromenade führt am Kieselstrand der *Baie des Anges* entlang. Sie ist gesäumt von prächtigen Villen wie dem *Hôtel Négresco.*

VIEUX NICE

Farbenfroh, barock und lebendig: Nizzas Altstadt ist ein buntes Gemisch aus Hafen, schönen Plätzen und einem Schloss, von dessen Hügel Sie einen herrlichen Blick über die Stadt haben. Sehenswert ist auch die Kathedrale *Sainte-Réparate (3, Place Rossetti)* mit schönem Barockinterieur.

ESSEN & TRINKEN

LA PESCHERIA

Gehobene italienische Küche mit kreativen Fischgerichten in großzügigem Ambiente zwischen schick und rustikal. *12, Blvd. Victor Hugo | Tel. 04 97 03 89 89 | So geschl. |* €€–€€€

EINKAUFEN

À L'OLIVIER

Eine sehr gute Adresse für alle, die aus Südfrankreich Olivenöl mitnehmen wollen. An der Ölbar können Sie sich durch die verschiedenen Geschmacksrichtungen probieren. *7, Rue Saint-François de Paule | www.alolivier.com*

ÜBERNACHTEN

VILLA RIVOLI

24 Gästezimmer im Charme der Belle Époque: ein sehr zentral gelegenes Dreisternehaus und absolut „frenchy"! *10, Rue de Rivoli | Tel. 04 93 88 80 25 | www.villa-rivoli.com | €€*

ZIELE IN DER UMGEBUNG

GORGES DU VERDON

(189 E5) *(🗺 N10)*

Der Naturpark rund 120 km nordwestlich von Nizza ist eines der beliebtesten Wanderreviere in der Provence. Über 20 km zieht sich der Canyon, den sich der Fluss Verdon bis zu 700 m tief gegraben hat. Sie können die Schlucht auf drei Arten erkunden: mit dem Auto von *Castellane* bis zur Fayencehochburg *Moustiers-Sainte-Marie,* zu Fuß auf dem Wanderweg GR 4 oder mit dem Kanu.

MENTON (189 F5) *(🗺 O10)*

Rund 30 km sind es von Nizza nach Menton. Eine kurze Strecke, doch kaum eine andere an der Côte d'Azur ist schöner. Drei Küstenstraßen, die *Corniches de la Riviera,* verbinden die beiden Städte – am spektakulärsten ist die hoch über der Küste verlaufende *Grande Corniche.*

Menton (29 000 Ew.) an der Grenze zu Italien feiert im Februar/März das Winterende mit der dreiwöchigen INSIDER TIPP *Fête des Citrons* mit farbenfrohen Umzügen und Orchideenschau im Palais de l'Europe. Dem Dichter und Filmemacher Jean Cocteau widmete die Stadt an der Strandpromenade das *Musée Jean Cocteau (2, Quai de Monléon | museecocteaumenton.fr | Mi–Mo 10–18 Uhr).*

MONACO (189 F5) *(🗺 O10)*

Das Fürstentum (34 000 Ew.) 20 km östlich von Nizza kennt jeder dank seiner

Nizza: Großstadt mit Strandzugang – das ist Lebensqualität!

Fürstenfamilie und seines Rufs als Steuerparadies. An einer der schönsten Ecken der Côte d'Azur drängeln sich auf knapp 2 km² eng an eng die Häuser der reichen Monegassen, Kasino und Yachthafen von Monte Carlo und das weltberühmte *Musée Océanographique (www.oceano.mc | April–Juni und Sept. tgl. 10–19, Juli/Aug. 9.30–20, Okt.–März 10–18 Uhr).*

SAINT-PAUL-DE-VENCE

(189 F5) *(🗺 O10)*

Das kleine Bergdorf knapp 20 km nordwestlich von Nizza war und ist ein Künstlertreff – und der Sitz der INSIDER TIPP *Fondation Maeght (www.fondation-maeght.com | tgl. 10–18, Juli–Sept. bis 19 Uhr),* einer der wichtigsten Privatsammlungen moderner Kunst in Frankreich. Beim *Café de la Place,* in dem einst Simone Signoret und Yves Montand einkehrten, können Sie einen Pétanquekurs absolvieren.

ERLEBNISTOUREN

1 FRANKREICH PERFEKT IM ÜBERBLICK

START: ❶ **Lille** **ZIEL:** ㉖ **Straßburg**	**28 Tage** reine Fahrzeit ca. 60–80 Stunden
Strecke: ➡ **ca. 3800 km**	

KOSTEN: ca. 2700–3700 Euro/Person (Benzin, Maut und alle sonstigen Transportkosten, Übernachtungen, Eintritte, Rad- und Kanumiete, zuzüglich Essen und Verpflegung)

ACHTUNG: Für die Rad- bzw. Kanutour bei ⑭ **Tours** und ⑰ **Bergerac** finden Sie vor Ort zahlreiche Vermieter.

Lebendige, moderne Metropolen wie Paris und Bordeaux, traumhafte Landschaften zwischen Mittelmeer und Atlantik, Normandie und Provence, dazu immer wie-

Jeder Zipfel dieser Erde hat seine eigene Schönheit. Wenn Sie Lust haben, die einzigartigen Besonderheiten dieser Region zu entdecken, wenn Sie tolle Tipps für lohnende Stopps, atemberaubende Orte, ausgewählte Restaurants oder typische Aktivitäten bekommen wollen, dann sind diese maßgeschneiderten Erlebnistouren genau das Richtige für Sie. Machen Sie sich auf den Weg und folgen Sie den Spuren der MARCO POLO Autoren – ganz bequem und mit der digitalen Routenführung, die Sie sich über den QR-Code auf S. 2/3 oder die URL in der Fußzeile zu jeder Tour downloaden können.

der Köstliches aus Küche und Keller: Erleben Sie die vielen Facetten Frankreichs bei dieser „Tour de France"!

Sie starten in der Hauptstadt Französisch-Flanderns, ❶ **Lille → S. 74**. Genießen Sie bei **Meert** weltberühmte Vanillewaffeln und schlummern Sie im Herzen der **Altstadt** im edlen Stadtpalais des **Clarance Hotel** *(19 Zi. | 32, Rue de la Barre | Tel. 03 59 36 35 59 | www.clarancehotel.com | €€€)*. **Über die Autobahn erreichen Sie** ❷ **Paris → S. 32** – mit **Marais** und **Montmartre**, **Eiffelturm** und **Quartier**

TAG 1–3

❶ Lille

221 km

❷ Paris

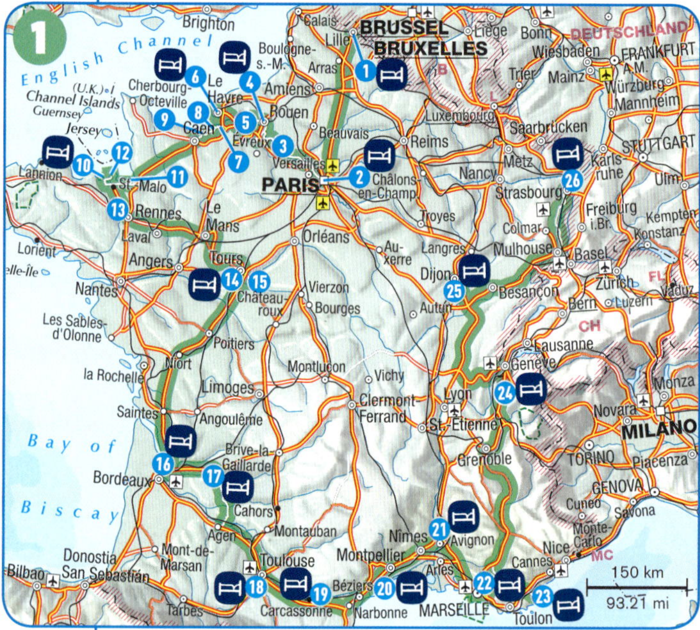

TAG 4–7

104 km

❸ Giverny

98 km

❹ Rouen

26 km

❺ Jumièges

72 km

❻ Le Havre

Latin, **Champs-Élysées** und unzähligen Schlemmerlokalen. *Très parisien* ist auch das **Hôtel du Petit Moulin** *(29, Rue de Poitou | Tel. 01 42 74 10 10 | www.hotelpetitmoulinparis.com | €€–€€€)*, dessen 17 Zimmer Christian Lacroix in einem phantasievollen Mix der Farben, Stile und Muster inszeniert hat.

Von Paris aus folgen Sie dem Lauf der Seine nach ❸ Giverny → S. 79 mit dem **Anwesen von Claude Monet**. Für die normannische Hauptstadt ❹ **Rouen → S. 76** sollten Sie einen ganzen Tag einplanen. Abends legt das Schlemmerschiff **Escapade en Seine** *(Quai Ferdinand de Lesseps | Tel. 02 35 73 08 59 | www.escapadeenseine.com)* zu Dinnertörns mit Tanz ab. **Am nächsten Tag folgen Sie der Route des Abbayes** und entdecken die schönen Abteien im Seinetal, etwa die berühmte Ruine von ❺ **Jumièges**. Ein Muss ist das moderne Welterbe von ❻ **Le Havre → S. 79**, wo Sie sich ebenfalls für zwei Nächte einquartieren. Die stilgerechte Bleibe: das **Hôtel Oscar** *(13 Zi. | 106, Rue Voltaire | Tel. 02 35 42 39 77 | www.hotel-oscar.fr | €)* im Ambiente der 1950er-Jahre.

Die Seinemündung überspannt der Pont de Normandie, über den Sie zum Alten Hafen von ⑦ Honfleur → S. 87 und den Seebädern ⑧ Deauville → S. 86 und ⑨ Cabourg → S. 86 gelangen: Zeit für einen erfrischenden Sprung ins Meer! Für diese drei Tage quartieren Sie sich dann in ⑩ **Saint-Lunaire** mit seinen INSIDER TIPP **sieben Badestränden** in der urbretonischen Pension **Kan Avel** *(11 Zi. | Rue de l'Église | Tel. 02 99 46 30 13 | www.kan-avel.fr | €–€€)* ein. Für eine **Wattwanderung** oder **Pferdetramfahrt** zum Klosterberg ⑪ **Mont-Saint-Michel → S. 93** und den Besuch der Seefahrerstadt ⑫ **Saint-Malo → S. 93** planen Sie je einen Tag ein. Die typisch bretonische Streifenmode gibt es beim angesagten Label **Saint-James** *(5, Rue Saint-Vincent | www.saint-james.fr)* in der Altstadt.

Über die bretonische Hauptstadt ⑬ Rennes → S. 91 (samstags großer **Markt auf der Place des Lices!**) erreichen Sie ⑭ **Tours → S. 55**, das Tor zu mehr als 400 Loireschlössern. Besonders prachtvoll und nicht weit von Tours: ⑮ **Chenonceau → S. 56**. Lassen Sie am zwölften Tag den Wagen in Tours stehen und radeln ein Stück auf dem **Loire-Radweg** *(www.loire-radweg.org)!* **Auf der A 10 sind Sie tags darauf in gut drei Stunden in ⑯ Bordeaux → S. 104**, wo Sie sich für drei Nächte einquartieren. Die elegante Weinstadt punktet mit dem größten klassizistischen Stadtensemble Frankreichs, einer lebendigen Kulturszene, bester Küche des Südwestens – und der stylishen **Bar à Vin** *(3, Cours du XXX Juillet | baravin.bordeaux.com)* beim Conseil Interprofessionnel du Vin de Bordeaux (CIVB), wo Sie sämtliche Tropfen der Region kosten können.

Nach drei Tagen Wein, Kultur und Shopping fahren Sie **auf der A 89 nach ⑰ Bergerac → S. 111**. Eine Weinprobe wert ist hier der edelsüße Monbazillac von der **Domaine de Pécoula** *(Tel. 05 53 24 67 82 | www.domaine-de-pecoula.com)* **bei Pomport.** Das zweite Muss im **Dordognetal → S. 112**: eine **Paddeltour** auf dem Fluss!

Über Agen erreichen Sie das Tal der Garonne und folgen dem Fluss bis zur *ville rose* ⑱ **Toulouse → S. 115**, die abends ihre Brücken und Backsteinbauten stimmungsvoll illuminiert. Am nächsten Tag erleben Sie bei **Airbus** *(Blagnac | Allée André Turcat | Tel. 05 34 39 42 00 | www.manatour.fr | Mi und Sa, in den Schulferien Mo–Sa nach Anmeldung)* hautnah die Montage von Airbusfliegern. **Die A 61 bringt Sie tags darauf zur mittelalterlichen Festungs-**

TAG 8–10
- 24 km
- ⑦ Honfleur
- 15 km
- ⑧ Deauville
- 25 km
- ⑨ Cabourg
- 211 km
- ⑩ Saint-Lunaire
- 66 km
- ⑪ Mont-Saint-Michel
- 79 km
- ⑫ Saint-Malo

TAG 11–15
- 93 km
- ⑬ Rennes
- 252 km
- ⑭ Tours
- 34 km
- ⑮ Chenonceau
- 380 km
- ⑯ Bordeaux

TAG 16
- 113 km
- ⑰ Bergerac

TAG 17–20
- 224 km
- ⑱ Toulouse
- 116 km

19 Carcassonne

136 km

20 Sète

TAG 21–24

128 km

21 Avignon

102 km

22 Marseille

TAG 25–27

178 km

23 Saint-Tropez

459 km

24 Annecy

282 km

25 Dijon

TAG 28

348 km

26 Straßburg

stadt 19 **Carcassonne → S. 131**. Am nächsten Morgen geht es weiter ans Mittelmeer. Badespaß und quirliges Stadtleben verbindet das Städtchen 20 **Sète**. Vom Hotel **L'Orque Bleue** *(30 Zi. | 10, Quai Aspirant Herber | Tel. 04 67 74 72 13 | www.hotel-orquebleue-sete.com | €–€€)* blicken Sie direkt auf den **Canal Royal**.

Bei 21 **Avignon → S. 126** erreichen Sie die Provence. Die Stadt wurde im 14. Jh. von den Gegenpäpsten geprägt – ihr **Palast** ist im Juli Bühne für zwei riesige Theaterfestivals. **Auf der A 7 geht es am nächsten Morgen nach** 22 **Marseille → S. 135**, das zum Kulturhauptstadtjahr 2013 sein Schmuddelimage abgelegt hat. Hier bleiben Sie drei Tage. Planen Sie unbedingt eine Wanderung in die Bilderbuch-Badebuchten der **Calanques → S. 137** ein! In der **Biscuiterie José Orsoni** *(7, Blvd. Botinelly)* kosten Sie die berühmten *navettes de Marseille* und in der **Savonnerie Marseillaise de la Licorne** *(34, Cours Julien | www.savon-de-marseille-licorne.com)* können Sie bei der Herstellung der legendären *savon de Marseille* zusehen und einen Olivenseifenwürfel kaufen. Sie übernachten in der trendigsten Budgetbude der Stadt: dem **Mama Shelter** *(126 Zi. | 64, Rue de la Loubière | Tel. 04 84 35 20 00 | www.mamashelter.com | €–€€)* von Philippe Starck.

Den Glanz der Côte d'Azur erleben Sie in 23 **Saint-Tropez → S. 131**. Die **Plage de Pampelonne** ist einer jener legendären Strände, wo sich die In-People zum Sonnenbad treffen – machen Sie es ihnen nach! **Über Sisteron geht es auf der Route Napoléon hinauf in die Savoyer Alpen nach** 24 **Annecy → S. 121**, wo Sie sonntags in der Altstadt über den **Markt** flanieren und per Segel- oder Tretboot den **Lac d'Annecy** erkunden. **Aus den Alpen geht es ins Burgund:** Dessen Hauptstadt 25 **Dijon → S. 51** bezaubert mit malerischen Altstadtgassen voller Fachwerk. Ihr Nachtquartier ist das **Hôtel Wilson** *(27 Zi. | 1, Rue de Longvic | Tel. 03 80 66 82 50 | www.wilson-hotel.com | €€)* mit Stilmöbeln und Steinkamin im Herzen der **Altstadt**.

Bei Mulhouse erreichen Sie schließlich das Elsass. Dessen Hauptstadt 26 **Straßburg → S. 68** ist nicht nur reich an kulturellen Schätzen: Hinzu kommt die elsässische Gastronomie. Die traditionsreiche **Maison Kammerzell** *(9 Zi. | 16, Place de la Cathédrale | Tel. 03 88 32 42 14 | www.maison-kammerzell.com | €€–€€€)* zählt zu den besten Adressen für Sauerkraut – und Nächte voller Nostalgie.

2 STRÄNDE UND FJORDE: DIE WILDE KÜSTE DER BRETAGNE

START: 1 Brest
ZIEL: 1 Brest

Strecke:
ca. 190 km

3 Tage
reine Fahrzeit
4–6 Stunden

KOSTEN: ca. 400 Euro/Person (Benzin, Übernachtungen, Eintritte, Überfahrt zur 5 Île Vierge, zuzüglich Essen und Verpflegung)
MITNEHMEN: Badesachen, feste Schuhe

ACHTUNG: Diese Rundtour lässt sich auch per Rad erleben – planen Sie dann sieben Tage ein!

Auf dieser Tour erleben Sie eine faszinierende, bizarre Landschaft: Am nordwestlichen Zipfel des Départements Finistère („Ende der Welt") prägen *abers* die Küste: fjordartige Flusstäler, die zum Ende der Eiszeit vom Meer überflutet wurden. Einige sind so flach, dass sie bei Ebbe an der Mündung trockenfallen.

Start ist in 1 Brest **→ S. 83****. Von dort geht es auf der D 788 Richtung Norden über Plabennec nach 2 Le Folgoët**, wo die **Basilika** wegen ihrer Form und ihres Portalvorbaus einen kurzen Stopp wert ist. **Die D 28 bringt Sie weiter nach Lannilis,** wo im Gezeitenfluss **Aber Wrac'h** bei Ebbe der **3 Pont Krac'h** sichtbar wird, die älteste Brücke der Bretagne aus dem 5. Jh. v. Chr. **Auf der D 13 erreichen Sie dann 4 Plouguerneau** mit seinen 23 Stränden – schönster Badeplatz ist die **Plage de la Grève Blanche**. Nur 400 m entfernt lockt ein Besuch der Abteiruine **Iliz Koz** *(Mitte Juni–Mitte Sept. Di–So 14.30–18.30, Mitte Sept.–Mitte Juni So 14.30–17 Uhr)*, die um 1700 vom Sand verschluckt wurde. **Vorbei an Plouguerneau erreichen Sie dann den kleinen Hafen Port Aber-Wrac'h, wo Sie zur 5 Île Vierge übersetzen** *(www.vedettes-des-abers.com)* – einem Minieiland mit Traumstrand und INSIDER TIPP Frankreichs höchstem Leuchtturm, dem 82,5 m hohen **Phare de l'Île Vierge**.

Zurück auf dem Festland, erreichen Sie auf der Panoramastrecke D 113 über Lannilis den Aber Benoît. Dort können Sie **bei Tréglonou direkt am Fluss** auf dem Gut des **6 Manoir de Trouzilit** *(Tel. 02 98 04 01 20 | www.manoir-trouzilit.com | Nebensaison Mo–Do geschl. | €)* 150 ver-

TAG 1
1 Brest
26 km
2 Le Folgoët
14 km
3 Pont Krac'h
7 km
4 Plouguerneau
22 km
5 Île Vierge
16 km
6 Manoir de Trouzilit

schiedene Crêpes und *galettes* genießen, ausreiten und Minigolf spielen. In einem der sieben Zimmer (auch neun Ferienwohnungen) des Guts finden Sie dann auch Ihr Quartier für die Nacht.

TAG 2–3

8 km

❼ Corn-ar-Gazel

7 km

❽ Portsall

3 km

❾ Trémazan

13 km

❿ Lanildut

19 km

Auf der D 28 geht es weiter nach Westen und kurz vor Ploudalmézeau rechts ab zum Dünenstrand ❼ Corn-ar-Gazel: Badepause! **Anschließend fahren Sie zu den Aussichtspunkten ❽ Portsall und ❾ Trémazan und weiter zum Aber Ildut nach ❿ Lanildut**, wo der Wanderweg G 34 der Küste folgt. Steigen Sie aus, laufen Sie ein wenig und lassen Sie die großartige Natur auf sich wirken. Besonders eindrucksvoll erleben Sie die Küste, wenn Flut und Westwind meterhohe Wellen gegen die Felsen anbranden lassen. Übernachten können Sie in einer der Hütten zwischen Bäumen oder im originell restaurierten Granithaus des **Le Nid d'Iroise** *(6 Zi. | 4, Hent Kergaradoc | Tel. 02 98 04 38 41 | www.hebergement-nature-bretagne.com | €–€€€)* aus dem 18. Jh.

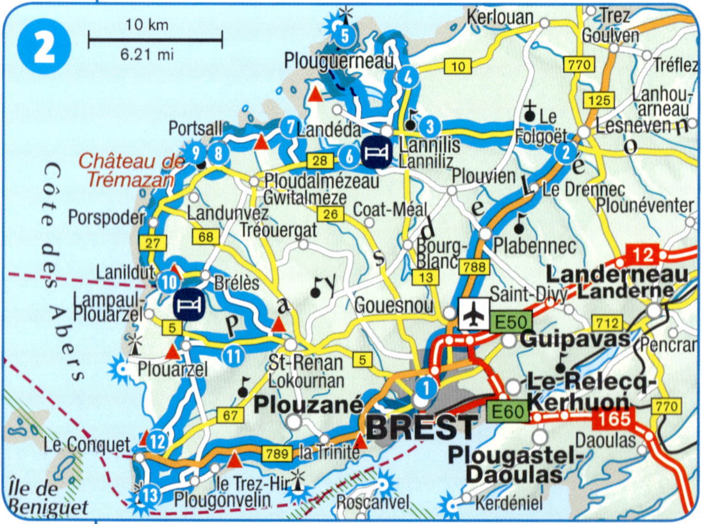

Letzter Leuchtturm vor Amerika: Phare de Saint-Mathieu an der gleichnamigen Landspitze

Die D 27 und D 5 bringen Sie am nächsten Morgen zum 5000 Jahre alten **⑪ Menhir de Kerloas 1 km östlich von Plouarzel,** der mit seinen 9,50 m der größte noch stehende Menhir Frankreichs ist. **Auf der D 28 erreichen Sie über Ploumoguer wieder die Küste.** Legen Sie an der **⑫ Plage des Blancs Sablons** unbedingt eine Pause ein und baden Sie, wenn Wetter und Wellengang es zulassen, in der Brandung! Einen letzten Zwischenstopp lohnt dann die **⑬ Pointe Saint-Mathieu** mit ihrem Leuchtturm. **Von dort geht es auf der D 85 und D 789 zurück nach ① Brest**.

⑪ Menhir de Kerloas

16 km

⑫ Plage des Blancs Sablons

9 km

⑬ Pointe Saint-Mathieu

26 km

① Brest

3 ENTDECKUNGEN AN DER WEINSTRASSE IM ELSASS

START: ① Marlenheim
ZIEL: ⑭ Thann

Strecke:
ca. 170 km

4 Tage
reine Fahrzeit
14–18 Stunden

KOSTEN: ca. 550 Euro/Person (Radmiete, Eintritte, Übernachtungen, zuzüglich Essen und Verpflegung)

ACHTUNG: Radmiete (Anlieferung nach Wunsch, Rückgabe in der Station in Thann): **Alsace Vélocation** *(Thann | 54, Rue du Floridor | Hôtel Le Floridor | Tel. 03 89 37 09 52 | www.alsace-velocation.fr)* Informationen zur Weinstraße auf *www.alsace-route-des-vins.com* und *www.elsass-weinstrasse.com*

Die Route des Vins von Marlenheim westlich von Straßburg bis nach Thann bei Mulhouse ist eine der berühmtesten gastronomischen Straßen Frankreichs. Im Zickzack geht es durch Weinberge und hübsche Dörfer, zu Kapellen, Weinkellern und guten Restaurants.

TAG 1

- ❶ Marlenheim
- 2 km
- ❷ Wangen
- 35 km
- ❸ Obernai
- 15 km

Nach dem Start in ❶ **Marlenheim** lohnt **ein erster Stopp in** ❷ **Wangen** mit seinen Sträßchen, hübschen Häusern und der mittelalterlichen Befestigungsanlage **Niedertorturm**. **Vorbei an Rosheim und Ottrott** radeln Sie durch Krautfelder nach ❸ **Obernai** – **am Marktplatz** starten Kutschfahrten durch das mittelalterliche Bilderbuchstädtchen! Blutwurst, Sauerkraut und andere Elsässer Traditionsgerichte serviert die **Winstub Le Freiberg** *(46, Rue du Géné-*

ral Gouraud | Tel. 03 88 95 53 77 | www.le-freiberg.com | Mi geschl. | €€). Am Nachmittag lockt **4 Itterswiller** mit seinem **Rundgang Vins et Gastronomie**. Danach radeln Sie **via Dambach-la-Ville und Scherwiller** nach **5 Châtenois**. Saubere Zimmer und beste Hausmannskost bietet das Hotelrestaurant **Beysang** *(16 Zi. | Tel. 03 88 58 38 58 | www.hr-beysang.com | Restaurant Mo geschl. | €)*.

Am zweiten Tag fahren Sie **über Kintzheim und Bergheim** nach **6 Ribeauvillé**. Wandern Sie dort hinauf zur **Ulrichsburg** und genießen Sie die herrlichen Ausblicke auf Stadt und Weinebene. **7 Riquewihr** lockt mit zwei Highlights: mit seiner mittelalterlichen **Altstadt** und mit einem der berühmtesten Weingüter des Elsass: Eine Weinprobe bei **Dopff au Moulin** *(2, Av. Jacques Preiss | Tel. 03 89 49 09 51 | www.dopff-au-moulin.fr | Weinproben April–Okt. tgl. 9.30–18.30, Nov.–März Mo–Fr 8–12 und 14–18, Sa/So 9–12 und 14–18 Uhr)* sollten Sie nicht verpassen! Die Winzerfamilie erfand um die Wende zum 20. Jh. den *crémant d'Alsace*, die INSIDER TIPP elsässische, viel preiswertere Variante des Champagners; auch ihr Riesling ist legendär. Ein originelles Quartier finden Sie in den einstigen Stadtbädern: Sie bergen heute drei charmante Unterkünfte für Selbstversorger, die **Gîtes les Bains** *(6, Rue de la 1ère Armée | Tel. 03 89 47 98 30 | www.gites-les-bains-riquewihr.com | €)*.

Der Tag beginnt mit einer kleinen Bergetappe nach **8 Kaysersberg** mit dem **Geburtshaus von Albert Schweitzer** *(126, Rue du Général de Gaulle | Juli–Sept. tgl. 9–12 und 14–19, Mitte März–Juni und Okt.–Mitte Nov. Do–Di 9–12 und 14–18 Uhr)*. Das verträumte **9 Turckheim** ist der perfekte Ort, um sich mittags mit einem elsässischen Flammku-

4 Itterswiller
13 km
5 Châtenois
TAG 2
14 km
6 Ribeauvillé
8 km
7 Riquewihr
TAG 3
7 km
8 Kaysersberg
10 km
9 Turckheim
7 km

Elsässische Dreifaltigkeit: Störche, Riesling und *choucroute*

⑩ Colmar

TAG 4

9 km

⑪ Eguisheim

12 km

⑫ Rouffach

16 km

⑬ Notre-Dame-de-Thierenbach

20 km

⑭ Thann

chen zu stärken, ehe die Etappe in ⑩ **Colmar** → S. 62 endet. Entdecken Sie dort das malerische Viertel **Petite Venise** vom Boot aus!

Erstes Ziel am letzten Tag ist ⑪ **Eguisheim**, eines der schönsten Dörfer Frankreichs und die Wiege des elsässischen Weinbaus – folgen Sie dem **Weinlehrpfad**! Nächstes Ziel ist dann ⑫ **Rouffach**. Hier vertreibt das **Isenbourg Spa** *(Château d'Isenbourg | Tel. 03 89 78 58 89 | www.spa-isenbourg.com)* jegliche Ansätze von Muskelkater. Ein letzter Stopp lohnt dann an der Basilika ⑬ **Notre-Dame-de-Thierenbach** mit ihrem Glockenturm, bevor die Fahrt in ⑭ **Thann** endet.

4 PANORAMATOUR DURCH DIE CEVENNEN

START: ① Sévérac-le-Château
ZIEL: ⑪ Pont du Gard

Strecke:
ca. 340 km

3 Tage
reine Fahrzeit
ca. 8–10 Stunden

KOSTEN: ca. 450 Euro/Person (Benzin, Übernachtungen, Eintritte, Angelguide, Bootstour, Kanumiete, zuzüglich Essen und Verpflegung)

Südlich der Auvergne liegen die beiden Nationalparks Grands-Causses und Cévennes. Entdecken Sie auf dieser Tour das dünn besiedelte Bergland – es ist ein Paradies für aktive Genießer: Paddeln Sie auf dem Lot, staunen Sie über die zwei wohl spektakulärsten Brücken Frankreichs und kosten Sie königliche Stinker in den Kellern von Roquefort!

TAG 1

① Sévérac-le-Château

33 km

② Viaduc de Millau

48 km

Sie starten in ① **Sévérac-le-Château** südlich der Hochebene Causse de Sévérac. Spazieren Sie durch das mittelalterliche Städtchen zur großen **Burgruine** hinauf und genießen Sie die Panoramablicke auf den **Nationalpark Grands Causses**. **Auf der A 75** erreichen Sie den von Norman Foster gestalteten, elegant geschwungenen ② **Viaduc de Millau** *(www.leviaducdemillau.com)*, der in 270 m Höhe bei Millau das Tal des Tarn überquert. Der höchste Pfeiler misst 343 m! Erleben Sie diese Brücke der Superlative: Im **Viaduc Espace Info** *(April–Okt. tgl. 10–19, Nov.–März 10–17 Uhr)* **an der D 992 (A 75 an der Abfahrt nach dem Viadukt verlassen)** werden Führungen angeboten.

Auf der D 999 erreichen Sie ❸ Roquefort-sur-Soulzon, wo Sie bei Führungen in den zehn Grad kühlen **Caves Roquefort Société** *(Av. François Galtier | www.visite-roquefort-societe.com | Kernzeit tgl. 10–12 und 13.30–16.30 Uhr, im Sommer länger)* den pikanten Schafskäse nicht nur bei der Reifung riechen, sondern auch kosten können. **Die D 992 bringt Sie – nun unter dem Viadukt hindurch – nach Millau** zu Ihrer Nacht im Schloss **❹ Le Château de Creissels** *(26 Zi. | Place du Prieur | Tel. 05 65 60 16 59 | www.chateau-de-creissels.com | So-Abend und Mo-Mittag geschl. | €–€€).*

Am nächsten Morgen fahren Sie **auf der D 187** nach **❺ Le Rozier-Peyreleau** und erfahren beim Angeln mit Jean-Baptiste Radurier *(Tel. 06 47 48 99 47 | www.pecheeneauclaire.com)* mehr über das charmante Städtchen am Zusammenfluss von Jonte und Tarn. Die atemraubende Schlucht **❻ Gorges du Tarn → S. 139 erschließt die D 907 bis. In La Malène** schippern Sie die **Bateliers des Gorges du Tarn** *(www.gorgesdutarn.com)* INSIDER TIPP im Traditionskahn durch das Wildwasser. **Auf der N 106 geht es dann weiter nach ❼ Florac → S. 139**, wo Sie im **L'Atelier du Miel et de la Châtaigne** *(64, Av. Jean Monestier | www.biscuiteriedescevennes.fr)* köstliche regionale Mitbringsel finden. Als Unterkunft empfiehlt sich das **Hôtel des Gorges du Tarn** *(22 Zi. | 48, Rue du Pêcher | Tel. 04 66 45 00 63 | www.hotel-gorgesdutarn.com | €).*

Am nächsten Morgen **folgen Sie der 52 km langen Panoramastraße Corniche des Cévennes**. Angelegt wurde die

❸ Roquefort-sur-Soulzon

23 km

❹ Le Château de Creissels

TAG 2

23 km

❺ Le Rozier-Peyreleau

8 km

❻ Gorges du Tarn

55 km

❼ Florac

TAG 3

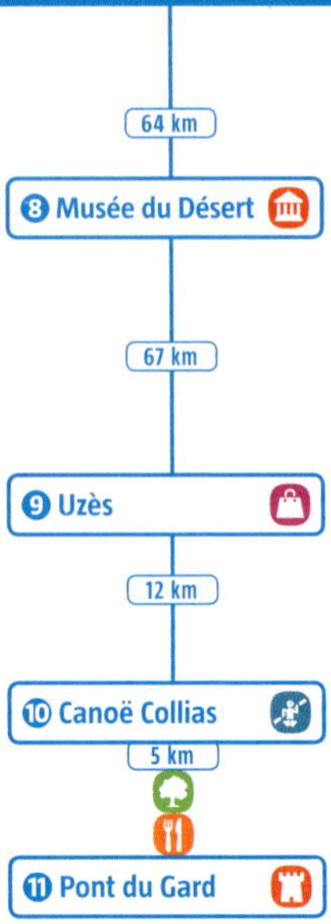

spektakuläre Höhenstraße im 17. Jh. während der Hugenottenverfolgungen. In den Bergen der Cevennen kämpften damals die protestantischen *camisards* gegen die katholische Königsarmee. Das **8 Musée du Désert** *(www.museedudesert.com | März–Juni und Sept.–Nov. tgl. 9.30–12 und 14–18, Juli/Aug. 9.30–18.30 Uhr)* **in Le Mas Soubeyran** informiert ausführlich über die Kamisardenhistorie.

In Saint-Jean-du-Gard lassen Sie die Cevennen hinter sich. Nehmen Sie die D 907 durch Anduze, lassen Sie Alès links liegen und fahren über die D 981 bis 9 Uzès. Decken Sie sich bei **Envie de Terroirs** *(5, Place aux Herbes | www.enviedeterroirs.com)* – oder, wenn Sie an einem Samstag hier sind, auf dem **Markt** – mit Pastis, Tapenade, Olivenöl, Honig und Leckereien für ein Picknick ein. **Dann fahren Sie weiter nach Collias** und mieten sich bei **10 Canoë Collias** *(Tel. 0466228720 | www.canoe-collias.com)* ein Kanu. **Paddeln Sie flussabwärts** und suchen Sie sich eine schöne Stelle für Ihr Picknick! Wenn Sie schließlich am **11 Pont du Gard** **→ S. 129** ankommen, sparen Sie auf diese Weise sogar den Eintritt!

Die Gorges du Tarn können Sie selber durchpaddeln oder sich bequem schippern lassen

5 ZU FUSS DURCH DEN PARC DES VOLCANS D'AUVERGNE

START: 1 Volvic **ZIEL:** 1 Volvic	**5 Tage** reine Gehzeit ca. 25–35 Stunden
Strecke: 120 km mittel Höhenmeter: 900 m	

KOSTEN: ca. 500 Euro/Person (Übernachtungen, Eintritte, Tretbootmiete, zuzüglich Essen und Verpflegung)
MITNEHMEN: Wanderschuhe, Regen- und Sonnenschutz, gute Wanderkarten (IGN 2531 E: Clermont-Ferrand und IGN 2531 ET: Chaîne des Puys PNR des Volcans d'Auvergne), Fernglas, Badesachen

Auf zur Gipfelrunde durch die Vulkanberge: Im Westen von Clermont-Ferrand warten 80 erloschene Vulkane auf Sie! Sie bilden eine faszinierende Kette, die Sie auf dieser Wanderung entdecken – ein Erlebnis auch für ungeübte Wanderer und Familien mit älteren Kindern!

Start ist in 1 Volvic **→ S. 50**, wo das weltberühmte Mineralwasser aus der Tiefe sprudelt – besichtigen Sie die Abfüllanlage **Espace d'Information Volvic**! **Am Besucherzentrum beginnt der markierte Wanderweg zum Col de la Nugère und 2 Puy de Tunisset**, an dem in Steinbrüchen Titan, Opal und Hämatit abgebaut werden. Über mehrere der *puy* genannten Vulkankegel erreichen Sie **3 Vulcania** **→ S. 50**, ein spannendes Erlebniszentrum zum Vulkanismus. Auf dem Gelände startet ein Heißluftballon am Seil 150 m hoch in den Himmel und bietet Ihnen phantastische Panoramablicke auf das grüne Kraterland. Abends schlemmen und schlafen Sie im *chambre d'hôte* **4 La Voie Romaine** *(4 Zi. | Route de Pontgibaud | Tel. 04 73 60 31 29 | lavoieromaine.info | €)* **in Ceyssat.**

Der rund zweistündige Aufstieg zum **5 Puy de Dôme** (1465 m) **folgt der kurvenreichen Römerstraße,** auf der einst das Baumaterial für den Merkurtempel, später für die Wetterwarte auf dem Gipfel transportiert wurde. Von oben können Sie bei gutem Wetter sogar den Mont Blanc in den Alpen sehen! Danach folgen Sie **an der Südflanke** dem Weg zum Puy de la Vache, wo ein Lavastrom zum **6 Cheire d'Aydat** erstarrt ist, einem 6 km langen und 1200 m breiten Meer aus schwarzer Schlacke. Lava schuf auch den **7 Lac d'Aydat**, wo Sie sich anschließend beim Tretboot-

TAG 1
- 1 Volvic
- 8 km
- 2 Puy de Tunisset
- 9 km
- 3 Vulcania
- 8 km
- 4 La Voie Romaine

TAG 2
- 8 km
- 5 Puy de Dôme
- 11 km
- 6 Cheire d'Aydat
- 6 km
- 7 Lac d'Aydat

fahren, Baden und Pilzesammeln erholen. Ihre Unterkunft ist das einfache **Hôtel Restaurant Les Cygnes** *(9 Zi. | Sauteyras | Tel. 0473793585 | www.hotel-restaurant-les-cygnes.com | €)*, wo Sie herrlich auf der Terrasse mit Seeblick essen.

TAG 3

16 km

8 Lac de Servières

5 km

9 Orcival

9 km

Erstes Highlight am dritten Tag ist der 1202 m hoch gelegene 8 **Lac de Servières**, wo Angler Saiblinge und Forellen aus dem See ziehen – das Baden ist aber verboten! Nächstes Ziel ist das malerische Bergdorf 9 **Orcival** mit seiner sehenswerten romanischen **Basilika**. Vorbei an den mit Schieferschindeln gedeckten Häusern wandern Sie zum entzückenden **Château de Cordès** *(Juli/Aug. tgl. 10–12 und 14–18, Juni So 14–18 Uhr)*, auf das eine Buchenallee zuführt. Den barocken Schlossgarten hat André Le Nôtre ge-

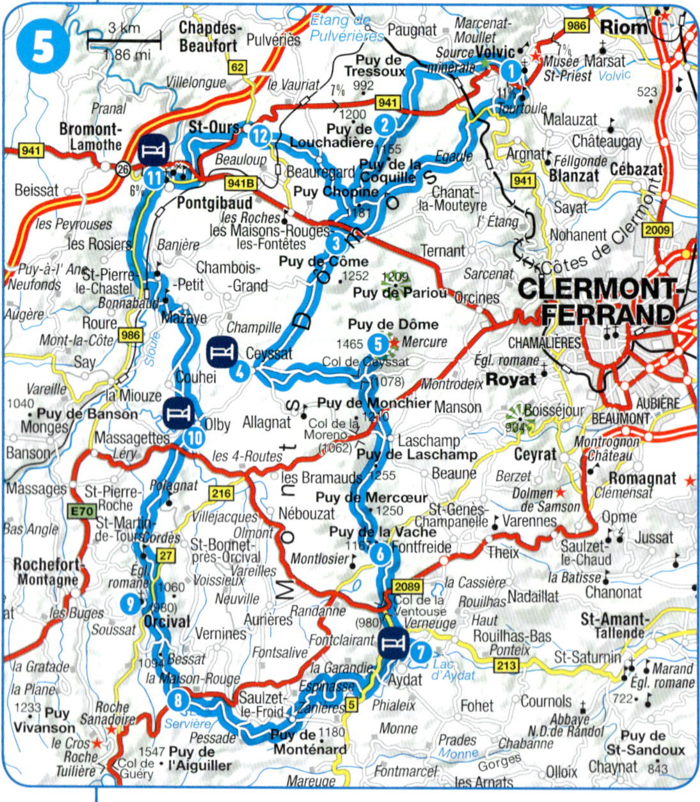

Vachement cool: Lavalandschaft Cheire d'Aydat am Puy de la Vache

staltet. Auch Sie logieren heute geradezu fürstlich **in Olby** im ⑩ **La Maison de Maidara** *(4 Zi. | Tel. 04 73 87 17 63 | chambres-table-hotes-maidara.com | €€)*, wo die Gäste abends gemeinsam die regionale Küche an der *table d'hôte* genießen.

Die vierte Etappe führt Sie **vorbei an Mazaye und Saint-Pierre-le-Chastel** mit Blick aufs Flüsschen Sioule nach ⑪ **Pontgibaud**, das die Türme des **Château Dauphin** *(6, Rue du Frère Genestier | www.chateaudauphin.com | Ostern–Juni und Sept./Okt. So 14–18, Juli/Aug. Di–So 14–19 Uhr)* überragen. Mit modern-freundlichen Zimmern und verfeinerter Regionalküche empfängt Sie das **Hôtel de la Poste** *(11 Zi. | Place de la République | Tel. 04 73 88 70 02 | www.hoteldelaposte-pontgibaud.com | €)*.

Erstes Ziel am letzten Wandertag ist das brunnenreiche Städtchen ⑫ **Saint-Ours-les-Roches** mit dem **Volcan de Lemptégy** *(31, Route des Puys | www.auvergne-volcan.com | saisonal stark gestaffelte Zeiten)*, wo Sie zu Fuß und per Bahn INSIDER TIPP ins Innere des Vulkans hinabsteigen und mit allen Sinnen einen Ausbruch erleben! **Zurück nach** ① **Volvic** geht es durch Wald und Wiesen zu Füßen all der Vulkane, die Sie zuvor erwandert haben.

⑩ La Maison de Maidara

TAG 4

13 km

⑪ Pontgibaud

TAG 5

6 km

⑫ Saint-Ours-les-Roches

21 km

① Volvic

SPORT & WELLNESS

Dank seiner Lage zwischen zwei Meeren, mehreren Gebirgszügen und einer ausgedehnten Flusslandschaft gibt es in Frankreich Möglichkeiten für Freizeitaktivitäten aller Art. Detaillierte Informationen über Ihre Urlaubsregion bekommen Sie bei den örtlichen Fremdenverkehrsämtern.

ACCROBRANCHE

Hinter diesem Namen verbirgt sich das Abenteuer Baumwipfelklettern. Der Sport ist seit Jahren ein beliebtes Freizeitvergnügen für Leute, die den Nervenkitzel lieben. Im ganzen Land gibt es Angebote, geklettert wird in den Wipfeln und entlang alter Festungsmauern. Eines der bekanntesten *accrobranche*-Ziele ist *Fort des Rousses (www.lesrousses.com)* im Jura. Über weitere Stätten informiert *www.dans-les-branches.com.*

ANGELN

Geangelt wird sogar mitten in Paris. Angeln ist Volkssport in Frankreich und fast überall möglich, da es an Meer, Flüssen und Seen nicht mangelt. Interessierte brauchen eine gültige Angelkarte. Im Anglergeschäft vor Ort kaufen Sie eine Berechtigungsmarke für einen Tag, eine Woche oder die ganze Saison, die Sie mitführen müssen. Vorschriften, regionale Angelregeln und Auskunft über Angelgebiete finden Sie auf der Website der *Fédération Nationale pour la Pêche en France (www.unpf.fr).*

Bild: Wanderweg in den Pyrenäen

Sport, Spaß und Wellness: Wer im Urlaub gern Sport treibt oder sich einfach verwöhnen lassen möchte, ist in Frankreich richtig

GOLF

Mit über 550 Plätzen ist Frankreich eines der wichtigsten Golfziele in Europa. Grundsätzlich ist die Ausübung dieses Sports ein bisschen weniger elitär und auch etwas billiger als in Deutschland. Wer als Anfänger auf einer Driving Range ein paar Versuchsbälle schlagen möchte, muss oft nur die Bälle kaufen und keine weitere Gebühr zahlen. Häufig werden auch die Schläger kostenlos zur Verfügung gestellt. Platzreife ist meist nicht erforderlich, jedoch wird ein gewisses Können vorausgesetzt. Wo sich Plätze befinden, erfahren Sie z. B. unter *www.ffgolf.org*.

RADFAHREN & MOUNTAINBIKING

Radeln können Sie überall in Frankreich, auch in den großen Städten, wo nach und nach Fahrradwege angelegt und ausgewiesen werden. Auf dem Land gibt es vielerorts *voies vertes* abseits vom Verkehr; meist sind die Strecken für Radfahrer ausgeschildert. So z. B. im Luberon, wo Sie eine INSIDER TIPP Rundtour von über 200 km fahren können. Informationen zu diesem Angebot gibt der Verein *Vélo Loisir en Luberon (leluberonavelo.com).* Spezielle geführte Touren organisiert auch der Dachverband *Fédération Française de Cyclotourisme (www.ffct.org).* Dem Mountainbike begegnen Sie auf Französisch meist abgekürzt als VTT *(vélo tout-terrain).*

REITEN

In allen Départements gibt es Reitzentren, die Reitmöglichkeiten und geführte Ausritte auch für Touristen anbieten. Die besten Reitgegenden in Frankreich sind Camargue, Auvergne, Cevennen, Bretagne, Périgord und Vogesen. Informationen erhalten Sie – auch in Englisch – auf der Website der *Fédération Française d'Équitation (www.ffe.com).* Etwa zwei Dutzend Reiterhöfe in Frankreich nehmen urlaubende Reiter mit eigenen Pferden auf, nähere Infos dazu finden Sie bei *Reiten Weltweit (www.reiten-weltweit.de).* Selbst in und um Paris müssen Reiter nicht auf ihr Hobby verzichten: Schöne Reitwege findet man im Bois de Vincennes, Bois de Boulogne und im Wald von Fontainebleau. Als das „Versailles der Pferde" gilt der *Haras National du Pin (www.haras-national-du-pin.com)* in Frankreichs Pferdeland par excellence, der Normandie mit 90 Ponyclubs und Reitzentren. Das königliche Gestüt in *Le Pin-au-Haras* bei Argentan ist wie die meisten der 23 französischen Nationalgestüte *(www.haras.nationaux.fr)* öffentlich zugänglich.

Von den Alpen bis zum Zentralmassiv, ob gemächlich oder rasant: Für Paddler ist Frankreich ein Traum

SKIFAHREN

Mit Pisten in den Vogesen, dem Jura, dem Massif Central, den Pyrenäen und den Alpen besitzt Frankreich eine enorme Vielfalt an Skigebieten. Am anspruchsvollsten ist das Alpengebiet mit den berühmten Wintersportstationen *Tignes, Val-d'Isère, Courchevel, Chamonix-Mont-Blanc,* dem Skigroßraum Portes du Soleil bei Megève, Châtel und Les Gets sowie dem Dreitälergebiet um *Val-Thorens (www.les3vallees.com).* Nähere Informationen erteilen die einzelnen Skigebiete und die Organisation *Fédération Française de Ski (www.ffs.fr).*

WANDERN & KLETTERN

Ganz Frankreich ist mit Wanderwegen durchzogen; es gibt zwei Kategorien: *PR (Petite Randonnée)* sind einfache Tagestouren, *GR (Grande Randonnée)* verlangen etwas Kondition und sind meist mehrtägige Touren. Auskunft: *Fédération Française de la Randonnée Pédestre (www.ffrandonnee.fr).*

WASSERSPORT

Zum Paddeln eignen sich zahlreiche Flüsse, besonders beliebt sind Ardèche und Tarn. Die besten Spots für Surfer finden Sie an der südlichen Atlantikküste zwischen Girondemündung und spanischer Grenze. Im Norden ist Strandsegeln *(char à voile)* sehr angesagt, z. B. in *Le Touquet-Paris-Plage.* Am Mittelmeer ist die Halbinsel INSIDER TIPP *Giens* bei Hyères sehr beliebt vor allem bei Kitesurfern. Auch das Stand-up-Paddling ist vielerorts stark im Kommen. Informationen über Segel- und Surfschulen geben die Websites der *Fédération Française de Voile (www.ffvoile.net)* und *Fédération Française de Surf (www.surfingfrance.com).*

WELLNESS

Im bretonischen Roscoff stand die Wiege der modernen Thalassotherapie: Seit 1899 werden dort die Heilkräfte des Meers in den Dienst der Gesundheit gestellt. Im Zentralmassiv vereint die Route des Villes d'Eaux 17 Kurorte. In den Nordalpen erleben berühmte Kurorte der Antike wie Aix-les-Bains oder Évian-les-Bains eine Renaissance. Beliebte Kurorte und Wellnessziele der Südalpen sind u. a. Digne-les-Bains und Gréoux-les-Bains. Und im Pyrenäenvorland wurden die meisten Wellnessbäder Frankreichs im neuen Millennium gebaut. Mehrtägige bis mehrwöchige „Sesshins" im Soto-Zen-Buddhismus bietet das ● *Ryumon Ji (short.travel/frr1)* in *Weiterswiller* im Elsass.

MIT KINDERN UNTERWEGS

Frankreich ist im europäischen Vergleich eines der Länder mit den höchsten Geburtenraten. Dementsprechend groß ist auch das Angebot bei den Freizeitattraktionen für Kinder.

Es lohnt sich, vor Ort nach besonderen Aktivitäten für Sechs- bis Zwölfjährige zu fragen. Viele Regionen halten ein umfangreiches Kinderprogramm bereit. Viele Museen bieten regelmäßig speziell auf Kinder zugeschnittene Führungen an; seltener hingegen gibt es deutschsprachige Audioguides für junge Besucher. Achten Sie in Badeorten auf das Label „Kid“: Diese Orte sind auf Familienurlaub eingestellt. Ein Manko ist allerdings, dass in vielen Parks und Freizeiteinrichtungen der Erwachsenentarif schon ab neun oder zehn Jahren gilt.

PARIS

DISNEYLAND PARIS (184 B4) *(🕮 K4)*
In Marne-la-Vallée im östlichen Großraum Paris (32 km vom Zentrum, Anfahrt mit der RER-Linie A) liegt der französische Ableger des Disneylands. Der Freizeitpark verzeichnet täglich bis zu 35 000 Besucher und 14 Mio. im Jahr – lange Warteschlangen vor den Fahrgeschäften sind üblich. Sieben Disney-Hotels und sieben Partnerhotels befinden sich in der direkten Umgebung des Areals. Der Park selbst gliedert sich in fünf Themenwelten; direkt angrenzend locken darüber hinaus das Disney Village, der Walt Disney Studios Park und die 27-Loch-Anlage Golf Disneyland. *www.disneylandparis.fr | Juli/Aug. tgl. 10–23, Sept.–Juni 10–19,*

Asterix und seine Freunde, Schlösser, Weltraum: Frankreich hat auch für seine kleinen Gäste jede Menge Attraktionen im Angebot

Sa/So bis 21 oder 22 Uhr | 69 Euro, Kinder 62 Euro, inkl. Walt-Disney-Studios 84/ 77 Euro

PARC ASTÉRIX (184 B4) *(K4)*
Bei Plailly 30 km nördlich von Paris direkt an der A 1 befindet sich der mit 36 Attraktionen, darunter zehn für Kinder unter sechs Jahren, familiärere, „europäischere" Freizeitpark. Hier können sich Fans und Youngsters ins römisch-gallische Getümmel stürzen. Shuttlebusse fahren täglich um 9 Uhr am Louvre in der Nähe der Metrostation Palais Royal ab *(Rückfahrt 18.30 Uhr | 23 Euro/Pers.). www.parcasterix.fr | Mitte April–Okt., im Hochsommer tgl., sonst s. Website | 47 Euro, Kinder 39 Euro*

DIE MITTE

BERGERIE NATIONALE DE RAMBOUILLET (184 A4) *(J4)*
Im Schlosspark rund 50 km südwestlich von Paris geht es heute gar nicht mehr aristokratisch zu: In die ehemalige Schä-

ferei sind ein Streichelzoo und jede Menge anderer Attraktionen eingezogen, die Kinder begeistern können. *www.bergerie-nationale.educagri.fr | Mitte Jan.–Weihnachten Mi, Sa und So 14–17, im Sommer bis 17.30 Uhr | 6 Euro, Kinder 4 Euro*

CHÂTEAU DU CLOS LUCÉ

(183 F5) (*🕮 H6*)

Das im 12. Jh. erbaute Schloss aus rotem Ziegelstein in Amboise im Loiretal war die letzte Wohnstätte von Leonardo da Vinci. Der Park ist nach ihm benannt, das Kinderprogramm ebenfalls. Die kleinen Leonardos können hier Mal- und Zeichenkurse belegen oder sich in Renaissancetänzen unterrichten lassen. Einige Kurse dauern mehrere Tage. *www.vinci-closluce.com | Jan. tgl. 10–18, Feb.–Juni und Sept./Okt. 9–19, Juli/Aug. 9–20, Nov./Dez. 9–18 Uhr | 15 Euro, Kinder 10,50 Euro*

DER OSTEN

INSIDER TIPP LA MAISON DU COMTÉ

(185 D6) (*🕮 M–N6*)

In diesem Museum in *Poligny* im Herzen der Franche-Comté geht es um Käsekultur. In dem nur für Kinder gestalteten Ausstellungsparcours erfahren die Kleinen auf spielerische Weise alles, was man über einen der berühmtesten französischen Käse wissen muss, den aus Kuhmilch hergestellten Comté – auch in deutscher Sprache. *Av. de la Résistance |*

Ihre Kids stehen auf Ritter? Oder Gladiatoren? Oder Wikinger? *Bienvenus* im Puy du Fou!

www.maison-du-comte.com | April–Juni Di–So 14, 15.15 und 16.30, Sept.–Mitte Okt. 14.15 und 15.45, Juli/ Aug. tgl. 10–17 Uhr | 5 Euro, Kinder 3 Euro

DER NORDEN

PARK SAMARA (184 B2) (*🕮 J3*)
Zeitreise in die Prähistorie gefällig? In diesem Park in *La Chaussée Tirancourt* gut 10 km westlich von Amiens wird Besuchern vor Augen geführt, unter welchen Bedingungen unsere Vorfahren lebten. Kunsthandwerker zeigen alte Techniken, ein Rundgang führt durch ein keltisches Dorf und ein Museum gibt Hintergrundinformationen. *www.samara.fr | März–Juni und Sept.–Nov. Mo–Fr 9.30–17.30, Sa/So 10–18, Juli/Aug. tgl. 10–18.30 Uhr | 10 Euro, Kinder 8,50 Euro*

DER WESTEN

PLANÈTE SAUVAGE (182 C6) (*🕮 F6*)
Der rund 20 km südwestlich von Nantes in *Port Saint-Père* gelegene Zoo ist eine Attraktion – nicht nur für Kinder: In Schrittgeschwindigkeit fahren Sie auf Serpentinenstraßen durch die Anlage, in der Buschland, Steppe und Savanne nachgebildet sind. Elefanten, Bisons, Springböcke, Bären und Giraffen leben hier. Danach geht es zu Fuß weiter ins Safaridorf zu Reptilien und Kleintieren, um am Ende im exotischen Affengarten die Besichtigung zu beschließen. *La Chevalerie | www.planetesauvage.com | März–Nov. mit vereinzelten Schließtagen saisonabhängig 9.30/10–18/19 Uhr | 26 Euro, Kinder 21 Euro*

PUY DU FOU (183 D6) (*🕮 G6*)
Eine Zeitreise erwartet die Besucher gut 80 km südöstlich von Nantes bei *Les Épesses* im Freizeitpark des „verrückten Bergs". In dem großzügig angelegten Park tummeln sich Wikinger, Ritter, Musketiere, Gladiatoren, Napoleons Soldaten und viele andere mehr. *www.puydufou.com | April–Sept. mit vereinzelten Schließtagen 10–19/21/22.30 Uhr | ab 37 Euro, Kinder ab 26 Euro*

DER SÜDWESTEN

AQUALAND (186 B3) (*🕮 G9*)
Jede Menge Badespaß mit rasanten Rutschen und Wasserfällen bietet diese Anlage in *Gujan Mestras* am Rand des Bassins von Arcachon. *www.aqualand.fr | Mitte Juni–Mitte Juli tgl. 10–18, Mitte Juli–Aug. 10–19 Uhr | 28 Euro, Kinder 20,50 Euro*

CITÉ DE L'ESPACE (187 D5) (*🕮 J11*)
Kennst du die Planeten unseres Sonnensystems? Wie ist das Weltall entstanden? Wer von alten Steinen und Kirchen genug hat und sich dem jungen Kapitel von Toulouse, der Raumfahrtindustrie, zuwenden will, sollte sich und seinen Kindern eine Abwechslung gönnen und zur „Stadt des Weltraums" fahren. Im Park der Anlage steht eine Originalkopie der Ariane 5. *Av. Jean Gonord | Autobahnring Ost | www.cite-espace.com | ganzjährig mit vereinzelten Schließtagen 10–17/18/19/23 Uhr | 24 Euro, Kinder 17,50 Euro, Nebensaison 21/15,50 Euro*

DER SÜDOSTEN

PARC ZOOLOGIQUE DE FRÉJUS (189 E5) (*🕮 O11*)
Den auf einem Hochplateau angelegten Zoo 5 km nördlich von Fréjus können Sie sowohl zu Fuß als auch mit dem Auto besichtigen. Beeindruckend ist vor allem die Artenvielfalt der Vögel. *www.zoo-frejus.com | Juni–Aug. tgl. 10–18, März–Mai und Sept./Okt. 10–17, Nov.–Feb. 10.30–16.30 Uhr | 16 Euro, Kinder 11,50 Euro*

EVENTS, FESTE & MEHR

FESTE & VERANSTALTUNGEN

JANUAR

Festival International de la Bande Dessinée d'Angoulême: eine vier Tage lange Comicorgie

FEBRUAR

Karneval wird in Frankreich nur in Nizza an der Côte d'Azur, im Elsass und in vielen Orten der Region Hauts-de-France gefeiert. Hochburgen sind Dunkerque, Douai, Cassel und Bailleul.

OSTERN

Die ***Feria d'Arles*** eröffnet die Stierkampfsaison.

Am Karfreitag kehrt in Perpignan das Mittelalter zurück, wenn bei der ***Procession de la Sanch*** Männer mit bodenlangen roten oder schwarzen Kutten und Kappen mit schmalen Sehschlitzen zur Kathedrale ziehen.

APRIL

Krimifilmfestival ***Festival International du Film Policier*** in Beaune

MAI

Lebendiges Mittelalter bei den ***Fêtes de Jeanne d'Arc*** in Orléans und Rouen

Pilgerfahrt der *gitans* in Saintes-Maries-de-la-Mer vom 24. bis 26. Mai

Fête de Corridas in Nîmes

Filmfestspiele in Cannes

JUNI

French Open: Tennisturnier im Stadion Roland Garros in Paris

Am Utah Beach gedenken Veteranen und Pazifisten am 6. Juni der ***Alliiertenlandung*** 1944 an der normannischen Küste.

Fête de la Musique: Am 21. Juni spielen in ganz Frankreich Bands kostenlos.

In Le Mans fahren Sportwagen und Motorräder das bekannte ***24-Stunden-Langstreckenrennen.***

Beginn des Festivals ***Montpellier Danse*** (bis Anfang/Mitte Juli)

JULI

In der ersten Julihälfte Konzerte in Colmar im Rahmen des ***Festival International de Musique Classique***

Zum ***Nationalfeiertag*** am 14. Juli überall im Land Paraden und Feuerwerk

In Biarritz findet das internationale ***Surf-Festival*** statt.

Ein immer gut besuchter Klassiker: das ★ ***Theaterfestival*** in Avignon

Bei der ***Fête de Bayonne*** geht es ebenso farbenfroh wie trinkfreudig zu.

AUGUST

● ***Paris Plages:*** Sonnen, Baden und Feiern auf dem künstlich aufgeschütteten Strand an der Seine

20 Tage lang gastieren Jazzkünstler von Weltrang unweit von Toulouse beim Festival INSIDER TIPP ***Jazz in Marciac.***

SEPTEMBER

Beim größten Flohmarkt Europas, der INSIDER TIPP ***Braderie de Lille,*** brodelt die Stadt am ersten Wochenende mit 2 bis 3 Mio. Besuchern. Zwischen Sa 14 Uhr und So 23 Uhr steigt ein gigantisches Festival mit Straßenkonzerten, Großbühnen und Schnäppchenjägern auf Hunderten von Bürgersteigkilometern.

Bei den ***Journées Européenes du Patrimoine*** öffnen sich sonst verschlossene Denkmäler für das Publikum.

Auch der Norden hat sein Filmfest mit Stars aus Hollywood: ***Festival du Cinéma Américain*** in Deauville

Biennale in Lyon: Im Jahreswechsel zeigt die Biennale Kunst oder Ballett.

OKTOBER

Auch in Paris gibt es einen Weinberg! Die Lese findet im Rahmen der INSIDER TIPP ***Fêtes des Vendanges*** am Montmartre statt.

Bei der ***Nuit Blanche,*** der langen Nacht der Museen, wird in ganz Frankreich in den Kulturtempeln gefeiert.

NOVEMBER

Le Beaujolais nouveau est arrivé! heißt es am dritten Donnerstag im November. Um Mitternacht ist offiziell ***Fassanstich*** des jungen Rotweins.

DEZEMBER

Am 8. Dezember zelebriert Lyon die ***Fête des Lumières.*** Mehr als 3 Mio. Besucher zieht das vier Tage dauernde Lichtfest jedes Jahr an.

FEIERTAGE

1. Jan.	Neujahr
März/April	Ostermontag
1. Mai	Tag der Arbeit
8. Mai	Kriegsende 1945
Mai/Juni	Christi Himmelfahrt; Pfingstmontag
14. Juli	Nationalfeiertag
15. Aug.	Mariä Himmelfahrt
1. Nov.	Allerheiligen
11. Nov.	Kriegsende 1918
25. Dez.	Weihnachten

LINKS, BLOGS, APPS & CO.

LINKS & BLOGS

www.parisberlinmag.com Informative Website des zweisprachigen politisch-kulturellen Magazins „Paris Berlin" mit aktuellen gesellschaftlichen Themen und Ländervergleich

lenachbar.wordpress.com Michael Neubauer, Korrespondent in Paris, greift in seinem Blog aktuelle Themen auf, die ihm in Paris begegnen – von der landesweiten Bewegung „Nuit Debout" bis zu den feinen Unterschieden beim Baguette

www.parcs-naturels-regionaux.fr Alle 51 Naturparks von Frankreich auf einen Blick, mit interaktiver Karte und Unterkunftslisten der einzelnen Parks

meinfrankreich.com Die Hamburger Fotografin und Journalistin Hilke Maunder stellt in ihrem Blog alle drei Tage Menschen und Orte, Kochrezepte und Lesetipps vor.

www.histoire-pour-tous.fr Warum könnte man Lieselotte von der Pfalz Madame Europe nennen? Und wie hieß die schöne Lieblingsschwester von Napoleon? Toll aufbereitete Nachhilfe über französische Geschichte, auch über Welthistorie, und das Beste: eine eigene Rubrik über historische Comics und Filme. Einziges Manko: nur auf Französisch

nord-sud-passage.com Eine gebürtige Berlinerin, die seit über 20 Jahren in Frankreich lebt, ist als Sachbuchautorin und Rundfunkkorrespondentin gut vernetzt – ein Besuch auf ihrer deutsch-französischen Kulturplattform lohnt sich also

www.diplomatie.gouv.fr Hintergründe zu politischen Themen, die Frankreich bewegen, aber auch Fragen der deutsch-französischen Zusammenarbeit greift das offizielle Portal des französischen Außenministeriums auf

www.dfjw.org Praktikumsplätze und Jobs in Frankreich vermittelt das Deutsch-Französische Jugendwerk, das auch eine Kleinanzeigenbörse im Netz unterhält – praktisch für alle, die eine Bleibe auf Zeit in Frankreich suchen, eine Au-Pair-Stelle oder einen Studienplatz

Egal, ob für Ihre Reisevorbereitung oder vor Ort: Diese Adressen bereichern Ihren Urlaub. Da manche sehr lang sind, führt Sie der short.travel-Code direkt auf die beschriebenen Websites. Falls bei der Eingabe der Codes eine Fehlermeldung erscheint, könnte das an Ihren Einstellungen zum anonymen Surfen liegen

www.blablacar.fr Frankreichs Marktführer unter den Mitfahrzentralen ist auch in Deutschland aktiv – praktisch für die Vermittlung von grenzüberschreitenden Fahrten!

www.in-france.de Reisecommunity mit Artikeln, Fotos und Bewertungen zu Reisezielen in ganz Frankreich

www.marcopolo.de/frankreich Interaktive Karten inklusive Planungsfunktion, Impressionen aus der Community, aktuelle News und Angebote ...

www.frankreichkontakte.de Ein Netzwerk von und für Menschen, die oft in Frankreich Urlaub machen, die dort arbeiten oder studieren, die Französisch lernen oder einfach frankophil sind

VIDEOS & MUSIK

www.zevisit.com Hier können Sie kurze Clips über Orte oder Landschaften in Frankreich herunterladen – in der Regel auf Französisch, aber als optisch-akustische Einstimmung selbst dann anregend, wenn Sie kaum Französisch verstehen

pluzz.francetv.fr/depuis-l-etranger Das erste und einzige Portal im Netz, auf dem man ganz offiziell französische Sender online ansehen kann. Die Detailsuche erlaubt, das Angebot nach Sendern oder Kategorien zu sortieren

Belle France Arte Mit diesen Suchbegriffen finden Sie auf Youtube die zehnteilige Arte-Doku mit 45-minütigen Filmen zu den schönsten Landschaften Frankreichs

APPS

Click 'n Visit Parcs et Jardins Die App beschreibt die schönsten französischen Parks und Gärten, gibt Infos zur Erreichbarkeit und visuelle Einblicke

Weinkarte Frankreich Eine interaktive Karte mit Detailinformationen zu Rebsorten, Geschmack, Anbaugebieten sowie Bewertungen von Jahrgängen

Immersion France Ideal für alle, die Französisch im Urlaub lernen wollen: einfach das Reiseziel anwählen, die Region mit Videos von TV 5 Monde entdecken und dann Anbieter von Sprachkursen und -reisen suchen. Filter (Dauer des Aufenthalts, Sprachkenntnisse, gewünschte Aktivität) helfen beim Eingrenzen

PRAKTISCHE HINWEISE

ANREISE

Aus Deutschland führen die Autobahnen A 1/A 2 (Duisburg–Antwerpen–Lille bzw. Aachen–Lüttich–Paris) und A 4 (Saarbrücken–Metz–Reims–Paris) nach Frankreich. Im Südwesten führt die A 36 über Mulhouse nach Dijon. Die meisten Autobahnabschnitte in Frankreich sind mautpflichtig *(péage)*. Die knapp 700 km lange Strecke Mulhouse–Montpellier kostet zum Beispiel rund 55 Euro, für die knapp 350 km von Metz bis Paris fallen rund 25 Euro an. Die *péage* können Sie kalkulieren unter *www.autoroutes.fr*. Es gibt jedoch auch längere mautfreie Autobahnabschnitte. Dazu gehören sämtliche Stadtautobahnen und Ringstraßen, alle Autobahnen in der Bretagne, die A 75 Clermont-Ferrand–Béziers/Montpellier (mautpflichtig ist hier nur das Viadukt von Millau) sowie die A 20 Vierzon–Brive-la-Gaillarde. Mit *Liber-t (www.bipandgo.com)* umgehen Sie die Staus an den Zahlstellen. Bezahlt wird nach Registrierung am Ende des Nutzungsmonats.

Die meisten großen Städte sind an das Bahnnetz angeschlossen, das von Paris sternförmig das Land überzieht. Der TGV *(www.tgv-europe.de)* benötigt für die rund 750 km von Paris bis Marseille nur gut drei Stunden, die ICE-Fahrt von Frankfurt nach Paris dauert knapp vier Stunden. Der TGV Frankfurt–Marseille (knapp acht Stunden) mit Halts in Straßburg, Mulhouse, Belfort, Besançon, Chalon-sur-Saône, Lyon, Avignon und Aix-en-Provence bringt Sie schnell in den gesamten Osten und Südosten. Sonderangebote bietet oft der Schnellzug Thalys *(www.thalys.com)* auf der Strecke Köln–Paris. Buchungen innerhalb Frankreichs können über die Website *www.voyages-sncf.com* vorgenommen werden. TGV-Tickets bekommt man nur mit Sitzreservierung, die TER-Regionalzüge *(www.sncf.com/de/zuege/ter)* locken oft mit Specials.

Nachdem nach Deutschland auch in Frankreich der Fernbusmarkt liberalisiert wurde, wächst das Angebot preiswerter Busreisen zu Zielen in Frankreich rasant. Vorreiter ist die Deutsche Touring *(www.eurolines.de)*, die aus rund zwei Dutzend Städten um die 50 Ziele in Frankreich zu günstigen Preisen anfährt – Drehkreuze sind Paris und Lyon. Vorzugspreise für 16- bis 25-Jährige gewährt das Angebot „Europa 4 U".

GRÜN & FAIR REISEN

Auf Reisen können auch Sie viel bewirken. Behalten Sie nicht nur die CO_2-Bilanz für Hin- und Rückreise im Hinterkopf *(www.atmosfair.de; de.myclimate.org)* – etwa indem Sie Ihre Route umweltgerecht planen *(www.routerank.com)* – , sondern achten Sie auch Natur und Kultur im Reiseland *(www.gate-tourismus.de; www.ecotrans.de)*. Gerade als Tourist ist es wichtig, auf Aspekte wie Naturschutz *(www.nabu.de; www.wwf.de)*, regionale Produkte, wenig Autofahren, Wassersparen und vieles mehr zu achten. Wenn Sie mehr über ökologischen Tourismus erfahren wollen: europaweit *www.oete.de*; weltweit *www.germanwatch.org*

Von Anreise bis Zoll

Urlaub von Anfang bis Ende: die wichtigsten Adressen und Informationen für Ihre Frankreichreise

Paris besitzt zwei große Flughäfen: Orly gut 10 km südlich der Stadt und Roissy-Charles-de-Gaulle (CDG) knapp 25 km nördlich. Von beiden fahren Busse (Roissybus, Orlybus) und die S-Bahn RER (Linie B 3 für CDG und B 4 für Orly) in die Innenstadt. Regionalflughäfen sind Bordeaux, Lille, Lyon, Marseille, Montpellier, Mulhouse, Nantes, Nizza, Straßburg und Toulouse.

AUSKUNFT

ATOUT FRANCE – FRANZÖSISCHE ZENTRALE FÜR TOURISMUS

– Postfach 100128 | 60001 Frankfurt | info.de@rendezvousenfrance.com
– Wien | Tel. 01 5 03 28 92 | info.at@france.fr
– www.france.fr

Vor Ort erhalten Sie in den lokalen Fremdenverkehrsbüros *(office de tourisme, syndicat d'initiatives)* gute Informationen.

INFORMATIVE WEBSITES

Allgemeine Infos über das Land gibt die Website der Botschaft in Berlin: *www.ambafrance-de.org.* Informationen über die deutsch-französische Zusammenarbeit mit aktuellen Kulturterminen finden Sie unter *www.france-allemagne.fr.* Wissenswertes über Reisen vermitteln die Websites *www.frankreich-experte.de* und *www.frankreich-trip.com.* Aktuelle Wetterinformationen erhält man u. a. auf *www.meteofrance.fr.* Eine Liste der französischen Touristenbüros finden Sie auf *www.tourisme.fr.* Ein Großteil der französischen Gemeinden ist mit eigenen Websites online präsent.

AUTO

In Ortschaften gilt eine Höchstgeschwindigkeit von 50 km/h, auf Landstraßen 90 km/h, auf Schnellstraßen 110 km/h und auf Autobahnen 130 km/h (bei Regen 110 km/h). Bei Unfällen ist die Polizei zu informieren, via Autobahnrufsäulen oder mit der Rufnummer *17.* Die Promillegrenze beträgt 0,5. Für jeden Insassen ist das Mitführen einer Warnweste Pflicht.

CAMPING

Knapp 10 000 Campingplätze gibt es in Frankreich. Sie sind ähnlich wie die Hotels in vier Sternekategorien eingeteilt. Eine Reservierung in den Ferienmonaten ist empfehlenswert *(www.campingfrance.com).*

DIPLOMATISCHE VERTRETUNGEN

DEUTSCHE BOTSCHAFT

24, Rue Marbeau | 75116 Paris | Tel. 0153834500 | www.allemagne.diplo.de

ÖSTERREICHISCHE BOTSCHAFT

6, Rue Fabert | 75007 Paris | Tel. 0140633063 | ww.bmeia.gv.at

SCHWEIZER BOTSCHAFT

142, Rue de Grenelle | 75007 Paris | Tel. 0149556700 | www.eda.admin.ch

EINTRITTSPREISE

Generell gilt: Staatliche und städtische Museen sind deutlich günstiger als private Sammlungen und Attraktionen.

WAS KOSTET WIE VIEL?

Fahrrad	5–20 Euro *für 24 Stunden*
Kaffee	1,50–2,30 Euro *für einen petit noir am Tresen*
Eis	2–3,50 Euro *für eine Kugel*
Wein	ab 4 Euro *für ein Glas im Bistro*
Benzin	um 1,40 Euro *für 1 l Super*
Autobahn	6–7 Euro *für 100 km auf mautpflichtigen Abschnitten*

Ganz und gar kostenlos ist bei Ersteren der Eintritt für EU-Bürger unter 26 Jahren sowie für alle am ersten Sonntag im Monat. Kinder und Senioren können sich über Ermäßigungen von bis zu 50 Prozent freuen, wer älter als 75 Jahre ist, genießt oft freien Eintritt. Vereinzelt haben Museen und Attraktionen saisonal gestaffelte Preise, Juli und August sind dann die teuersten Monate. Sparfüchse kaufen ihre Eintrittskarte ohnehin online: Das spart in vielen Fällen nicht nur ordentlich Geld, sondern auch Zeit, da Warteschlangen entfallen oder deutlich kürzer sind. City- und Museumspässe lohnen sich nur, wenn Sie ein strammes Besichtigungsprogramm planen.

Zur Orientierung einige Eintrittspreise beliebter Attraktionen: Eiffelturm 17 Euro, Louvre 15 Euro, Mont-Saint-Michel 9 Euro, Château de Chenonceau 13 Euro, Parc Astérix ab 39 Euro, Machines de l'Île in Nantes 8,50 Euro, Mémorial de Caen 19,50 Euro, Palais des Papes in Avignon 11 Euro, Musée Unterlinden in Colmar 13 Euro, Musée Jeanne d'Arc in Orléans 4 Euro

GELD & KREDITKARTEN

Die einfachste Bargeldbeschaffung erfolgt über die zahlreichen Automaten, die Kredit- und EC-Karten akzeptieren. Kreditkarten werden in Frankreich fast überall und auch für kleine Beträge akzeptiert. Lediglich in privaten Gästehäusern, den *chambres d'hôtes,* kann man oft nur bar bezahlen.

GESUNDHEIT

Mit der Europäischen Versicherungskarte EHIC erhalten alle Versicherten EU-weit medizinische Hilfe in Notfällen (auch für Zahnbehandlungen im akuten Fall), ob akut behandelt, gar operiert werden muss oder Medikamente verschrieben werden. Dies entbindet jedoch nicht von möglichen Zuzahlungen, die sich nach landesüblichen Tarifen richten, und die Einschränkung „Notfall" wird ernst genommen. Französische Arztpraxen sind einfacher ausgestattet als deutsche; praktische Ärzte haben sogar meist keine Sprechstundenhilfe und kassieren bar. Generell sollten Sie Rechnungen und Quittungen aufbewahren. Plant man einen längeren Frankreichaufenthalt, sollte man eine gesonderte Langzeitkrankenversicherung abschließen.

INTERNETZUGANG & WLAN

In den meisten Hotels kommt man über kostenloses *wifi* ins Netz. Ganz anders als in Deutschland gibt es aber auch fast überall ● freien Zugang ins Netz – allein in Paris an mehr als 1000 Orten, von der Place des Vosges bis zum Parc de Belleville. Alle staatlichen und städtischen Museen, fast alle privaten Museen, alle Bibliotheken, alle Autobahnraststätten, alle Bahnhöfe, Flughäfen, Fast-Food-Ketten und Einkaufszentren locken mit kostenlosem, unbegrenztem Zugang zum Internet, das nicht nur superschnell ist, sondern auch keine Hürden beim Einloggen aufstellt. Montpellier, Lyon und Lille bieten zudem Hotspots für die Hosentasche: handliche 4G-Sender, die für wenig Geld gemietet werden können – Hunderte Megabits inklusive. Denn in Frankreich hat man verstanden, dass es längst ein Imagefaktor ist, freies *wifi* für Einheimische und Besucher bereitzuhalten – und das nicht nur in großen Städten, sondern auch in kleineren Urlaubsorten. Und sogar auf der Skipiste, wo WLAN-Hotspots in die Pylone der Lifte integriert wurden!

KLIMA & REISEZEIT

Frankreich erfreut sich eines gemäßigten Klimas. Eine Wettergrenze bildet oft die Loire. Während an der Atlantikküste im Westen eher ein mildes, ozeanisches Klima herrscht, nähert sich der Osten dem Kontinentalklima an. Der Norden ist relativ feucht, der Süden zeichnet sich durch lange Sonnenperioden aus. Die beste Reisezeit ist für die meisten Gegenden Frankreichs vom späten Frühjahr bis in den Herbst. In den Wintersportgebieten Vogesen, Jura, Zentralmassiv, Pyrenäen und Alpen ermöglichen gute Schneeverhältnisse in hohen Lagen Skifahren bis in die Monate März und April. An der Côte d'Azur kann man schon an manchen Januartagen draußen in der Sonne sitzen, in der Provence etwa ab März.

KOCHKURSE

Kochen können wie die Profis, das wollen in Frankreich viele. Deswegen boomt der Markt der Kochkurse. Selbst berühmte Häuser wie das Pariser Hotel Ritz haben welche im Angebot: *École Ritz Escoffier (www.ritzparis.com)*. Eine moderne Variante an Kochkursen bietet das *Atelier des Chefs (ecole-escoffier.ritzparis.com)* in seinen schicken Ateliers u. a. in Paris, Lyon und Bordeaux. Die Teilnehmer bereiten unter Anleitung innovative Gerichte in der Gruppe zu.

MIETWAGEN

In der Regel ist die Vorabbuchung im Internet über Anbieter wie *www.billiger-mietwagen.de* am günstigsten. Vergleichen Sie sorgfältig die Mietbedingungen: Gebühren für Zusatzfahrer, eine ungünstige Tankregelung oder schlechte Versicherungskonditionen können scheinbar günstige Angebote erheblich verteuern. Beachten Sie, dass als Kaution ein Betrag auf der Kreditkarte bis zur Rückgabe des Wagens geblockt wird!

NOTRUF

In allen EU-Ländern gilt die Notrufnummer *112*. Sie funktioniert vom Festnetz wie vom Handy aus, auch ohne Simkarte oder Vertrag.

ÖFFENTLICHE VERKEHRSMITTEL

Das öffentliche Verkehrsnetz ist in Frankreich sehr gut ausgebaut: Neben den TGVs für die Langstrecken versorgen die Regionalzüge TER das Land. Selbst in kleineren Orten gibt es in der Regel ein gut ausgebautes Busnetz. In vielen Großstädten gibt es Straßenbahnen; Paris, Toulouse, Lyon und Marseille haben zudem eine Metro.

POST

Briefe bis 20 g und Postkarten in Länder der Europäischen Union und in die Schweiz kosteten bei Redaktionsschluss 1 Euro Porto.

STROM

Die Netzspannung beträgt 230 Volt. Bei Flach- und Eurosteckern braucht man keinen Adapter, bei Schukosteckern schon.

TELEFON & HANDY

Wie in Deutschland wurden auch in Frankreich die öffentlichen Telefonzellen weitestgehend abgebaut. Für Auslandsgespräche aus Frankreich nach Deutschland wählt man die Länderkennzahl 0049, für Österreich die 0043 und für die Schweiz 0041 vor und dann die Ortsvorwahl ohne die erste 0. Für Gespräche nach Frankreich wählt man die Länderkennzahl 0033 vor, dann die Rufnummer ohne die einleitende 0. Innerhalb Frankreichs muss die komplette zehnstellige Nummer gewählt werden.

Es gibt in Frankreich drei große Mobilfunkanbieter (Orange, SFR, Bouygues), die Roamingabkommen mit deutschen Anbietern haben. Mit einer französischen Prepaidkarte kommt man billiger weg, weil die Gebühren für weitergeleitete eingehende Anrufe entfallen. Die Mailbox sollten Sie abschalten oder nur selten abhören. Wenn Sie das deutsche Handy eines Urlaubsbegleiters anwählen, müssen Sie die deutsche Vorwahl eingeben. Smartphonenutzer sollten ihren automatischen Datenabgleich ausstellen, anderenfalls können im Hintergrund hohe Internetgebühren entstehen, ohne dass man es mitbekommt.

TRINKGELD

Die Gepflogenheiten ähneln denen in Deutschland. Man lässt sich jedoch beim

WETTER IN NIZZA

	Jan.	Feb.	März	April	Mai	Juni	Juli	Aug.	Sept.	Okt.	Nov.	Dez.
Tagestemperaturen in °C	13	13	15	17	20	24	27	27	25	21	17	13
Nachttemperaturen in °C	4	5	7	9	13	16	18	18	16	12	8	5
Sonnenschein Stunden/Tag	5	6	6	8	9	10	12	11	9	7	5	5
Niederschlag Tage/Monat	7	6	6	7	6	3	2	3	6	8	8	7
Wassertemperaturen in °C	13	12	13	14	16	20	22	23	21	19	16	14

 Sonnenschein Stunden/Tag · Niederschlag Tage/Monat · Wassertemperaturen in °C

BÜCHER & FILME

Bruno, Chef de Police – Die beliebten Krimis von Martin Walker spielen im Périgord

Chenonceaux. Schloss der Frauen – Eine poetische Geschichte über das Witwenschloss von Marguerite Yourcenar

Essen in Frankreich – Ein handliches Lexikon für Küche, Einkauf, Restaurantbesuch von Ute Redeker-Sosnizka

Willkommen bei den Sch'tis – Die Komödie von 2008 über die Mentalitätsunterschiede zwischen Süd- und Nordfranzosen avancierte in Frankreich zum meistgesehenen französischen Film

Ein Mann und eine Frau – Schauplatz von Claude Lelouchs oscargekröntem Nouvelle-Vague-Klassiker von 1966 über eine unverhoffte Liebe ist Deauville. Die Hauptrollen spielen Anouk Aimée und Jean-Louis Trintignant

Total Cheops/Chourmo/Solea – Mit der Marseille-Trilogie setzte Jean-Claude Izzo seiner Heimatstadt ein Denkmal

Bocksgesang/More is less – Krimiqueen Chantal Pelletier lässt ihren kauzigen Kommissar Maurice Laice im Milieu von Paris ermitteln

Bonjour la France! Ein Jahr in Paris – Stefan Ulrich, Korrespondent der Süddeutschen Zeitung, stolpert durch Frankreich

Monsieur Claude und seine Töchter – Über die komplexen wechselseitigen Vorurteile im vielfältig gespaltenen Multikulti-Frankreich mokiert sich die Komödie von 2014

Bezahlen z. B. im Café oder Restaurant immer erst das Wechselgeld bringen und lässt das Trinkgeld beim Gehen auf dem Tisch liegen. Im Hotel erwartet das Zimmermädchen ein Trinkgeld, in teureren Häusern auch der Portier.

UNTERKUNFT

In Frankreich gibt es rund 20000 Hotels, die in vier Kategorien eingeteilt sind. Das französische Äquivalent der englischen Bed & Breakfasts sind die *chambres d'hôtes,* die teilweise recht luxuriös ausgestattet sind und dementsprechend teuer sein können. Da es sich bei diesen Gästehäusern um Privatunterkünfte handelt, gibt es dort keine Sterneklassifizierung. Günstige gutbürgerliche Hotels finden Sie unter der Kennzeichnung *Logis de France (www.logishotels.com),* günstige einfache Privatunterkünfte unter dem Label *Gites de France (www.gites-de-france.com).* Während der französischen Sommerferienmonate Juli und August ist eine Reservierung unerlässlich, auch bei Campingplätzen.

ZOLL

Innerhalb der EU gibt es für Waren für den persönlichen Bedarf keine Zollgrenzen; Richtmengen hierfür sind z. B. 800 Zigaretten und 10 l Spirituosen. Für Schweizer gelten niedrigere Freigrenzen: 250 Zigaretten und 5 l Wein.

SPRACHFÜHRER FRANZÖSISCH

AUSSPRACHE

Zur Erleichterung der Aussprache sind alle französischen Wörter mit einer einfachen Aussprache in eckigen Klammern versehen.

AUF EINEN BLICK

ja/nein/vielleicht	oui [ui]/non [nong]/peut-être [pöhtätr]
bitte/danke	s'il vous plaît [ßil wu plä]/merci [märßih]
Gute(n)/Morgen!/Tag!/ Abend!/Nacht!	Bonjour! [bongschuhr]/Bonjour! [bongschuhr]/ Bonsoir! [bongßoar]/Bonne nuit! [bonn nüi]
Hallo!/Auf Wiedersehen!/ Tschüss!	Salut! [ßalü]/Au revoir! [o rövoar]/Salut! [ßalü]
Entschuldigung!	Pardon! [pardong]
Ich heiße ...	Je m'appelle ... [schö mapäll ...]
Ich komme aus ...	Je suis de ... [schö süi dö ...]
Darf ich ...?	Puis-je ...? [püi schö ...]
Wie bitte?	Comment? [kommang]
Ich möchte .../Haben Sie?	Je voudrais ... [schö wudrä]/Avez-vous? [aweh wu]
Wie viel kostet ...?	Combien coûte ...? [kombjäng kuht ...?]
Das gefällt mir (nicht).	Ça (ne) me plaît (pas). [ßa (nö) mö plä (pa)]
gut/schlecht/kaputt	bon [bong]/mauvais [mowä]/cassé [kaßeh]
zu viel/viel/wenig	trop [troh]/beaucoup [bokuh]/peu [pöh]
alles/nichts	tout [tuh]/rien [riäng]
Hilfe!/Achtung!	Au secours! [o ßökuhr]/Attention! [attangßjong]
Polizei/Feuerwehr/ Krankenwagen	police [poliß]/pompiers [pompieh]/ ambulance [ambülangß]

DATUMS- & ZEITANGABEN

Montag/Dienstag	lundi [längdi]/mardi [mardi]
Mittwoch/Donnerstag	mercredi [märcrödi]/jeudi [schödi]
Freitag/Samstag/ Sonntag	vendredi [vangdrödi]/samedi [ßamdi]/ dimanche [dimangsch]
Werktag/Feiertag	jour ouvrable [schur uwrabl]/jour férié [schur ferieh]
heute/morgen/gestern	aujourd'hui [oschurdüi] /demain[dömäng]/hier [jähr]
Stunde/Minute	heure [öhr]/minute [minüt]
Tag/Nacht/Woche	jour [schur]/nuit [nüi]/semaine [ßömän]
Monat/Jahr	mois [moa]/année [aneh]

Tu parles français?

„Sprichst du Französisch?" Dieser Sprachführer hilft Ihnen, die wichtigsten Wörter und Sätze auf Französisch zu sagen

Wie viel Uhr ist es?	Quelle heure est-t-il? [käl ör ät il]
Es ist drei Uhr.	Il est trois heures. [il ä troasör]
Es ist halb vier.	Il est trois heures et demi. [il ä troasör e dömi]
Viertel vor vier	quatre heures moins le quart [katrör moäng lö kar]
Viertel nach vier	quatre heures et quart [katrör e kar]

UNTERWEGS

offen/geschlossen	ouvert [uwär]/fermé [färmeh]
Eingang/Einfahrt	entrée [angtreh]
Ausgang/Ausfahrt	sortie [ßorti]
Abfahrt/Abflug/Ankunft	départ [depahr]/départ [depahr]/arrivée [arriweh]
Toiletten/Damen/Herren	toilettes [toalett]/femmes [famm]/hommes [omm]
(kein) Trinkwasser	eau (non) potable [o (nong) potabl]
Wo ist ...?/Wo sind ...?	Où est ...? [u ä ...]/Où sont ...? [u ßong ...]
links/rechts	à gauche [a gohsch]/à droite [a droat]
geradeaus/zurück	tout droit [tu droa]/en arrière [ong arriähr]
nah/weit	près [prä]/loin [loäng]
Bus/Straßenbahn/ U-Bahn/Taxi	bus [büß]/tramway [tramwäi]/métro [mehtro]/taxi [takßi]
Haltestelle/Taxistand	arrêt [arrä]/station de taxi [ßtaßjong dö takßi]
Parkplatz/Parkhaus	parking [parking]
Stadtplan/[Land-]Karte	plan de ville [plang dö vil]/carte routière [kart rutjähr]
Bahnhof/Hafen/Flughafen	gare [gahr]/port [pohr]/aéroport [aeropohr]
Fahrplan/Fahrschein	horaire [orär]/billet [bije]
einfach/hin und zurück	aller simple [aleh ßämpl]/aller-retour [aleh rötuhr]
Zug/Gleis/Bahnsteig	train [träng]/voie [woa]/quai [käh]
Ich möchte ... mieten.	Je voudrais ... louer. [schö wudräh... lueh]
ein Auto/ein Fahrrad/ ein Boot	une voiture [ün woatür]/un vélo [äng weloh]/ un bateau [äng batoh]
Tankstelle	station d'essence [ßtaßjong deßangß]
Benzin/Diesel	essence [eßangß]/diesel [diesäl]
Panne/Werkstatt	panne [pann]/garage [garahsch]

ESSEN & TRINKEN

Die Speisekarte, bitte.	La carte, s'il vous plaît. [la kart ßil wu plä]
Könnte ich bitte ... haben?	Puis-je avoir ... s'il vous plaît? [püischö awoar ... ßil wu plä]
Flasche/Karaffe/Glas	bouteille [buteij]/carafe [karaf]/verre [wär]
Messer/Gabel/Löffel	couteau [kutoh]/fourchette [furschät]/cuillère [küijär]
Salz/Pfeffer/Zucker	sel [ßäl]/poivre [poawr]/sucre [ßükr]

Essig/Öl	vinaigre [winägr]/huile [üil]
Milch/Sahne/Zitrone	lait [lä]/crême [kräm]/citron [ßitrong]
kalt/versalzen/nicht gar	froid [froa]/trop salé [tro ßaleh]/pas cuit [pa küi]
mit/ohne Eis/Kohlensäure	avec [awäk]/sans [ßang] glaçons/gaz [glaßong/gaß]
Vegetarier(in)	végétarien(ne) [weschetarijäng/weschetarijänn]
Ich möchte zahlen, bitte.	Je voudrais payer, s'il vous plaît. [schön wudrä pejeh, ßil wu plä]
Rechnung/Quittung	addition [adißjong]/reçu [rößü]

EINKAUFEN

Apotheke/Drogerie	pharmacie [farmaßi]/droguerie [drogöri]
Bäckerei/Markt	boulangerie [bulangschöri]/marché [marscheh]
Einkaufszentrum	centre commercial [ßangtre komerßial]
Kaufhaus	grand magasin [grang magasäng]
100 Gramm/1 Kilo	cent grammes [ßang gramm]/un kilo [äng kilo]
teuer/billig/Preis	cher [schär]/bon marché [bong marscheh]/prix [pri]
mehr/weniger	plus [plüß]/moins [moäng]
aus biologischem Anbau	de l'agriculture biologique [dö lagrikültür bioloschik]

ÜBERNACHTEN

Ich habe ein Zimmer reserviert.	J'ai réservé une chambre. [scheh reserweh ün schangbr]
Haben Sie noch ...?	Avez-vous encore ...? [aweh wusangkor ...]
Einzel-/Doppelzimmer	chambre simple/double [schangbr ßämplö/dublö]
Frühstück	petit déjeuner [pöti deschöneh]
Halbpension/Vollpension	demi-pension [dömi pangßjong]/pension complète [pangßjong komplät]
Dusche/Bad	douche [dusch]/bain [bäng]
Balkon/Terrasse	balcon [balkong] /terrasse [teraß]
Schlüssel/Zimmerkarte	clé [kleh]/carte magnétique [kart manjetik]
Gepäck/Koffer/Tasche	bagages [bagahsch]/valise [walis]/sac [ßak]

BANKEN & GELD

Bank/Geldautomat/ Geheimzahl	banque [bangk]/guichet automatique [gischeh otomatik]/code [kodd]
bar/Kreditkarte	comptant [komtang]/carte de crédit [kart dö kredi]
Banknote/Münze	billet [bijeh]/monnaie [monä]

GESUNDHEIT

Arzt/Zahnarzt/Kinderarzt	médecin [medßäng]/dentiste [dangtißt]/pédiatre [pediaträ]
Krankenhaus/Notfallpraxis	hôpital [opital]/urgences [ürschangß]

Fieber/Schmerzen	fièvre [fiäwrö]/douleurs [dulör]
Durchfall/Übelkeit	diarrhée [diareh]/nausée [noseh]
Sonnenbrand	coup de soleil [ku dö ßolej]
entzündet/verletzt	enflammé [angflameh]/blessé [bleßeh]
Pflaster/Verband	pansement [pangßmang]/bandage [bangdahsch]
Salbe/Schmerzmittel	pommade [pomad]/analgésique [analschesik]

TELEKOMMUNIKATION & MEDIEN

Briefmarke	timbre [tämbrö]
Brief/Postkarte	lettre [lätrö]/carte postale [kart poßtal]
Ich brauche eine Telefonkarte fürs Festnetz.	J'ai besoin d'une carte téléphonique pour fixe. [scheh bösoäng dün kart telefonik pur fiekß]
Ich suche eine Prepaidkarte für mein Handy.	Je cherche une recharge pour mon portable. [schö schärsch ün röscharsch pur mong portablö]
Wo finde ich einen Internetzugang?	Où puis-je trouver un accès à internet? [u püische truweh äng akßä a internet]
wählen/Verbindung/besetzt	composer [komposeh]/connection [konekßiong]/occupé [oküpeh]
Steckdose/Ladegerät	prise électrique [pris elektrik]/chargeur [scharschör]
Computer/Batterie/Akku	ordinateur [ordinatör]/batterie [battri]/accumulateur [akümülatör]
At-Zeichen	arobase [arobaß]
Internet-/E-Mail-Adresse	adresse internet/mail [adräß internet/mejl]
Internetanschluss/WLAN	accès internet [akßä internet]/wi-fi [wifi]
E-Mail/Datei/ausdrucken	mail [mejl]/fichier [fischjeh]/imprimer [ämprimeh]

FREIZEIT, SPORT & STRAND

Strand	plage [plahsch]
Sonnenschirm/Liegestuhl	parasol [paraßol]/transat [trangßat]
Ebbe/Flut/Strömung	marée basse [mareh baß]/marée haute [mareh ot]/courant [kurang]
Seilbahn/Sessellift	téléphérique [teleferik]/télésiège [teleßiäsch]
Schutzhütte/Lawine	refuge [röfüsch]/avalanche [avalangsch]

ZAHLEN

0	zéro [sero]	8	huit [üit]
1	un, une [äng, ühn]	9	neuf [nöf]
2	deux [döh]	10	dix [diß]
3	trois [troa]	20	vingt [väng]
4	quatre [katr]	100	cent [ßang]
5	cinq [ßänk]	1000	mille [mil]
6	six [ßiß]	½	un[e] demi[e] [äng/ühn dömi]
7	sept [ßät]	¼	un quart [äng kar]

REISEATLAS

Verlauf der Erlebnistour „Perfekt im Überblick"
Verlauf der Erlebnistouren

Der Gesamtverlauf aller Touren ist auch in der herausnehmbaren Faltkarte eingetragen

 Bild: Parc des Volcans d'Auvergne

Unterwegs in Frankreich

Die Seiteneinteilung für den Reiseatlas finden Sie auf dem hinteren Umschlag dieses Reiseführers

A
B
C
1
2
3
4
5
6
Bude
Holsworthy
Tiverton
Exeter
Honiton
Chard
Crewkerne
Blandford Forum
Boscastle
Okehampton
Devon
Bridport
Dorchester
POOLE
Cornwall
Launceston
Bodmin
Bodmin Moor
Dartmoor Nat. P.
Sidmouth
Dorset and East Devon Coast
Exmouth
Trevose Head
Tavistock
Buckland Abbey
Newton Abbot
Lyme Bay
Weymouth
Swanage
I. of Portland
Coast
Newquay
Liskeard
TORQUAY
Bill of Portland
UNITED KINGD
West Devon
Landscape
Saltash
Totnes
Brixham
Camborne
St. Austell
PLYMOUTH
Dartmouth
St. Ives
Redruth
Truro
St. Michael's Mount
Dodman Point
Bolt Tail
Start Point
Prawle Point
Falmouth
Penzance
Helston
Isles of Scilly
Lizard Peninsula
Lizard Point
English Channel
Rosslare Harbour
Rosslare Harbour, Cork
Alderney
Guernsey
St. Peter Port
Sark
Channel Islands
(Brit. Crown Dep.)
Jersey
St. Helier
Channel Islands
Îs. Chausey
Côte d'Armor
Côte de Granit Rose
Île de Bréhat
Pointe de Squéouel
Perros-Guirec
Golfe de St-Malo
Tréguier
Paimpol
Côte des Légendes
Île de Batz
Baie de Lannion
Côte d'Émeraude
Pointe de Beg Pol
St-Pol-de-Léon
Roscoff
Lannion
Plouézec
Côte des Abers
Plouguerneau
Pontrieux
Plouha
C. Fréhel
Cancale
Lesneven
Morlaix
Plouaret
Bégard
St-Malo
Dinard
Le Folgoët
Pays de Léon
Erquy
Ploudalmézeau
Landivisiau
Guingamp
Matignon
Chenal du Four
Enclos paroissial
Belle-Isle-en-Terre
Saint-Brieuc
Plancoët
Île d'Ouessant
BREST
Landerneau
Sizun
Huelgoat
Quintin
Lamballe
Dinan
Le Conquet
Callac
Pointe de St-Mathieu
Pointe de Espagnols
Plougastel-Daoulas
Carhaix-Plouguer
Moncontour
Broons
Caulnes
Camaret-sur-Mer
Crozon
Armorique
Bretagne
Pleyben
Rostrenen
Merdrignac
Montauban
Mer d'Iroise
Châteaulin
Châteauneuf-du-Faou
Mûr-de-Br.
Loudéac
St-Méen-le-Grand
Douarnenez
RENNES
Île de Sein
Lescoff
Gourin
Guéméné-s.-Scorff
Pte du Raz
Briec
Le Faouët
Pontivy
Mohon
Mauron
Audierne
Scaër
Cornouaille
Plozévet
Quimper
Bannalec
Ploërmel
Plouay
Pont-l'Abbé
Fouesnant
Baud
Concarneau
Locminé
Guer
Lohéac
Penmarc'h
Quimperlé
Hennebont
Pipriac
Pte de Penmarc'h
Pluvigner
Elven
Malestroit
Îs. de Glénan
Lorient
Pt-Louis
Auray
St-Gravé
Redon
Groix
Î. de Groix
Erdeven
Vannes
Muzillac
Arzon
La Roche-Bernard
Carnac
Sarzeau
Quiberon
Herbignac
Île d'Houat
Pontchâteau
Sauzon
Le Palais
Île d'Hœdic
Guérande
Savenay
Belle-Île
Locmaria
Le Croisic
Pornichet
St-Nazaire
La Baule-Esc.
OCÉAN ATLANTIQUE
Pornic
Noirmoutier-en-l'Île
Bourgneuf-en-Retz
Île de Noirmoutier
Machecoul
Beauvoir-s.-Mer
Challans
St-Jean-de-Monts
Île d'Yeu
St-Gilles-Croix-de-Vie
Les Sables-d'Olonnes
Gijón
Santander, Algorta
50 km
31.07 mi

Portsmouth
Brighton
Worthing
Hastings
Eastbourne
Newhaven
Beachy Head
Isle of Wight
Ventnor
Newport
Carisbrooke Castle
St. Catherine's Point
Boulogne-sur-Mer
Nausicaa
Nord-Pas-de-Calais
Cap Gris-Nez
Marquise
St Omer
Le Touquet-Paris-Plage
Berck-Plage
Montreuil
Hesdin
Côte d'Opale
Channel
Manche
St-Valery-s.Somme
Abbeville
Le Tréport
Dieppe
Neufchâtel-en-Bray
Aumale
Poix-de-Picardie
St-Valéry-en-Caux
Fécamp
Étretat
Yvetot
Bolbec
Lillebonne
Montivilliers
Le Havre
Rouen
Darnétal
Beauvais
Gournay-en-Bray
Pointe de Barfleur
Cherbourg-Octeville
Saint-Vaast-la-Hougue
Baie de la Seine
Valognes
Plages des Débarquement
Port-en-Bessin-Huppain
Bayeux
Isigny-s.-M.
Carentan
Ouistreham
Caen
Honfleur
Trouville-s.-M.
Deauville
Dives-s.-M.
Pont-l'Évêque
Lisieux
Pont-Audemer
P.N. Rég. des Boucles de la Seine Normande
Elbeuf
Louviers
Les Andelys
Château Gaillard
Gisors
Vernon
Giverny
Mantes-la-Jolie
Poissy
Nanterre
Versailles
Évreux
Bernay
Brionne
St-Lô
Coutances
Vire
Falaise
Argentan
Flers
Normandie
Villedieu-les-Poêles
Avranches
Pontorson
Gacé
l'Aigle
Verneuil-s.-Avre
Dreux
Nonancourt
Rambouillet
Chartres
Cathédrale
Domfront
Alençon
Mortagne-au-Perche
Nogent-le-Rotrou
Fougères
Mayenne
Laval
Vitré
Pays de la Loire
Le Mans
Sablé-s.-S.
La Flèche
Châteaudun
Orléans
Vendôme
Château-Gontier
Angers
Saumur
Chinon
Tours
Amboise
Blois
Chambord
Centre-Val de Loire
Romorantin-Lanthenay
Nantes
Ancenis
Cholet
Clisson
Bressuire
Thouars
Loudun
Richelieu
Châtellerault
Poitiers
Parthenay
Châteauroux
Le Blanc
St-Gaultier
La Roche-s.-Yon
Chantonnay
Fontenay-le-Comte
Luçon
Montmorillon
Chauvigny
Loches
Issoudun
Vierzon
Argenton-s.-Creuse
Gracay
Valençay
La Châtaigneraie
Niort
Secondigny
St-Maixent-l'École
Aubigny-s.-Nère
Le Lion-d'Angers
Segré
Châteaubriant
Craon
Redon
Mont-Saint-Michel
Laval
St-Aignan
Montrichard
Vatan
Mer
Beaugency
Meung-s.-L.
Ouzouer-l.-M.
Chevilly
Artenay
Pithiviers
Étampes
Dourdan
Auneau
Maintenon
Illiers-Combray
Bonneval
Brou
Courtalain
Mondoubleau
St-Calais
Bonnétable
Mamers
Beaumont-s.-S.
Sillé-le-Guillaume
Évron
Ernée
Gorron
Louvigné-du-Désert
St-Hilaire-du-Harcouët
Mortain
Ducey
Tinchebray
Condé-s.-Noireau
Aunay-s.-Odon
Thury-Harcourt
Vimoutiers
Orbec
Broglie
Conches-en-Ouche
La Neuve-Lyre
Breteuil
Brezolles
Châteauneuf-en-Th.
La Loupe
Nogent-le-Roi
Sées
Mortrée
La Ferté-Macé
Briouze
Le Merlerault
Tourouvre
Rémalard
Bellême
La Ferté-Bernard
Vibraye
Tuffé
Montfort-le-G.
Conlie
Loué
Vaiges
Meslay-du-Maine
Quelaines-St-Gault
Malicorne-s.-S.
Pontvallain
Écommoy
Château-du-Loir
Le Grand-Lucé
Parigné-l'Évêque
Château-Renault
Montoire-s.-le-Loir
Herbault
Neuillé-Pont-Pierre
Château-la-Vallière
Noyant
Baugé
Seiches-s.-L.-L.
Durtal
Châteauneuf-s.-S.
Candé
Varades
Chalonnes-s.-L.
Les Ponts-de-Cé
Trélazé
Gennes
Longué-Jumelles
Vernantes
Gizeux
Bourgueil
Langeais
Azay-le-Rideau
Ussé
Villandry
Luynes
Montbazon
Bléré
Sainte-Maure-de-T.
Ligueil
Descartes
L'Île-Bouchard
Montreuil-Bellay
Doué-l.-F.
Vihiers
Chemillé
Beaupréau
Vallet
Vertou
Montaigu
Mortagne-s.-S.
Mauléon
Les Herbiers
Pouzauges
Cerizay
Moncoutant
Airvault
Moncontour
Mirebeau
Neuville-de-Poitou
Naintré
La Roche-Posay
Preuilly-s.-Claise
Châtillon-s.-Indre
Buzançais
Levroux
Écueillé
Nouans-les-F.
Selles-s.-Ch.
Chabris
Ardentes
Neuvy-St-Sépulchre
Éguzon-Chantôme
Prissac
St-Savin
Lussac-l.-Ch.
La Trimouille
Gençay
P.N. Rég. de la Brenne
P.N. Rég. Normandie-Maine
Pré-en-Pail
Villaines-la-Juhel
Javron
Bais
Juvigné
Montsûrs
St-Aubin-du-Cormier
La Guerche-de-Bret.
Retiers
Martigné-Ferchaud
Pouancé
Bécon-les-Granits
Sainte-Hermine
Bournezeau
Les Essarts
Airel
Périers
Balleroy
Torigni-s.-V.
Gavray
Brécey
Corbon
St-Pierre-s.-Dives
Fontenay-le-Comte
Eu
Gamaches
Blangy-s.Br.
Cayeux-s.-M.
Ault
Airaines
Picquigny
Grandvilliers
Marseille-en-Beauvaisis
Forges-les-Eaux
Tôtes
Barentin
Montville
Offranville
Cany-Barville
Doudeville
Goderville
Le Trait
Le Petit-Quevilly
Oissel
Lyons-la-Forêt
Étrépagny
Magny-en-V.
Bourg-Achard
Beuzeville
Desvres
Fruges
Auxi-le-Château
Bernaville
Frévent
Bexhill
Lewes
Chichester
Bognor Regis
Selsey Bill
Havant
Fawley
Cowes
Ryde
St Clemens Caves

186

Dover
Folkestone
UK
Calais
Dunkerque
Strait of Dover
Pas de Calais
Boulogne-sur-Mer
Nausicaa
Le Touquet-Paris-Plage
Berck-Plage
Côte d'Opale
Newhaven
Brugge (Brugges)
Gent (Gand)
Antwerpen
Bruxelles
België
Kortrijk
Tourcoing
Roubaix
Lille
Lens
Douai
Arras
Mons
Valenciennes
Cambrai
St.-Quentin
Abbeville
Amiens
Dieppe
Le Tréport
Nord-Pas-de-Calais
Picardie
Péronne
Laon
Soissons
Reims
Compiègne
Beauvais
Rouen
Évreux
Louviers
Les Andelys
Château Gaillard
Vernon
Mantes-la-Jolie
Pontoise
St-Denis
Boulogne-B.
Versailles
Paris
Meaux
Créteil
Évry
Melun
Rambouillet
Chartres
Cathédrale
Étampes
Fontainebleau
Île de France
Provins
Nogent-s.-S.
Romilly-s.-S.
Troyes
Épernay
Châlons-en-Champ.
Château-Thierry
Coteaux de Champagne
Sens
Auxerre
Montargis
Orléans
Pithiviers
Nemours
Dreux
Gien
Blois
Chambord
Val de Loire
Centre - Val de Loire
Vierzon
Bourges
Romorantin-Lanthenay
Amboise
Châteauroux
Issoudun
Nevers
Cosne-Cours-s.-L.
Avallon
Vézelay
Autun
Le Creusot
Tonnerre
Morvan
Parc Rég. Nat. du Morvan
Bourgogne
F R A N C E
A
B
C
1
2
3
4
5
6

188

D
E
F
1
2
3
4
5
6
50 km
31,07 mi
MÖNCHEN-GLADBACH
REMSCHEID
SOLINGEN
LEVERKUSEN
BERG. GLADB.
Gummersbach
SIEGEN
KÖLN
Grevenbroich
Hasselt
Genk
MAASTRICHT
Heerlen
Kerpen
Düren
BONN
AACHEN
Stolbg. (Rhld.)
LIÈGE
Verviers
Euskirchen
NAMUR
Neuwied
KOBLENZ
Westerwald
Rheinisches Schiefergebirge
Gießen
Wetzlar
FRANKFURT am Main
WIESBADEN
MAINZ
Rüsselshm.
Malmedy
St.Vith
Prüm
Eifel
Bastogne
Bitburg
Wittlich
Rheinland
DEUTSCHLAND
Hunsrück
Trier
LETZEBUERG
LUXEMBOURG
Luxembourg
Bad Kreuznach
Worms
Pfalz
MANNHEIM
Kaiserslautern
LUDWIGSHFN. am Rhein
Neustadt an der Weinstraße
Pfälzer Wald
Saarland
Merzig
Neunkirchen
Saarlouis
Thionville
Longwy
Esch-s.-A.
SAARBRÜCKEN
Pirmasens
Speyer
Landau in der Pfalz
Verdun
METZ
St-Avold
Forbach
Sarreguemines
KARLSRUHE
Pont-à-Mousson
NANCY
Alsace-Champagne-
Ardenne-Lorraine
Lunéville
Toul
Commercy
Bar-le-Duc
Saint-Dizier
Saverne
Haguenau
STRASBOURG
Kehl
Offenburg
Baden-Baden
Baden-Württemberg
Schwarzwald
Sélestat
Colmar
FREIBURG im Breisgau
Épinal
Vittel
Mirecourt
Chaumont
Langres
Remiremont
Gérardmer
Vosges
MULHOUSE
Belfort
Montbéliard
BASEL
Vesoul
BESANÇON
Dole
DIJON
Chalon-sur-Saône
La Chaux-de-Fonds
Neuchâtel
Biel Bienne
Solothurn
BERN
SCHWEIZ
Jura
Luzern
Thun
Fribourg
Pontarlier
Lons-le-Saunier

189

A
B
C
183
1
2
3
4
5
6
Croix-de-Vie
La Mothe-Achard
Bournezeau
Chantonnay
La Châtaigneraie
Secondigny
Parthenay
Neuville-de-Poitou
Poitiers
Naintré
Posay
Moutiers-les-Maux.
Ste-Hermine
Fontenay-le-Comte
St-Maixent-l'École
Vivonne
Chauvigny
Lussac-l.-Ch.
Talmont-St-Hilaire
Luçon
La Tranche-s.-M.
La Faute-s.-M.
Maillezais
Niort
Chey
Gençay
Pertuis Breton
Marans
St-Martin-de-Ré
Île de Ré
La Rochelle
Mauzé-s.-l.-Mignon
Melle
Sauzé-Vaussais
Couhé
Civray
Pertuis d'Antioche
Châtelaillon-Plage
Surgères
Brioux-s.-B.
Chef-Boutonne
Ruffec
Île d'Oléron
St-Pierre-d'Oléron
Rochefort
Tonnay-Ch.
Aulnay
Parc Interrégional du Marais Poitevin
St-Jean-d'Angély
Champagne-Mouton
Confolens
Chabanais
Le Château-d'Oléron
Marennes
Matha
Aigre
Mansle
Saintes
Rouillac
Chasse-neuil-s.-B.
La Tremblade
Saujon
Cognac
Jarnac
Ruelle-s.-Touvre
Angoulême
Pte de la Coubre
Royan
Cozes
Segonzac
Château-neuf-s.-Ch.
La Couronne
P. Nat. Rég. de Périgord Limousin
Le Verdon-s.-Mer
Soulac-s.-Mer
Gémozac
Pons
Archiac
Nontron
Gironde
Jonzac
Barbezieux St-Hilaire
Mareuil
St-Vivien-de-M.
Mirambeau
Brantôme
Lesparre-Médoc
Montendre
Montmoreau-St-Cybard
Aquitaine-Limousin-Poitou-Charentes
Pauillac
Montguyon
Chalais
Hourtin
Lac d'Hourtin et de Carcans
Blaye
La Roche-Chalais
Ribérac
St-Laurent-Médoc
St-Aulaye
Golfe de Gascogne
Lacanau-Océan
Lacanau
Bourg
St-André-d.-B.
Coutras
Isle
Mussidan
Vergt
L. d. Lacanau
Macau
Libourne
Montpon-Ménestérol
Le Bouscat
Saint-Émilion
Dordogne
Bergerac
Mérignac
Pessac
Cenon
BORDEAUX
Castillon-l.-B.
Ste-Foy-l.-Grde.
Arès
Villenave-d'Ornon
Créon
Sauveterre-d.-Guy.
Duras
Eymet
Beaumont
Bassin d'Arcachon
Biganos
La Brède
Cadillac
Arcachon
C. Ferret
10
Dune du Pilat
La Teste
Salles
Langon
La Réole
Miramont-d.-Guy.
Castillonnès
Étang de Cazaux et de Sanguinet
Parc Nat. Rég. des Landes de Gascogne
Belin-Béliet
St-Symphorien
Villandraut
Bazas
Marmande
Cancon
Biscarrosse
Étang de Biscarrosse et de Parentis
Parentis-en-Born
Sore
Casteljaloux
Tonneins
Villeneuve-s-Lot
Aiguillon
Pissos
Captieux
Mimizan
Labouheyre
Sabres
Agen
Côte d'Argent
Mézos
Labrit
Nérac
Astaffort
Mézin
Lesperon
Roquefort
Francescas
Landes
Morcenx
Castets
Cazaubon
Condom
Lectoure
Tartas
Villeneuve-d.-M.
Eauze
Valence-s.-B.
Léon
Mont-de-Marsan
Vic-Fezensac
Fleurance
Soustons
Grenade-s.-l'A.
St-Paul-l.-D.
St-Sever
Mauvezin
Soorts-Hossegor
Capbreton
Dax
Hagetmau
Aire-s.-l'Ad.
Riscle
Auch
Gimont
St-Vincent-d.-T.
Peyrehorade
Amou
Gascogne
Armagnac
Vasca
Boucau
Bassoues
Biarritz
Orthez
Garlin
Mirande
Samatan
Bayonne
Bidache
Hondarribia
St-Jean-de-Luz
DONOSTIA S.SEBASTIÁN
Hendaye
Hasparren
Salies-d.-B.
Lembeye
Vic-en-Bigorre
Miélan
Masseube
Irún
Cambo-l.-B.
Espelette
Dancharia
St-Palais
Mourenx
Morlaàs
Trie-s.-B.
Zarautz
Andoain
La Rhune (900)
Monein
Pau
Castelnau-Magnoac
Boulogne-s.-Gesse
Azpeitia
Tolosa
Euskadi
St-Jean-Pied-de-Port
Gan
Pontacq
Tarbes
Aurignac
Santesteban
Oloron-Ste-Marie
Nay-Bourdettes
Lannemezan
Beasain
Leiza
Irurita
Chemins de Saint-Jacques
Arudy
Lourdes
Bagnères-d.-B.
Montréjeau
St-Gaudens
Pto de Ibañeta
Roncesvalles
Pic d'Orhy 2021
Laruns
Pic du Midi de Bigorre 2877
Saint-Bertrand-de-Comminges
Alsasu
Erro
Pic d'Anie 2504
Vallée d'Ossau
Argelès-Gazost
Irurzun
For. de
St-Béat
PAMPLONA IRUÑEA
Isaba
Cauterets
Luz-Saint-Sauveur
Arreau
Salvatierra
Sierra de Andía
Parc Nat. des Pyrénées Occident.
Puerto de Somport (1632)
Estella
Monreal
Aoiz
Ansó
Vignemale
Gavarnie
12
St-Lary-Soulan
Les
St. Kurutzke Kanpezu
Lumbier
Sigüés
Canfranc
Biescas
Bielsa
Pico de Aneto 3404
Puente l.R.
Navarra
Aibar
Jaca
Broto
Mte. Perdido
Ordesa y Mte. Perdido
Los Arcos
Artajona
Sangüesa
Berdún
Boltaña
Benasque
Lerín
Tafalla
Mon. de S. Juan d.l.P.
Sabiñánigo
Ainsa-Sobrarbe
Campo
Lodosa
Peralta
Sta. de la Peña
Luesia
Anzánigo
Emb. de Mediano
Pantà d'Escales
El Villar d.A.
Arnedo
R. Aragón
Carcastillo
Puerto de Monrepós
Rodellar
La Rioja
Calahorra
Alfaro
Caparroso
Sádaba
R. Arba
Sta. de Guara
Emb. de El Grado
Enciso
Corella
Las Cinco Villas
Erla
Huesca
El Grado
Graus
ESPAÑA
PIRINEOS
PYRÉNÉES

D
E
F
184
1
2
3
4
5
6
Limoges
Montluçon
Moulins
Vichy
Roanne
Clermont-Ferrand
St-Étienne
Brive-la-Gaillarde
Tulle
Aurillac
Figeac
Cahors
Rodez
Millau
Mende
Le Puy-en-Velay
Montauban
Albi
Castres
Toulouse
Carcassonne
Béziers
Montpellier
Nîmes
Narbonne
Perpignan
Sète
Alès
Andorra
Massif Central
Languedoc-Roussillon
Midi-Pyrénées
Auvergne
Rhône-Alpes
Golfe du Lion
50 km
31.07 mi

184
Bourges
Nevers
Autun
Châteauroux
Montluçon
Vichy
Roanne
Moulins
Limoges
Clermont-Ferrand
Brive-la-Gaillarde
Tulle
Aurillac
St-Étienne
Le Puy-en-Velay
Figeac
Cahors
Rodez
Millau
Mende
Alès
Nîmes
Montpellier
Montauban
Toulouse
Albi
Castres
Carcassonne
Béziers
Narbonne
Sète
Perpignan
Andorra
France
Massif Central
Auvergne
Bourgogne
Occitanie
Languedoc
Rhône-Alpes
Golfe d
Tanjah (Tanger)
Parc Naturel Narbonnaise en Méditerranée
Puy de Sancy
Vulcania
Les Causses et les Cévennes
Grotte Chauvet
Pont du Gard
188

D
E
F
185
Chalon-sur-Saône
Dole
Lons-le-Saunier
Franche-Comté
Pontarlier
Neuchâtel
BERN
Luzern
Thun
Interlaken
Fribourg
Freiburg
LAUSANNE
Vevey
Montreux
Lac Léman
GENÈVE
Annemasse
Thonon-les-Bains
Evian
Bourg-en-Bresse
Villeurbanne
Annecy
Chambéry
Aix-les-Bains
Albertville
Bonneville
Sallanches
Chamonix-Mont-Blanc
Martigny
Sion
Sierre
Zermatt
Walliser Alpen
Valais / Wallis
SCHWEIZ
Aosta
Valle d'Aosta
Vallée d'Aoste
Courmayeur
Biella
Ivrea
TORINO
Rivoli
Moncalieri
Pinerolo
Saluzzo
Cuneo
Fossano
Mondovì
ITALIA
Piemonte
Liguria
Sanremo
Imperia
Ventimiglia
Menton
Monte-Carlo
MONACO
Monaco
NICE
Antibes
Cannes
Grasse
Fréjus
St.-Raphaël
Ste-Maxime
St.-Tropez
Côte d'Azur
TOULON
Hyères
Brignoles
Draguignan
AIX-EN-PROV.
MARSEILLE
Aubagne
La Ciotat
Cassis
Parc National des Calanques
Salon-de-Prov.
Istres
Avignon
Cavaillon
Apt
Orange
Carpentras
Manosque
Pertuis
Sisteron
Digne-les-Bains
Gap
Briançon
Barcelonnette
Embrun
GRENOBLE
Voiron
Vienne
Romans
Valence
Crest
Die
Dauphiné
Provence
Alpes
Mercantour
Savoie
Parc National de la Vanoise
Parc National des Écrins
Moûtiers
Modane
Bourg-St.-Maurice
Mer Méditerranée
Îles d'Hyères
Île du Levant
Île de Port-Cros
P. N. de Port-Cros
Bastia
Calvi, L'Île Rousse
Ajaccio
Ajaccio, Propriano, Porto-Vecchio
Skikda, Annaba, Tunis
Bejaia
Alger
Oran
50 km
31.07 mi
1
2
3
4
5
6

Osny
PONTOISE
CERGY-
Méry-sur-Oise
Villiers-Adam
Montsoult
Baillet-en-France
Béthemont-la-Forêt
Chauvry
Frépillon
Bouffémont
St-Ouen-l'Aumône
Bessancourt
Vauréal
Boisemont
Eragny
Pierrelaye
TAVERNY
Domont
St-Leu-la-Forêt
Beauchamp
Jouy-le-Moutier
CONFLANS-STE-HONORINE
Cergy-Pontoise
Montlignon
Andilly
Maurecourt
Triel-sur-Seine
Chanteloup-les-Vignes
HERBLAY
FRANCONVILLE
Margency
Ermont
ERMONT
Seine
Andrésy
Forêt de St-Germain
Montigny-lès-C.
la Frette-sur-S.
CORMEILLES-EN-PAR
ST GRATIEN
Enghien-l.-Bains
ACHÈRES
Maisons-Laffitte
Argenteuil-Coteaux
Carrières-sous-Poissy
ARGENTEUIL
ÉPINAY
SARTROUVILLE
BEZONS
Gennevilliers
Bois-Colombes
POISSY
le Mesnil-le-Roi
GENNEVILLIERS
HOUILLES
COLOMBES
ASNIÈRES-S-S.
Chambourcy
ST-GERMAIN-EN-LAYE
LE VESINET
Nanterre-Université
La Prairie
Aigremont
COURBEVOIE
LE PECQ
Fourqueux
CHATOU
NANTERRE
NEUILLY-S-S.
Périph
Forêt de Marly
le Port-Marly
Croissy-sur-Seine
RUEIL-MALMAISON
Porte Maillot
PARIS
Arc de T
Louvre
Tour Eiffe
Marly-le-Roi
Louveciennes
ST CLOUD
Parc
Le Chesnay
LA CELLE-ST-CLOUD
Porte d'Auteuil
Noisy-le-Roi
Bailly
Sèvres
GARCHES
Boulogne
Périphérique
Villepreux
Vaucresson
St-Cloud
BOULOGNE-BILLANCOURT
LE CHESNAY
Fontenay-le-Fleury
VERSAILLES
SEVRES
ISSY-LES-M.
Jardins
St-Cyr-l'École
Observ.
CLAMART
VIROFLAY
Versailles-C.
MEUDON
LE PLESSIS
BAGNEUX
St-Quentin-en-Y.
VÉLIZY-VILLACOURBLAY
CACHAN
Vélizy-Ou.
MONTIGNY-LE-BRETONNEUX
Buc
Vélizy-Ouest
ROBINSON
L'HAŸ-LES-ROSES
Vélizy-C.
Clair Bois
SCEAUX
Sceaux
GUYANCOURT
les Loges-en-Josas
Bièvres
Voisins-le-Bretonneux
Jouy-en-Josas
ANTONY
Fresnes
Port-Royal-des-Champs
Toussus-le-Noble
Igny
Rungis
Magny-les-Hameaux
Vauhallan
MASSY
Châteaufort
St-Louis-du-Temple
Milon-la-Chapelle
Villiers-le-Bâcle
Saclay
Massy
St-Aubin
GIF-SUR-YVETTE
PALAISEAU
Chevreuse
Champlan
Bures-sur-Y.
Orsay
St-Rémy-lès-Chevreuse
Saulx-les-Ch.
Choisel
GOMETZ-LE-CH.
LES ULIS
Courtabœuf
Belleville
Ballainvilliers
Savigny
Villejust
Boullay-les-Troux
Les Molières
Chevry2
Fretay
Nozay
la Ville-du-Bois
Gometz-la-Ville
Epinay-s-O.
78 Yvelines
Villiers-
A15
A115
A14
A13
A12
A86
E05

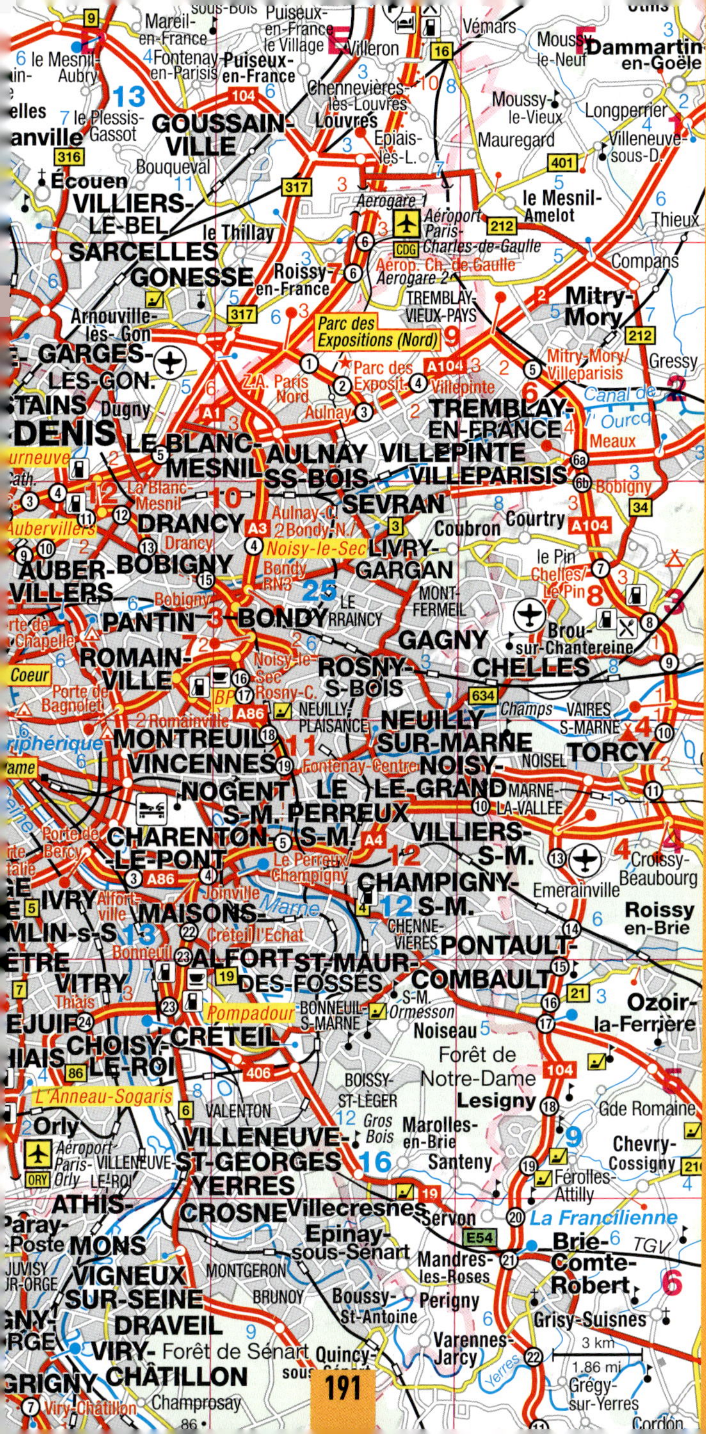

Mareil-en-France
Puiseux-en-France le Village
Villeron
Vémars
Moussy-le-Neuf
Dammartin-en-Goële
le Mesnil-Aubry
Fontenay-en-Parisis
Puiseux-en-France
Chennevières-lès-Louvres
Louvres
Moussy-le-Vieux
Longperrier
le Plessis-Gassot
GOUSSAINVILLE
Epiais-lès-L.
Mauregard
Villeneuve-sous-D.
Bouqueval
Écouen
VILLIERS-LE-BEL
Aérogare 1
Aéroport Paris-Charles-de-Gaulle
le Mesnil-Amelot
Thieux
le Thillay
SARCELLES
GONESSE
Roissy-en-France
Aérop. Ch. de Gaulle
Aérogare 2
Compans
TREMBLAY-VIEUX-PAYS
Mitry-Mory
Arnouville-lès-Gon.
Parc des Expositions (Nord)
GARGES-LES-GON.
Z.A. Paris Nord
Parc des Exposit.
Villepinte
Mitry-Mory/Villeparisis
Gressy
Canal de l'Ourcq
STAINS
Dugny
Aulnay
TREMBLAY-EN-FRANCE
DENIS
LE BLANC-MESNIL
AULNAY SS-BOIS
VILLEPINTE
Meaux
VILLEPARISIS
Bobigny
La Courneuve
Le Blanc-Mesnil
SEVRAN
Aulnay-C.
Bondy-N.
Coubron
Courtry
Aubervilliers
DRANCY
Drancy
Noisy-le-Sec
LIVRY-GARGAN
le Pin
AUBER-VILLIERS
BOBIGNY
Bondy RN3
Chelles/Le Pin
MONT-FERMEIL
Bobigny
LE RAINCY
Porte de la Chapelle
PANTIN
BONDY
GAGNY
Brou-sur-Chantereine
ROMAIN-VILLE
Noisy-le-Sec
ROSNY-S-BOIS
CHELLES
Coeur
Rosny-C.
Porte de Bagnolet
BP
NEUILLY-PLAISANCE
Champs
VAIRES-S-MARNE
Romainville
NEUILLY-SUR-MARNE
Périphérique
MONTREUIL
NOISEL
TORCY
VINCENNES
Fontenay-Centre
NOISY-LE-GRAND
NOGENT S-M.
LE PERREUX S-M.
MARNE-LA-VALLÉE
Porte de Bercy
CHARENTON-LE-PONT
VILLIERS-S-M.
Le Perreux/Champigny
Croissy-Beaubourg
CHAMPIGNY-S-M.
Emerainville
Joinville
IVRY
Alfort-ville
Marne
MAISONS-ALFORT
Roissy-en-Brie
Créteil l'Echat
CHENNEVIÈRES
Bonneuil
PONTAULT-COMBAULT
ST-MAUR-DES-FOSSÉS
VITRY
Thiais
S-M. Ormesson
Pompadour
BONNEUIL-S-MARNE
Ozoir-la-Ferrière
CRÉTEIL
Noiseau
CHOISY-LE-ROI
Forêt de Notre-Dame
BOISSY-ST-LÉGER
Lesigny
L'Anneau-Sogaris
VALENTON
Gde Romaine
Orly
Gros Bois
Marolles-en-Brie
Aéroport Paris-Orly
VILLENEUVE-ST-GEORGES
Santeny
Chevry-Cossigny
VILLENEUVE-LE-ROI
Férolles-Attilly
YERRES
ATHIS-MONS
CROSNE
Villecresnes
Servon
La Francilienne
Paray-Vieille-Poste
Epinay-sous-Sénart
Brie-Comte-Robert
JUVISY-S-ORGE
MONTGERON
Mandres-les-Roses
TGV
VIGNEUX-SUR-SEINE
BRUNOY
Boussy-St-Antoine
Perigny
DRAVEIL
Grisy-Suisnes
VIRY-CHÂTILLON
Forêt de Sénart
Quincy-sous-Sénart
Varennes-Jarcy
3 km
1,86 mi
GRIGNY
Yerres
Grégy-sur-Yerres
Viry-Châtillon
Champrosay
Cordon

KARTENLEGENDE

Autobahn, mehrspurige Straße - in Bau Highway, multilane divided road - under construction		Autoroute, route à plusieurs voies - en construction Autosnelweg, weg met meer rijstroken - in aanleg
Fernverkehrsstraße - in Bau Trunk road - under construction		Route à grande circulation - en construction Weg voor interlokaal verkeer - in aanleg
Hauptstraße Principal highway		Route principale Hoofdweg
Nebenstraße Secondary road		Route secondaire Overige verharde wegen
Fahrweg, Piste Practicable road, track		Chemin carrossable, piste Weg, piste
Straßennummerierung Road numbering	E20 11 70 26	Numérotage des routes Wegnummering
Entfernungen in Kilometer Distances in kilometers	259 130 129	Distances en kilomètres Afstand in kilometers
Höhe in Meter - Pass Height in meters - Pass	1365	Altitude en mètres - Col Hoogte in meters - Pas
Eisenbahn - Eisenbahnfähre Railway - Railway ferry		Chemin de fer - Ferry-boat Spoorweg - Spoorpont
Autofähre - Schifffahrtslinie Car ferry - Shipping route		Bac autos - Ligne maritime Autoveer - Scheepvaartlijn
Wichtiger internationaler Flughafen - Flughafen Major international airport - Airport		Aéroport importante international - Aéroport Belangrijke internationale luchthaven - Luchthaven
Internationale Grenze - Provinzgrenze International boundary - Province boundary		Frontière internationale - Limite de Province Internationale grens - Provinciale grens
Unbestimmte Grenze Undefined boundary		Frontière d'Etat non définie Rijksgrens onbepaalt
Zeitzonengrenze Time zone boundary	-4h Greenwich Time -3h Greenwich Time	Limite de fuseau horaire Tijdzone-grens
Hauptstadt eines souveränen Staates National capital	OSLO	Capitale nationale Hoofdstad van een souvereine staat
Hauptstadt eines Bundesstaates Federal capital	Nancy	Capitale d'un état fédéral Hoofdstad van een deelstat
Sperrgebiet Restricted area		Zone interdite Verboden gebied
Nationalpark National park		Parc national Nationaal park
Antikes Baudenkmal Ancient monument		Monument antiques Antiek monument
Sehenswertes Kulturdenkmal Interesting cultural monument	Chambord	Monument culturel interéssant Bezienswaardig cultuurmonument
Sehenswertes Naturdenkmal Interesting natural monument	Gorges du Tarn	Monument naturel interéssant Bezienswaardig natuurmonument
Brunnen Well		Puits Bron
MARCO POLO Erlebnistour 1 MARCO POLO Discovery Tour 1		MARCO POLO Tour d'aventure 1 MARCO POLO Avontuurlijke Routes 1
MARCO POLO Erlebnistouren MARCO POLO Discovery Tours		MARCO POLO Tours d'aventure MARCO POLO Avontuurlijke Routes
MARCO POLO Highlight	1	MARCO POLO Highlight

FÜR IHRE NÄCHSTE REISE ...

ALLE **MARCO POLO** REISEFÜHRER

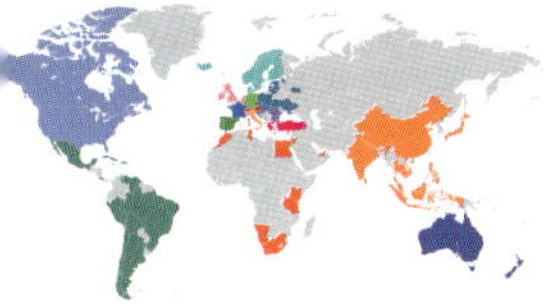

DEUTSCHLAND
Allgäu
Bayerischer Wald
Berlin
Bodensee
Chiemgau/ Berchtesgadener Land
Dresden/ Sächsische Schweiz
Düsseldorf
Eifel
Erzgebirge/ Vogtland
Föhr & Amrum
Franken
Frankfurt
Hamburg
Harz
Heidelberg
Köln
Lausitz/Spreewald/ Zittauer Gebirge
Leipzig
Lüneburger Heide/ Wendland
Mecklenburgische Seenplatte
Mosel
München
Nordseeküste Schleswig-Holstein
Oberbayern
Ostfriesische Inseln
Ostfriesland/Nordseeküste Niedersachsen/Helgoland
Ostseeküste Mecklenburg-Vorpommern
Ostseeküste Schleswig-Holstein
Pfalz
Potsdam
Rheingau/ Wiesbaden
Rügen/Hiddensee/ Stralsund
Ruhrgebiet
Schwarzwald
Stuttgart
Sylt
Thüringen
Usedom
Weimar

ÖSTERREICH SCHWEIZ
Kärnten
Österreich
Salzburger Land
Schweiz
Steiermark
Tessin
Tirol
Wien
Zürich

FRANKREICH
Bretagne
Burgund
Côte d'Azur/ Monaco
Elsass
Frankreich
Französische Atlantikküste
Korsika
Languedoc-Roussillon
Loire-Tal
Nizza/Antibes/ Cannes/Monaco
Normandie
Paris
Provence

ITALIEN MALTA
Apulien
Dolomiten
Elba/Toskanischer Archipel
Emilia-Romagna
Florenz
Gardasee
Golf von Neapel
Ischia
Italien
Italienische Adria
Italien Nord
Italien Süd
Kalabrien
Ligurien/ Cinque Terre
Mailand/ Lombardei
Malta & Gozo
Oberital. Seen
Piemont/Turin
Rom
Sardinien
Sizilien/ Liparische Inseln
Südtirol
Toskana
Venedig
Venetien & Friaul

SPANIEN PORTUGAL
Algarve
Andalusien
Barcelona
Baskenland/ Bilbao
Costa Blanca
Costa Brava
Costa del Sol/ Granada
Fuerteventura
Gran Canaria
Ibiza/Formentera
Jakobsweg Spanien
La Gomera/ El Hierro
Lanzarote
La Palma
Lissabon
Madeira
Madrid
Mallorca
Menorca
Portugal
Spanien
Teneriffa

NORDEUROPA
Bornholm
Dänemark
Finnland
Island
Kopenhagen
Norwegen
Oslo
Schweden
Stockholm
Südschweden

WESTEUROPA BENELUX
Amsterdam
Brüssel
Dublin
Edinburgh
England
Flandern
Irland
Kanalinseln
London
Luxemburg
Niederlande
Niederländische Küste
Schottland
Südengland

OSTEUROPA
Baltikum
Budapest
Danzig
Krakau
Masurische Seen
Moskau
Plattensee
Polen
Polnische Ostseeküste/ Danzig
Prag
Slowakei
St. Petersburg
Tallinn
Tschechien
Ungarn
Warschau

SÜDOSTEUROPA
Bulgarien
Bulgarische Schwarzmeerküste
Kroatische Küste Dalmatien
Kroatische Küste Istrien/Kvarner
Montenegro
Rumänien
Slowenien

GRIECHENLAND TÜRKEI ZYPERN
Athen
Chalkidiki/ Thessaloniki
Griechenland Festland
Griechische Inseln/ Ägäis
Istanbul
Korfu
Kos
Kreta
Peloponnes
Rhodos
Samos
Santorin
Türkei
Türkische Südküste
Türkische Westküste
Zákinthos/Itháki/ Kefalloniá/Léfkas
Zypern

NORDAMERIKA
Chicago und die Großen Seen
Florida
Hawai'i
Kalifornien
Kanada
Kanada Ost
Kanada West
Las Vegas
Los Angeles
New York
San Francisco
USA
USA Ost
USA Südstaaten/ New Orleans
USA Südwest
USA West
Washington D.C.

MITTEL- UND SÜDAMERIKA
Argentinien
Brasilien
Chile
Costa Rica
Dominikanische Republik
Jamaika
Karibik/ Große Antillen
Karibik/ Kleine Antillen
Kuba
Mexiko
Peru & Bolivien
Yucatán

AFRIKA UND VORDERER ORIENT
Ägypten
Djerba/ Südtunesien
Dubai
Israel
Jordanien
Kapstadt/ Wine Lands/ Garden Route
Kapverdische Inseln
Kenia
Marokko
Namibia
Rotes Meer & Sinai
Südafrika
Tansania/Sansibar
Tunesien
Vereinigte Arabische Emirate

ASIEN
Bali/Lombok/Gilis
Bangkok
China
Hongkong/Macau
Indien
Indien/Der Süden
Japan
Kambodscha
Ko Samui/ Ko Phangan
Krabi/ Ko Phi Phi/ Ko Lanta
Malaysia
Nepal
Peking
Philippinen
Phuket
Shanghai
Singapur
Sri Lanka
Thailand
Tokio
Vietnam

INDISCHER OZEAN UND PAZIFIK
Australien
Malediven
Mauritius
Neuseeland
Seychellen

Viele MARCO POLO Reiseführer gibt es auch als eBook – und es kommen ständig neue dazu!
Checken Sie das aktuelle Angebot einfach auf: www.marcopolo.de/e-books

REGISTER

Hier finden Sie alle in diesem Reiseführer erwähnten Orte und Ausflugsziele. Schlösser, Inseln, Nationalparks etc. finden Sie unter dem Namen ohne „Château", „Île", „Parc National" etc. Gefettete Seitenzahlen verweisen auf den Haupteintrag.

SCHREIBEN SIE UNS!

Egal, was Ihnen Tolles im Urlaub begegnet oder Ihnen auf der Seele brennt, lassen Sie es uns wissen! Ob Lob, Kritik oder Ihr ganz persönlicher Tipp – die MARCO POLO Redaktion freut sich auf Ihre Infos.
Wir setzen alles dran, Ihnen möglichst aktuelle Informationen mit auf die Reise zu geben. Dennoch schleichen sich manchmal Fehler ein – trotz gründlicher Recherche unserer Autoren/innen. Sie haben sicherlich Verständnis, dass der Verlag dafür keine Haftung übernehmen kann.

MARCO POLO Redaktion
MAIRDUMONT
Postfach 31 51
73751 Ostfildern
info@marcopolo.de

IMPRESSUM
Titelbild: Quartier Latin in Paris (Schapowalow/SIME: L. Vaccarella)
Fotos: Bert's (19 u.); W. Dieterich (30/31); DuMont Bildarchiv: K. U. Müller (11); © fotolia.com: J. H. Werner (18 u.); R. Freyer (28 l.); Getty Images: C. Delahaye (162/163), M. Rivrin (148/149), E. van Bodegom (70/71); Getty Images/AFP: V. Hache (167); Getty Images/Redferns: F. Hoensch (18 M.); huber-images: J. Banks (Klappe r.), A. Bartuccio (32/33), M. Carassale (39), F. Carovillano (80/81, 85, 166), G. Croppi (77), L. Da Ros (55, 111, 112, 168 u.), C. Dutton (75), Gräfenhain (98), Kremer (42/43, 44/45, 51, 52, 90/91, 92/93, 141), Lawrence (120/121, 130/131), L. Linder (Klappe l.), M. Rellini (124/125), A. Saffo (34), L. Vaccarella (37), von Dachsberg (106/107), S. Wasek (63); La Parare: Yves Breguier (19 o.); Laif: Back (31), B. de Hogues (36), R. Marshall (29), Meyer (82), J. Schwarz (136), G. Sioen (166/167), J.-D. Sudres (5, 9, 26/27, 30); Laif/Allpix: L. Vandeninde (72); Laif/hemis.fr: J.-P. Azam (108, 154), J.-M. Barrere (114/115, 117), P. Blanchot (89, 164), P. Body (56/57), E. Bouloumie (104/105), D. Bringard (151), M. Cavalier (4, 17, 180/181), F. Cormon (157), G. Gerault (60/61), F. Guiziou (8, 22/23, 86), C. Guy (48/49), J. F. Hagenmuller (122), P. Jacques (14/15, 133, 160/161, 168 o.), R. Soberka (74), S. Sonnet (118); Laif/Le Figaro Magazine: Lefranc (95), Robin (103), Wallet (135); Laif/Polaris: M. Chebil (128); Laif/REA: D. Allard (24), M. Gaillard (7); Look: F. M. Frei (40/41, 78); Look/age fotostock (100); H. Maunder (1 u.); mauritius images: Boensch (10), M. Jonsson (2), U. Siebig (6, 12/13), J. Warburton-Lee/S. Egan (96/97); mauritius images/age: H. Alonso (126), B. Kadic (139); mauritius images/Blend Images: D. + L. Jacobs (142/143), M. Kemp (20/21); mauritius images/Cultura: M. Sulzer (158/159); mauritius images/FreshFood (28 r.); mauritius images/Radius Images (64); mauritius images/robertharding: J. Elliott (46, 67, 169); mauritius images/Westend61: W. Dieterich (69); picture-alliance/dpa: D. Karmann (18 o.); Schapowalow/SIME: L. Vaccarella (1 o.); vario images/Westend61: W. Dieterich (58/59)

14. Auflage 2017
Komplett überarbeitet und neu gestaltet

Chefredaktion: Marion Zorn; Autorin: Barbara Markert; Bearbeiterin: Hilke Maunder; Redaktion: Nikolai Michaelis
Verlagsredaktion: Stephan Dürr, Lucas Forst-Gill, Susanne Heimburger, Nikolai Michaelis, Martin Silbermann, Kristin Wittemann; Bildredaktion: Gabriele Forst, Anja Schlatterer; Im Trend: wunder media, München
Kartografie Reiseatlas und Faltkarte: © MAIRDUMONT, Ostfildern
Gestaltung Cover, S. 1, S. 2/3, Faltkartencover: Karl Anders – Büro für Visual Stories, Hamburg; Gestaltung innen: milchhof:atelier, Berlin; Gestaltung Erlebnistouren: Susan Chaaban Dipl.-Des. (FH)
Sprachführer: in Zusammenarbeit mit Ernst Klett Sprachen GmbH, Stuttgart, Redaktion PONS Wörterbücher

Printed in China

BLOSS NICHT

Ein paar Tipps zur Vermeidung unliebsamer Abenteuer

DIEBEN EINE CHANCE GEBEN

Gerade in Großstädten sind Touristen oft eine leichte Beute von Dieben. In der Metro deshalb immer den Rucksack nach vorn schnallen und die Handtasche gut festhalten. Kameras, Handys und Portemonnaies nicht während der Fahrt auspacken. An Sightseeing-Brennpunkten und im Gedränge von Metro und Flohmärkten ist besondere Vorsicht geboten. Hier tummeln sich Taschendiebe besonders gern.

EINE PRIVATE EINLADUNG AUSDEHNEN

Wenn man das Glück hat, von Franzosen zum Essen gebeten zu werden, gelten andere Höflichkeitsregeln als zu Hause. Verlässt einer der Gäste die Tafel, verabschieden sich alle anderen sofort, mag es auch ungemütlich wirken. Und Wein trinkt man nur zum Essen, keinesfalls lässt man sich anschließend zu einem Abschiedstrunk auf dem Sofa der Gastgeber nieder, der Abend endet mit dem letzten Gang, *café* oder *digestif.*

LEICHTSINNIG AM MEER

Die französische Atlantikküste ist wegen des starken Wellengangs ein Surferparadies. Schwimmer jedoch sollten aufpassen, denn starke Strömungen sind schon manchem zum Verhängnis geworden. Vorsicht auch an der normannischen und bretonischen Küste bei auflaufendem Wasser: Hier gibt es den größten Tidenhub Europas. Jedes Jahr ertrinken Menschen im Atlantik.

VOR VERSCHLOSSENEN TÜREN STEHEN

Banken und Behörden machen meist erst um 9 oder 10 Uhr, Geschäfte oft erst um 10 oder 11 Uhr auf. Die Mittagspause ist heilig: Außer in Paris schließen Läden und *offices de tourisme* meist von 12 bis 14 Uhr.

IM JULI UND AUGUST MIT DEM AUTO GEN SÜDEN

Im Juli gehört Frankreich den Sportlern der Tour de France – die Folge: Staus in den französischen Etappenregionen. Frankreich ist ein zentralistisch organisiertes Land, alle Schulen schließen im Sommer gleichzeitig zwei Monate und die Großstädte leeren sich. Zwischen Mitte Juli und Mitte August ist das höchste Verkehrsaufkommen, vor allem an den Samstagen sind Staus programmiert. Hier ist die Staugefahr am größten: A 6, A 7, A 8, A 9, A 36, A 39 und im Lyoner Stadttunnel La Fourvière.

VERKEHRSREGELN MISSACHTEN

Im Land der *liberté* herrscht im Straßenverkehr auch für Fahrer ausländischer Wagen *égalité:* Im Kreisverkehr muss wie in Deutschland der einfahrende Verkehrsteilnehmer warten, Autos im Kreisel haben Vorfahrt, wenn Schilder nichts anderes vorschreiben. Die Zahl der Verkehrstoten ist wieder angestiegen, umso strenger werden Regelbrüche geahndet. In Parkverbotszonen sind Abschleppwagen schnell zur Stelle, Radarkontrollen sind häufig.